Möglichkeiten zur Beschränkung der deliktischen Haftung Minderjähriger im geltenden Recht

Inaugural-Dissertation
zur
Erlangung der Doktorwürde
einer Hohen Rechtswissenschaftlichen Fakultät
der Universität zu Köln

vorgelegt von

Astrid Zech

aus: Aachen

Referent: Professor Dr. Grunewald

Korreferent: Professor Dr. Avenarius

Tag der mündlichen Prüfung: 20.04.2004

Möglichkeiten zur Beschränkung
der deliktischen Haftung
Minderjähriger im geltenden Recht

von

Astrid Zech

Tectum Verlag
Marburg 2004

Zech, Astrid:
Möglichkeiten zur Beschränkung der deliktischen
Haftung Minderjähriger im geltenden Recht
/ von Astrid Zech
- Marburg : Tectum Verlag, 2004
Zugl.: Köln, Univ. Diss. 2004
ISBN 978-3-8288-8699-5

Tectum Verlag
Marburg 2004

Inhaltsübersicht:

Inhaltsverzeichnis:

XIII

Literaturverzeichnis

Ahrens, Hans-Jürgen   Die Beschränkung des Regresses der Sozialversicherungsträger gegen deliktische Schädiger, AcP 189
(1989), S. 526-558 (zit.: Ahrens, AcP 189 (1989)).

derselbe   Der Rechtsschutz des unversicherten deliktischen
Schädigers beim Regreß des Sozialversicherungsträgers, NJW 1989, S. 1704-1708 (zit.: Ahrens, NJW
1989).

derselbe   Anmerkung zu BSG v. 13.06.1989 –2RU 32/88-
VersR 1990, S. 177-179 (zit.: Ahrens, VersR 1990).

derselbe   Existenzvernichtung Jugendlicher durch Deliktshaftung? VersR 1997, S. 1064-1066 (zit.: Ahrens,
VersR 1997).

Alternativer Kommentar   zum Bürgerlichen Gesetzbuch, Band 2: Allgemeines
Schuldrecht (§§ 241-432), Neuwied, Darmstadt
1980, (zit.: AK BGB – Bearbeiter).

Arnold, Hans   Das Insolvenzverfahren für Verbraucher und Klein-
gewerbetreibende nach der Insolvenzordnung von
1994, DGVZ 1996, S. 129-136 (zit.: Arnold, DGVZ
1994)

Baumbach, Adolf   Zivilprozessordnung, Kommentar, 61. Aufl., München 2003 (zit.: Baumbach – Bearbeiter, ZPO).

Berliner Kommentar   zum Versicherungsvertragsgesetz, Berlin, Heidel-
berg, New York 1999 (zit.: Bearbeiter in Berliner
Komm. zum VVG).

Berning, Detlef /   Haftungsfragen bei von Kindern verursachten Schä-
Nortmann, Jürgen   den unter besonderer Berücksichtigung der Brand-
stiftung, JA 1986, S. 12-20 (zit.: Berning/Nortmann,
JA 1986).

BGB RGRK   Das Bürgerliche Gesetzbuch mit besonderer Berücksichtigung der Rechtsprechung des Reichsgerichts
und des Bundesgerichtshofs, Kommentar, 12. Aufl.,

	Band II, 5. Teil, §§ 812-831, Berlin, New York 1989, Band IV, 3. Teil, §§ 1589-1740g, Berlin, New York 1999, (zit.: BGB RGRK – Bearbeiter).
Bollweg, Hans-Georg	Gesetzliche Änderungen im Schadensersatzrecht? NZV 2000, S. 185-189 (zit.: Bollweg, NZV 2000).
Bork, Reinhard	Prozesskostenhilfe für den Schuldner des Insolvenzverfahrens? ZIP 1998, S. 1209-1218 (zit.: Bork, ZIP 1998).
Brox, Hans / Walker, Wolf-Dietrich	Allgemeines Schuldrecht, 29. Aufl., München 2003 (zit.: Brox/Walker, SchuldR AT).
Bruckmann, Ernst-Otto	Eine geplante Reform der Verbraucherinsolvenz, InVO 2001, S. 41-45 (zit.: Bruckmann, InVO 2001).
Bruns, Karin	Entschuldung auf Staatskosten: Darf die Prozesskostenhilfe die materiellen Voraussetzungen für das Verbraucherinsolvenzverfahren schaffen? NJW 1999, 3445-3450 (zit.: Bruns, NJW 1999).
Bullinger, Martin	Verfassungsrechtliche Aspekte der Haftung, in Festschrift für Ernst v. Caemmerer zum 70. Geburtstag, Tübingen 1978, S. 297-312 (zit.: Bullinger, FS für v. Caemmerer).
Busch, Klaus-Peter/ Graf-Schlicker, Marie-Luise	Restschuldbefreiung mit Prozesskostenhilfe? InVO 1998, S. 269-273 (zit.: Busch/Graf-Schlicker, InVO 1998).
Bydlinski, Franz	Zur „Reduktionsklausel" des deutschen Referentenentwurfes für eine Novellierung des Schadenersatzrechtes, JBl 1968, S. 330-333 (zit.: Bydlinski, JBl 1968).
derselbe	Anmerkung zu BAG v. 12.06.1992 –GS 1/89-, SAE 1994, S. 93-104 (zit.: Bydlinski, SAE 1994).
Canaris, Claus	Verstöße gegen das verfassungsrechtliche Übermaßverbot im Recht der Geschäftsfähigkeit und im Schadensersatzrecht, JZ 1987, S. 993-1004 (zit.: Canaris, JZ 1987).

derselbe	Die Verfassungswidrigkeit von § 828 II BGB als Ausschnitt aus einem größeren Problemfeld, JZ 1990, S. 679-681 (zit.: Canaris, JZ 1990).
Dauner-Lieb, Barbara	Der Entwurf zur Beschränkung der Minderjährigenhaftung – ein Fremdkörper im Haftungssystem des Unternehmensrechts? ZIP 1996, S. 1818-1824 (zit.: Dauner-Lieb, ZIP 1996).
Degenhart, Christoph	Das allgemeine Persönlichkeitsrecht, Art. 2 I i.V. mit Art. 1 I GG, Jus 1992, S. 361-368 (zit.: Degenhart, JuS 1992).
Deutsch, Erwin	Allgemeines Haftungsrecht, 2. Aufl., Köln, Berlin, Bonn, München 1996 (zit.: Deutsch, HaftungsR).
derselbe	Deliktsrecht, 4. Aufl., Köln, Berlin, Bonn, München 2002 (zit.: Deutsch, DeliktsR).
derselbe	Haftung und Versicherung, JBl 1980, S. 298-304 (zit.: Deutsch, JBl 1980).
Döbereiner, Stephan	Die Restschuldbefreiung nach der Insolvenzordnung, Bielefeld 1997 (zit.: Döbereiner, Restschuldbefreiung).
derselbe	Die Notwendigkeit eines Entschuldungsverfahrens, KTS 1998, S. 31-61 (zit.: Döbereiner, KTS 1998).
Dölle, Hans	Gutachten über die Frage: Empfiehlt es sich, im Zusammenhang mit der kommenden Strafrechtsreform die Vorschriften des bürgerlichen Rechtes über Schuldfähigkeit, Schuld und Ausschluss der Rechtswidrigkeit zu ändern? Verhandlungen des 34. Deutschen Juristentages (Köln), Berlin und Leipzig 1926, Band I, S. 98-135 (zit.: Dölle, Verhandlungen des 34. DJT).
Erichsen, Hans-Uwe	Allgemeines Verwaltungsrecht, 12. Aufl., Berlin, New York 2003 (zit.: Bearbeiter in Erichsen, Allg. VerwR).

Erman, Walter	Bürgerliches Gesetzbuch, Handkommentar, 10. Aufl., Münster, Köln 2000, Band 1: §§ 1-853, Band 2: §§ 854-2385, (zit.: Erman – Bearbeiter).
Esser, Josef / *Schmidt, Eike*	Schuldrecht, Band 1 Allgemeiner Teil, Teilband 2, 8. Aufl., München 2000 (zit.: Esser/Schmidt, SchuldR I/2).
Fikentscher, Wolfgang	Schuldrecht, 9. Aufl., Berlin, New York 1997 (zit.: Fikentscher, SchuldR).
Forsblad, Kirsten	Restschuldbefreiung und Verbraucherinsolvenz im künftigen deutschen Insolvenzrecht, Frankfurt am Main, Berlin, Bern, New York, Paris, Wien 1997 (zit.: Forsblad, Restschuldbefreiung)
Frankfurter Kommentar	zur Insolvenzordnung, 3. Aufl., Neuwied, Kriftel 2002 (zit.: Bearbeiter in Frankf. Komm. zur InsO)
Freise, Rainer	Überlegungen zur Änderung des Schadensersatzrechts, VersR 2001, S. 539-547 (zit.: Freise, VersR 2001)
Fuchs, Maximilian	Versicherungsschutz und Versicherbarkeit als Argumente bei der Schadensverteilung, AcP 191 (1991), S. 318-345 (zit.: Fuchs, AcP 191 (1991)).
Fuchs, Karlhans	Verbraucherinsolvenzverfahren und Restschuldbefreiung, in: Kölner Schrift zur Insolvenzordnung, S. 1679-1762, 2. Aufl., Berlin 2000 (zit.: Fuchs, Kölner Schrift zur InsO).
Funke, Rainer	Restschuldbefreiung und Prozesskostenhilfe, ZIP 1998, S. 1708-1711 (zit.: Funke, ZIP 1998).
Gärtner, Rudolf	Leistungsfähigkeit als Haftungsgrenze? JZ 1988, S. 579-584 (zit.: Gärtner, JZ 1988).
Geilen, Gerd	Beschränkte Deliktsfähigkeit, Verschulden und Billigkeitshaftung (§ 829 BGB), FamRZ 1965, S. 401-408 (zit.: Geilen, FamRZ 1965).

Gemeinschaftskommentar	zum Sozialgesetzbuch – Gemeinsame Vorschriften für die Sozialversicherung, 2. Aufl., Neuwied, Frankfurt a.M. 1992 (zit.: GK SGB IV – Bearbeiter).
Glöckner, Hans Peter	Die Haftung des Minderjährigen – Von § 1629 a BGB zu einer Gesamtregelung der Minderjährigenhaftung, FamRZ 2000, S. 1397-1405 (zit.: Glöckner, FamRZ 2000).
Goecke, Klaus	Die unbegrenzte Haftung Minderjähriger im Deliktsrecht, Berlin 1997 (zit.: Goecke, Haftung Minderjähriger).
derselbe	Unbegrenzte Haftung Minderjähriger? NJW 1999, S. 2305-2310 (zit.: Goecke, NJW 1999).
Göppinger, Horst / Wax, Peter	Unterhaltsrecht, 8. Aufl., Bielefeld 2003 (zit.: Bearbeiter in Göppinger/Wax, Unterhaltsrecht).
Großfeld, Bernhard / Mund, Birgit	Die Haftung der Eltern nach § 832 BGB, FamRZ 1994, S. 1504-1509 (zit.: Großfeld/Mund, FamRZ 1994).
Habersack, Mathias	Das neue Gesetz zur Beschränkung der Haftung Minderjähriger, FamRZ 1999, S. 1-7 (zit.: Habersack, FamRZ 1999).
Häsemeyer, Ludwig	Insolvenzrecht, 3. Aufl., Köln, Berlin, Bonn, München 2003 (zit.: Häsemeyer, Insolvenzrecht).
Hauck, Karl	SGB IV, Gemeinsame Vorschriften für die Sozialversicherung, Kommentar, Loseblatt, Stand Juli 2003, Berlin, (zit.: Hauck, SGB IV).
Henckel, Wolfram	Verbraucherinsolvenzverfahren, in Festschrift für Hans Friedhelm Gaul, Bielefeld 1997, S. 204-216 (zit.: Henckel, FS für Gaul).
Henning, Kai	Die praktische Umsetzung des Verbraucherinsolvenzverfahrens, InVo 1996, S. 288-291 (zit.: Henning, InVO 1996).

Hess, Harald / *Obermüller, Manfred*	Insolvenzplan, Restschuldbefreiung und Verbraucherinsolvenz, Heidelberg 1997 (zit.: Hess/ Obermüller, Insolvenzplan).
Heyer, Ulrich	Der „Null-Plan" im Verbraucherinsolvenzverfahren, JR 1996, S. 314-317 (zit.: Heyer, JR 1996).
von Hippel, Eike	Ruinöse Haftung von Eltern und Minderjährigen? FamRZ 2001, S. 748 (zit.: v. Hippel, FamRZ 2001).
derselbe	Nochmals: Existenzvernichtung Jugendlicher durch Deliktshaftung, VersR 1998, S. 26-27 (zit.: v. Hippel, VersR 1998).
Hohloch, Gerhard	Empfiehlt sich eine Neufassung der gesetzlichen Regelung des Schadensrechts (§§ 249-255 BGB)? In: Gutachten und Vorschläge zur Überarbeitung des Schuldrechts Band I, Köln 1981, S. 375-478 (zit.: Hohloch in Gutachten u. Vorschläge zur Überarbeitung des SchuldR Bd. I).
Hoffmann, Helmut	Verbraucherinsolvenz und Restschuldbefreiung, München 1998 (zit.: Hoffmann, Verbraucherinsolvenz).
derselbe	Insolvenzkostenhilfe für Verbraucherinsolvenzverfahren, NZI 1999, S. 53-56 (zit.: Hoffmann, NZI 1999).
Hommers, Wilfried	Die Entwicklungspsychologie der Delikts- und Geschäftsfähigkeit, Kiel 1983 (zit.: Hommers, Entwicklungspsychologie).
Hüffer, Uwe	Fehlentwicklungen im Regreßrecht, VersR 1984, S. 197-204 (zit.: Hüffer, VersR 1984).
Jakobs, Horst Heinrich / *Schubert, Werner*	Die Beratung des Bürgerlichen Gesetzbuchs in systematischer Zusammenstellung der unveröffentlichten Quellen, Recht der Schuldverhältnisse III, §§ 652-853, Berlin New York 1983, (zit.: Jakobs/Schubert, Band III).
Jarass, Hans D. / *Pieroth, Bodo*	Grundgesetz für die Bundesrepublik Deutschland, Kommentar, 6. Auflage, München 2002 (zit.: Jarass/ Pieroth – *Bearbeiter*).

Karczewski, Christoph	Der Referentenentwurf eines Zweiten Gesetzes zur Änderung schadensersatzrechtlicher Vorschriften, VersR 2001, S. 1070-1081 (zit.: Karczewski, VersR 2001).
Kasseler Kommentar	Sozialversicherungsrecht, Band 2, Loseblatt, Stand Mai 2003, München (zit.: KassKomm – Bearbeiter).
Kirchhof, Hans-Peter	Zwei Jahre Insolvenzordnung – ein Rückblick, ZInsO 2001, S. 1-13 (zit.: Kirchhof, ZInsO 2001).
Koebel	Billigkeitshaftung von Kindern und Jugendlichen, NJW 1956, S. 969-972 (zit.: Koebel, NJW 1956).
Kötz, Hein	Deliktsrecht, 9. Aufl., Neuwied, Kriftel 2001 (zit.: Kötz, Deliktsrecht).
Krause, Peter	Das Risiko des Straßenverkehrsunfalls, Bonn - Bad Godesberg 1974 (zit.: Krause, Risiko des Straßenverkehrsunfalls).
Krauskopf, Dieter / Schroeder-Printzen, Günther	Soziale Krankenversicherung Pflegeversicherung Kommentar, Loseblatt, Stand Januar 2003, München (zit.: Krauskopf – Bearbeiter, SozKV).
Kübler, Bruno / Prütting, Hanns	Kommentar zur Insolvenzordnung, Band II, Loseblatt, Stand April 2003, Köln (zit.: Bearbeiter in Kübler/Prütting, InsO).
Kuhlen, Lothar	Strafrechtliche Grenzen der zivilrechtlichen Deliktshaftung Minderjähriger? JZ 1990, S. 273-279 (zit.: Kuhlen, JZ 1990).
Kuhn, Gustav	Grundrechte und Minderjährigkeit, Berlin-Spandau 1965 (zit.: Kuhn, Grundrechte und Minderjährigkeit).
Lange, Hermann	Schadensersatz – Richterrecht oder Gesetzesreform? In: 40 Jahre Bundesrepublik Deutschland (hrsg. von Knut Wolfgang Nörr), Tübingen 1990 (zit.: Lange, 40 Jahre BRD).
Larenz, Karl	Methodenlehre der Rechtswissenschaft, 6. Aufl., Berlin 1991 (zit.: Larenz, Methodenlehre).

derselbe	Lehrbuch des Schuldrechts, Erster Band, Allgemeiner Teil, 13. Aufl., München 1982 (zit.: Larenz, SchuldR I).
Larenz, Karl / Canaris, Claus-Wilhelm	Lehrbuch des Schuldrechts, Zweiter Band, Besonderer Teil, 2. Halbband, 13. Aufl., München 1994 (zit.: Larenz/Canaris, SchuldR II/2).
Larenz, Karl / Wolf, Manfred	BGB Allgemeiner Teil, 8. Aufl., München 1997 (zit.: Larenz/Wolf, BGB AT).
Looschelders, Dirk	Verfassungsrechtliche Grenzen der Deliktshaftung Minderjähriger – Grundsatz der Totalreparation und Übermaßverbot, VersR 1999, S. 141-151 (zit.: Looschelders, VersR 1999).
Lorenz, Egon	Anmerkung zu OLG Celle, Beschl. v. 26.05.1989 -4 U 53/88-, VersR 1989, S. 711-713 (zit.: Lorenz, VersR 1989).
Macke, Peter	Aktuelle Tendenzen bei der Regulierung von Unfallschäden, DAR 2000, S. 506-517 (zit.: Macke, DAR 2000).
Malik, Dietmar	Die Grenzen der elterlichen Vermögenssorge: Eine Bestandsaufnahme nach Inkrafttreten des Gesetzes zur Beschränkung der Haftung Minderjähriger, Münster 2000 (zit.: Malik, Grenzen der elterlichen Vermögenssorge).
v. Mangoldt, Hermann / Klein, Friedrich / Starck, Christian	Das Bonner Grundgesetz, Kommentar, Band 1 (Art. 1 bis 19), 4. Aufl., München 1999 (zit.: Bearbeiter in: v. Mangoldt/Klein/Starck).
Marschner, Andreas	Stundung, Niederschlagung und Erlaß von Beitragsforderungen der Sozialversicherung, DB 1995, S. 2371-2373 (zit.: Marschner, DB 1995).
Maunz, Theodor / Dürig, Günter	Kommentar zum Grundgesetz, Loseblatt Stand Februar 2003, München (zit.: Maunz/Dürig – Bearbeiter).

Maurer, Hartmut	Allgemeines Verwaltungsrecht, 14. Aufl., München 2002 (zit.: Maurer, Allg. VerwR).
Medicus, Dieter	Bürgerliches Recht, 19. Auflage, Köln, Berlin, Bonn, München 2002 (zit.: Medicus, Bürgerl. Recht).
derselbe	Schuldrecht I Allgemeiner Teil, 14. Auflage, München 2003 (zit.: Medicus, SchuldR I).
derselbe	Der Grundsatz der Verhältnismäßigkeit im Privatrecht, AcP 192 (1992) S. 35-69 (zit.: Medicus, AcP 192 (1992)).
derselbe	Leistungsfähigkeit und Rechtsgeschäft, ZIP 1989, S. 817-824 (zit.: Medicus, ZIP 1989).
Mezger	Haftet ein zurechnungsfähiger Jugendlicher nach § 829 BGB, wenn ihn wegen der typischen Eigenarten seiner Altersgruppe kein Verschulden trifft? MDR 1954, S. 597-598 (zit.: Mezger, MDR 1954).
Motive	zu dem Entwurfe eines Bürgerlichen Gesetzbuches für das Deutsche Reich, Band I, Allgemeiner Teil, Berlin 1896 (zit.: Motive zum BGB, Band I).
Müller, Hans-Friedrich	Restschuldbefreiung und materielles Recht, KTS 2000, S. 57-69 (zit.: Müller, KTS 2000).
v. Münch, Ingo / Kunig, Philip	Grundgesetz-Kommentar, Band 1 (Präambel bis Art. 19), 5. Aufl., München 2000 (zit.: v. Münch/Kunig – Bearbeiter).
Münchner Kommentar	zum Bürgerlichen Gesetzbuch, Band 1, Allgemeiner Teil (§§ 1-240), 4. Aufl., München 2001 Band 2, Schuldrecht Allgemeiner Teil (§§ 241-432), 4. Aufl., München 2001, Band 5, Schuldrecht Besonderer Teil 3 (§§ 705-853), 3. Aufl., München 1997, Band 8, Familienrecht 2 (§§ 1589-1921), 3. Aufl., München 1992, (zit.: MüKo – Bearbeiter).

Neuhaus, Cordula	Der Kinderunfall – eine Herausforderung für Gesetzgebung und Rechtsprechung, - Grenzen der Verantwortlichkeit aus kinderpsychologischer Sicht - , 29. Verkehrsgerichtstag Goslar, Hamburg 1991, S. 72-84 (zit.: Neuhaus, 29. VGT Goslar).
Palandt, Otto	Bürgerliches Gesetzbuch, 62. Aufl., München 2003 (zit.: Palandt – Bearbeiter).
Pape, Gerhard	Restschuldbefreiung und Masselosigkeit, Rpfleger 1997, S. 237-244 (zit.: Pape, Rpfleger 1997).
derselbe	Die Entwicklung des Bürgschaftsrechts im Jahre 1996. NJW 1997, S. 980-990 (zit.: Pape, NJW 1997).
derselbe	Kommentar zu AG Bochum v. 12.01.1999 – 80 IK 1/99, EWiR 1999, 329-330 (zit.: Pape, EWiR 1999).
Pape, Irmtraud	Zur Finanzierung der Verfahrenskosten im Verbraucherinsolvenzverfahren, NZI 1999, S. 89-93 (zit.: I. Pape, NZI 1999).
Peters, Frank	Schutz Minderjähriger vor deliktischen Verbindlichkeiten, FamRZ 1997, S. 595-600 (zit.: Peters, FamRZ 1997).
Pieroth, Bodo / Schlink, Bernhard	Grundrechte Staatsrecht II, 18. Aufl., Heidelberg 2002 (zit.: Pieroth/Schlink, StaatsR II).
Prölss, Erich / Martin, Anton	Versicherungsvertragsgesetz Kommentar, 26. Aufl. München 1998 (zit.: Bearbeiter in Prölss/Martin, VVG).
Prütting, Hanns	Restschuldbefreiung, ZIP 1992, S. 882-883 (zit.: Prütting, ZIP 1992).
Ramm, Thilo	Drittwirkung und Übermaßverbot, JZ 1988, S. 489-493 (zit.: Ramm, JZ 1988).
Reichel, Hans	Gutachten über die Frage: Empfiehlt es sich, im Zusammenhang mit der künftigen Strafrechtsreform die Vorschriften des bürgerlichen Rechtes über Schuld-

fähigkeit, Schuld und Ausschluss der Rechtswidrigkeit zu ändern? Verhandlungen des 34. Deutschen Juristentages (Köln), Berlin und Leipzig 1926, Band I, S. 136-178 (zit.: Reichel, Verhandlungen des 34. DJT).

Reifner, Udo / Krüger, Ulrich — Kommentar zu AG München, Beschl. v. 07.12.1998 – 152 AR 220/98 -, EWiR 1999, S. 85-86 (zit.: Reifner/Krüger, EWiR 1999).

Reifner, Udo / Springeneer, Helga — Kommentar zu LG Köln, Beschl. v. 26.02.1999 – 19 T 18/99, EWiR 1999, S. 765-766 (zit.: Reifner/ Springeneer, EWiR 1999).

Ritze, Klaus — Zur Begrenzung des Regreßanspruchs des Sozialversicherungsträgers, NJW 1983, S. 18-19 (zit.: Ritze, NJW 1983).

Rolfs, Christian — Neues zur Deliktshaftung Minderjähriger, JZ 1999, S. 233-242 (Rolfs, JZ 1999).

Römer, Wolfgang / Langheid, Theo — Versicherungsvertragsgesetz, München 2003 (zit.: Bearbeiter in Römer/ Langheid, VVG).

Rother, Werner — Haftungsbeschränkung im Schadensrecht, München Berlin 1965 (zit.: Rother, Haftungsbeschränkung).

Scheffen, Erika — Zur Reform der (zivilrechtlichen) Deliktsfähigkeit von Kindern ab dem 7. Lebensjahr, ZRP 1991, S. 458-463 (zit.: Scheffen, ZRP 1991).

dieselbe — Der Kinderunfall – eine Herausforderung für Gesetzgebung und Rechtsprechung, 29. VGT Goslar 1991, S. 88-102 (zit.: Scheffen, 29. VGT Goslar).

dieselbe — Reformvorschläge zur Haftung von Kindern und Jugendlichen, in Festschrift für Erich Steffen, S. 387-398, Berlin, New York 1995 (zit.: Scheffen, FS für Steffen).

dieselbe — Vorschläge zur Änderung des § 828 Abs. 1 und 2 BGB, FuR 1993, S. 82-89 (zit.: Scheffen, FuR 1993).

Scheffen, Erika / *Pardey, Frank*	Schadensersatz bei Unfällen mit Kindern und Jugendlichen, München, 2.Aufl., 2003 (zit.: Scheffen/ Pardey, Unfälle mit Kindern).
Schmid, Michael	Die Aufsichtspflicht nach § 832 BGB, VersR 1982, S. 822-825 (zit.: Schmid, VersR 1982).
Schmidt, Bernd	Regierungsentwurf eines siebten Gesetzes zur Änderung der Pfändungsfreigrenzen, InVO 2001, S. 309-315 (zit.: Schmidt, InVO 2001).
Schmidt-Bleibtreu, Bruno/ *Klein, Franz*	Kommentar zum Grundgesetz, 9. Aufl., Neuwied, Kriftel 1999 (zit.: Schmidt-Bleibtreu/Klein).
Siebert, Wolfgang	Verwirkung und Unzulässigkeit der Rechtsausübung, Marburg 1934 (zit.: Siebert, Verwirkung).
Soergel, Hans Theodor	Bürgerliches Gesetzbuch, Band 2, Allgemeiner Teil 2 (§§ 104-240), 13. Aufl., Stuttgart 1999, Band 2, Schuldrecht I (§§ 241-432), 12. Aufl., Stuttgart 1990, Band 5/2, Schuldrecht IV/2 (§§ 823-853), 12. Aufl., Stuttgart 1998, (zit.: Soergel – Bearbeiter).
Staudinger, J. von	Kommentar zum Bürgerlichen Gesetzbuch, 13. Bearbeitung, Berlin Zweites Buch, Recht der Schuldverhältnisse, §§ 241-243, 1995, §§ 249-254, 1998, §§ 255-314, 2001, §§ 826-829, 1998, (zit.: Staudinger – Bearbeiter).
Steffen, Erich	Zur Haftung von Kindern im Straßenverkehr, VersR 1998, S. 1449-1452 (zit.: Steffen, VersR 1998).
derselbe	Der SVT-Regreß bei „kranker" KH-Versicherung, VersR 1987, S. 531-533 (zit.: Steffen, VersR 1987).
Stern, Klaus	Verwaltungsprozessuale Probleme in der öffentlich-rechtlichen Arbeit, 8. Aufl., München 2000 (zit.: Stern, Verwaltungsprozessuale Probleme).

derselbe	Staatsrecht Band II/2, München 1980 (zit.: Stern, StaatsR III/2).
Thomas, Jürgen	Mindestquote als Voraussetzung für die Restschuldbefreiung, in: Kölner Schrift zur Insolvenzordnung, S. 1763-1778, 2. Aufl., Berlin 2000 (zit.: Thomas, Kölner Schrift zur InsO).
Timme, Hinnerk	Rückgriff des SVT, Anm. zu BSG, Urteil v. 13.06.1989, -2 RU 32/88-, VersR 1990, S. 1135-1137 (zit.: Timme, VersR 1990).
Vallender, Heinz	Das Verbraucherinsolvenz- und Restschuldbefreiungsverfahren, InVo 1998, S. 169-180 (zit.: Vallender, InVO 1998).
Wannagat, Georg	Sozialgesetzbuch, Kommentar, Loseblatt Stand April 2003, Köln, Berlin, Bonn, München (zit.: Wannagat – Bearbeiter, SGB).
Weyers, Hans-Leo	Versicherungsvertragsrecht, 2. Aufl. 1995 (zit.: Weyers, VersicherungsvertragsR).
Wille, R. /Bettge, F.	Empirische Untersuchungen zur Deliktsfähigkeit nach § 828 BGB, VersR 1971, S. 878-882 (zit.: Wille/ Bettge, VersR 1971).
Wussow, Werner	Unfallhaftpflichtrecht, 14. Aufl., Köln, Berlin, Bonn, München 1996 (zit.: Wussow – Bearbeiter, UnfallhaftpflichtR).
Zöller, Richard	Zivilprozessordnung Kommentar, 23. Aufl., Köln 2002 (zit.: Zöller – Bearbeiter, ZPO).

Einleitung

„Schulden, dass sie ihres Lebens nicht mehr froh würden"[1] standen am Anfang einer Entscheidung des BVerfG im Jahre 1986, in der die vertragliche Haftung zweier Minderjähriger für durch ihre Eltern eingegangene Verbindlichkeiten in Höhe von 750.000 DM als Verstoß gegen das allgemeine Persönlichkeitsrecht der Minderjährigen eingestuft wurde.[2] Diese Entscheidung gab in Rechtsprechung und Schrifttum erneut Anlass zu der Frage, ob nicht auch die unbeschränkte deliktische Haftung Minderjähriger auf verfassungsrechtliche Bedenken stößt. Denn nach dem geltenden Deliktsrecht kann ein Minderjähriger auch bei nur geringer Vorwerfbarkeit und Schuld für einen von ihm verursachten Großschaden in vollem Umfang haftbar gemacht, und mit einer erdrückenden Schuldenlast in die Volljährigkeit entlassen werden. Das BVerfG[3] hat die ihm vom LG Dessau[4] vorgelegte Frage nach der Verfassungsmäßigkeit des § 828 Abs. 2 a. F. BGB im Jahre 1998 wegen des vorkonstitutionellen Charakters der Norm nicht entschieden. In einem obiter dictum hat das Gericht aber mehrere Möglichkeiten aufgezeigt, wie die deliktsrechtliche Haftung Minderjähriger im geltenden Recht eingeschränkt werden könnte. Die vom BVerfG aufgezeigten und weitere Möglichkeiten werden in der vorliegenden Arbeit daraufhin untersucht, ob sie einen Minderjährigen vor einer unbegrenzten Haftung schützen können, und ob dieser Schutz ausreicht, um den verfassungsrechtlichen Bedenken gegen die Haftung zu begegnen.

Im ersten Teil wird der nach § 828 Abs. 2 und 3 BGB n. F. bestehende Schutz Minderjähriger im Deliktsrecht dargestellt und geprüft, ob dieser Schutz unter dem Gesichtspunkt des Minderjährigenschutzgedankens sowie unter jugendpsychologischen und verfassungsrechtlichen Aspekten ausreichend ist. Im zweiten Teil werden die Möglichkeiten zur Erweiterung des deliktsrechtlichen Schutzes Minderjähriger im geltenden Recht untersucht. Nach der Prüfung des Schutzes durch das Prozessrecht im ersten Abschnitt, insbesondere der Möglichkeit der Restschuldbefreiung nach der Insolvenzordnung, behandelt der zweite Abschnitt die Schutzmöglichkeiten des materiellen Rechts. Hier wird auf die Bedeutung der elterlichen Haftung und auf einen möglichen Forderungserlass nach § 76 Abs. 2 Nr. 3 SGB IV eingegangen. Im dritten Abschnitt wird geprüft, ob aufgrund der bestehenden Rechtslage in die Grundrechte des Minderjährigen eingegriffen wird. Der dritte Teil befasst sich mit einer Haftungsreduktion nach Billigkeitsgesichtspunkten gem. § 242 BGB. Dort wird geprüft, ob die unbeschränkte deliktsrechtliche Haftung eines Minderjährigen durch Anwendung des

---

[1] Vgl. Glöckner, FamRZ 2000, 1397, 1405.
[2] BVerfGE 72, 155 ff.
[3] BVerfG JZ 1999, 251 f.
[4] LG Dessau, VersR 1997, 242 ff.

§ 242 BGB reduziert werden kann und wie genau sich diese Anwendung herleiten lässt. Anschließend wird untersucht, bei Vorliegen welcher Kriterien eine Haftungsreduktion nach § 242 BGB vorgenommen werden kann. Schließlich wird der Frage nachgegangen, in welchen Umfang die Haftung zu reduzieren ist.

1. Teil: Bestehender Minderjährigenschutz im Deliktsrecht

1. Abschnitt: Der Schutz des § 828 BGB

Schon bei der Verfassung des Bürgerlichen Gesetzbuchs war anerkannt, dass Kinder nicht in gleichem Maße für ihr Tun verantwortlich gemacht werden können wie Erwachsene.[5] Diese Erkenntnis fand im Vertragsrecht in den Vorschriften über die Geschäftsfähigkeit (§§ 104 ff BGB) Eingang, im Strafrecht in den Regeln über die strafrechtliche Zurechnungsfähigkeit (§§ 20 f StGB, 3 JGG).

Auch im Deliktsrecht wurden für die Haftung Minderjähriger im Rahmen der Zurechnung Einschränkungen vorgenommen. Denn Grundvoraussetzung der Zurechnung von Verletzung und Schaden ist die Fähigkeit, vernünftig willensbestimmt zu handeln.[6] Diese „Veranwortungsfähigkeit" wird gemäß § 828 Abs. 1 BGB bei Kindern unter sieben Jahren immer verneint, sie sind unzurechnungsfähig und können damit für ihr Verhalten nicht haftbar gemacht werden. Auch Minderjährige zwischen sieben und achtzehn Jahren sind nur bedingt zurechnungsfähig. Sie haften dann nicht, wenn sie nach den Voraussetzungen des § 828 Abs. 2 oder Abs. 3 BGB für den Schaden nicht verantwortlich sind.

A. Entstehungsgeschichte des § 828 BGB

Um den Schutz beurteilen zu können, den § 828 BGB einem Minderjährigen vor einer deliktischen Haftung bietet, muss zunächst die Entstehungsgeschichte der Norm näher betrachtet werden.

I.   Entstehung des § 828 Abs. 2 BGB a.F.

Ursprünglich sah § 7 des Entwurfs eines Bürgerlichen Gesetzbuches einen Ausschluss der Verantwortlichkeit nur für Kinder vor vollendetem siebten Lebensjahr vor.[7] Kinder und Jugendliche über sieben Jahren sollten danach unbeschränkt deliktisch haften. In der 113. Sitzung der ersten Kommission vom 08.09.1882 wurde in der Beratung zu § 7 von verschiedenen Seiten hervorgeho-

---

[5] Vgl. bspw. Mot. Band II, S. 732: "auch die Deliktsunfähigkeit der Kinder ist prinzipiell überall anerkannt".
[6] Deutsch, HaftungsR, RN 448.
[7] Vgl. Jakobs/Schubert, Band III, S. 913 f.

4

ben, dass diese Vorschrift zu großen Härten führe.[8] Sie habe zur Folge, dass das Kind nach Vollendung des siebten Lebensjahres in vollem Umfang und gerade so wie ein Volljähriger deliktsfähig sei, sofern es nicht ausnahmsweise in der Entwicklung so weit zurückgeblieben sei, dass es als des Vernunftgebrauchs entbehrend gelten müsse. Darin liege aber nicht nur eine große Abweichung von den §§ 55, 56, 57 des Strafgesetzbuches, sondern auch eine nicht zu rechtfertigende unbillige Behandlung der noch nicht zur vollen Verstandesreife gelangten Unerwachsenen.[9] Von *Kurlbaum* wurde daher beantragt, zusätzlich zu bestimmen:

> „Eine Person, welche nach Vollendung des Kindesalters, aber vor Vollendung des 18. Lebensjahres durch eine widerrechtliche Handlung Schaden zugefügt hat, ist nicht verantwortlich, wenn sie bei Begehung der Handlung die zur Erkenntniß der Widerrechtlichkeit erforderliche Einsicht nicht besaß."[10]

Diesem Antrag wurde mehrheitlich zugestimmt. Der Antrag von *Johow*, der den Ausschluss der Haftung davon abhängig machen wollte, dass der Minderjährige in seiner Entwicklung so zurückgeblieben ist, dass er die Rechtswidrigkeit seiner Handlung nicht erkennen konnte, wurde mehrheitlich abgelehnt. Denn durch diese Beschränkung werde der bezweckte Schutz der Minderjährigen nur unvollkommen erreicht.[11]

Diskutiert wurde auch, ob der Wortlaut des Antrags von *Kurlbaum* genüge, um auch die Fälle einzubeziehen, in denen zwar das Recht des Anderen, nicht aber die aus der Handlung dem Rechte drohende Gefahr erkannt sei. Die Mehrheit sprach sich aber letztlich dafür aus, die Frage, ob der Begriff „Widerrechtlichkeit" nicht des Zusatzes „oder des drohenden Schadens" bedürfe oder durch „Verantwortlichkeit" ersetzt werden sollte, der Prüfung der Redaktion zu überlassen.[12]
§ 151 S. 2 der RedVorl lautete dementsprechend:

> „Ist von einer Person nach Vollendung des Kindesalters, aber noch vor Vollendung des achtzehnten Lebensjahres ein Schaden angestiftet, so ist dieselbe für den Schaden nicht verantwortlich, wenn sie bei Begehung der Handlung die zur Erkenntniß der Verantwortlichkeit erforderliche Einsicht nicht besaß."

---

[8] Jakobs/Schubert, Band III, S. 915.
[9] Jakobs/Schubert, Band III, S. 915.
[10] Jakobs/Schubert, Band III, S. 915.
[11] Jakobs/Schubert, Band III, S. 915.
[12] Jakobs/Schubert, Band III, S. 915.

Zu dieser Fassung wurde angemerkt, dass „mit „verantwortlich" die verschiedenen in Betracht kommenden Fälle abgedeckt seien: ein Recht ist verletzt, das
Recht nicht erkannt; ein Recht ist verletzt und erkannt, aber die aus der Handlung drohende Gefahr der Verletzung nicht erkannt; es ist der drohende Schaden
nicht erkannt; es ist das Verbotsgesetz nicht gekannt."[13]

Der dem § 151 S. 2 RedVorl inhaltlich entsprechende § 709 im E I blieb von der
Vorkommission des Reichsjustizamtes sachlich unbeanstandet und wurde nur
redaktionell derart abgeändert, dass er bis auf wenige Einzelheiten im Wortlaut
dem bis zum 01.08.2002 geltenden § 828 Abs. 2 BGB entsprach.[14] In der 2.
Kommission wurden Anträge gestellt, die auf eine beschränkte Haftung auch
von Minderjähriger unter sieben Jahren abzielten.[15] Diese Vorschläge konnten
sich aber nicht durchsetzen. Von *v. Mandry* wurde der Antrag gestellt, die Verantwortlichkeit Sieben- bis Achtzehnjähriger zwar grundsätzlich zu bejahen, den
Umfang ihrer Haftung aber von den Umständen des Einzelfalls und insbesondere ihrer Einsichtsfähigkeit abhängig zu machen. Dieser Antrag wurde jedoch
zurückgezogen.[16] In § 751 S.2 E II wurde § 709 S. 2 E I daher übernommen. §
813 II rev und § 812 E III enthielten die in § 828 BGB Gesetz gewordene Fassung der Vorschrift.[17]

II. Die Änderung des § 828 BGB durch das Zweite Gesetz zur Änderung schadensrechtlicher Vorschriften

Durch das Zweite Gesetz zur Änderung schadensrechtlicher Vorschriften vom
19.07.2002 wurde § 828 BGB mit Wirkung ab dem 01.08.2002 durch die Einfü-
gung eines neuen Absatz 2 wie folgt geändert:

„ (2) Wer das siebente, aber nicht das zehnte Lebensjahr vollendet hat, ist für
den Schaden, den er bei einem Unfall mit einem Kraftfahrzeug, einer Schienen-
bahn oder einer Schwebebahn einem anderen zufügt, nicht verantwortlich. Das
gilt nicht, wenn er die Verletzung vorsätzlich herbeigeführt hat."

---

[13] Jakobs/Schubert, Band III, S. 917.
[14] § 709 S. 2 E I lautete nach der Änderung: „Wer das siebente, aber nicht das achtzehnte Lebensjahr vollendet hat, ist für einen von ihm zugefügten Schaden nicht verantwortlich, wenn
er bei Begehung der schädigenden Handlung die zur Erkenntniß der Verantwortlichkeit erforderliche Einsicht nicht besaß." Vgl. Jakobs/Schubert, Band III, S. 921.
[15] Jakobs/Schubert, Band III, S. 922.
[16] Jakobs/Schubert, Band III, S. 923.
[17] Jakobs/Schubert, Band III, S. 926.

Der bisherige Absatz 2 des § 828 BGB wird zu Absatz 3 und regelt die Haftung der Minderjährigen, deren Verantwortlichkeit nicht nach den Absätzen 1 oder 2 ausgeschlossen ist.

Mit dieser Neuregelung wurde den seit langem erhobenen Forderungen nachgekommen, den unzureichenden Schutz von Kindern im Straßenverkehr zu verstärken.[18] Der neue § 828 Abs. 2 BGB soll den Erkenntnissen der Entwicklungspsychologie Rechnung tragen, dass Kinder aufgrund ihrer physischen und psychischen Fähigkeiten regelmäßig frühestens ab Vollendung des 10. Lebensjahres imstande sind, die besonderen Gefahren des motorisierten Straßenverkehrs zu erkennen und sich den erkannten Gefahren entsprechend zu verhalten. Dies liegt zum einen an den körperlichen Bedingungen der Kinder, als auch an ihren kindlichen Eigenheiten, die einem „verkehrsgerechten Verhalten" oft entgegenstehen.[19] In der Praxis besonders relevant ist die Gesetzesänderung in den Fällen, in denen ein Kind Opfer eines Verkehrsunfalls wurde. Da § 828 BGB ja auch im Rahmen des § 254 BGB Anwendung findet,[20] kommt nunmehr auch die Anrechnung eines Mitverschuldens bei Kindern unter zehn Jahren nicht mehr in Betracht.

B. Das Erfordernis der Deliktsfähigkeit gemäß § 828 Abs. 3 BGB

Grundsätzlich sind Minderjährige von der Vollendung des siebten bis zur Vollendung des achtzehnten Lebensjahres gemäß § 828 Abs. 3 BGB ebenso verantwortlich wie Erwachsene.[21] Ihre Verantwortlichkeit für einen Schaden entfällt nur dann, wenn sie bei der Begehung der schädigenden Handlung nicht die zur Erkenntnis der Verantwortlichkeit erforderliche Einsicht hatten. Im Zentrum der Vorschrift stehen die Begriffe der „Einsicht" und der „Erkenntnis". Der Begriff der „Einsicht" zielt auf die geistige Entwicklung des Minderjährigen ab, sein allgemeines Wissen um eine rechtliche Verantwortlichkeit, während die „Erkenntnis" voraussetzt, dass der Minderjährige dieses allgemeine Bewusstsein auch auf die konkrete Situation projizieren kann.[22] Die Deliktsfähigkeit des Minderjährigen nach § 828 Abs. 3 BGB wird somit dann bejaht, wenn seine individuelle geistige Entwicklung ihn befähigt, die schadensträchtige Gefährlichkeit seiner Handlung und zugleich die Verpflichtung zu erkennen, in irgendeiner

---

[18] Pardey, DAR 1998, 1 ff; Steffen, VersR 1998, 1449 ff; Scheffen, 29. VGT Goslar, S. 88 ff; dies., FS für Steffen, S. 387, 388 ff; dies., FuR 1993, 82 ff; dies., ZRP 1991, 458, 460 ff; Bollweg, NZV 2000, 185, 186.
[19] Gesetzesentwurf der Bundesregierung, BT-Drs. 14/7752, S. 16.
[20] Vgl. in diesem Abschnitt B V.
[21] Wussow - Kuntz, UnfallhaftpflichtR, RN 343.
[22] Deutsch, HaftungsR, RN 458.

Weise für die Folgen seines Tuns einstehen zu müssen.[23] Einfacher ausgedrückt: der Minderjährige muss ein allgemeines Verständnis dafür besitzen, dass seine Handlung gefährlich ist und er hierfür in irgendeiner Weise zur Verantwortung gezogen werden kann. Da die Norm nur von der „Einsicht zur Erkenntnis" spricht, wird nur die Fähigkeit des Minderjährigen verlangt, seine Verantwortlichkeit zu erkennen, es kommt nicht darauf an, ob er in der konkreten Situation tatsächlich diese Erkenntnis hatte.

Besitzt der Minderjährige nach diesen Voraussetzungen die Einsichtsfähigkeit in das Unerlaubte seines Tuns- wovon das Gesetz bei Minderjährigen zwischen sieben und achtzehn Jahren ausgeht- trifft ihn, sofern er auch schuldhaft gehandelt hat, die volle Haftung. Anders als das Strafrecht kennt das Zivilrecht keine verminderte Zurechnungsfähigkeit.[24]

I. Auslegung der „Einsichtsfähigkeit" durch die Rechtsprechung

1. Allgemeines Verständnis für Gefährlichkeit

Nach der völlig einheitlichen Rechtsprechung muss der Minderjährige nur ein allgemeines Verständnis für die Gefährlichkeit seines Verhaltens haben.[25] Ob der Minderjährige hingegen in der Lage war, die konkrete von seiner Handlung für die Rechtsgüter anderer ausgehende Gefahr zu erkennen, ist erst eine Frage des Verschuldens, § 276 Abs. 1 BGB.[26] Das Verständnis des Minderjährigen dafür, dass sein Verhalten irgendwelche Gefahren herbeiführen kann, wird in den weit überwiegenden Fällen entsprechend der gesetzlichen Vermutung angenommen.

So wird schon bei jüngeren Kindern die Erkennbarkeit der Gefahr des Werfens mit Gegenständen im Spiel durchweg bejaht. Ein Siebenjähriger soll bereits die allgemeine Gefahr des Werfens mit Steinen und Stöcken auf andere Kinder kennen.[27] Ein Neunjähriger kennt die Gefahr des Spiels mit Pfeil und Bogen, das ihm von seiner Mutter verboten worden war.[28] Ein Zehnjähriger weiß um die Gefahr des Werfens mit Kleiderbügeln auf einen Spielkameraden, selbst wenn dieser ihm den Rücken zugewandt hat.[29] Zehnjährige kennen auch die Gefahr

---

[23] BGH VersR 1957, 415; BGH FamRZ 1965, 132, 133; BGH VersR 1970, 374; BGH NJW 1984, 1958.
[24] BGH NJW 1984, 1958.
[25] BGH VersR 1957, 415; BGH VersR 1970, 374; OLG Köln MDR 1993, 739.
[26] BGH VersR 1957, 131, 132.
[27] OLG Oldenburg VersR 1992, 114.
[28] BGH VersR 1962, 1088, 1089.
[29] OLG Köln VersR 1996, 588.

des Werfens mit Äpfeln auf andere Menschen im Spiel.[30] Ein Elfjähriger ist sich der allgemeinen Gefahr des Indianerspiels mit Pfeil und Bogen bewusst.[31] Auch die Einsicht in die Gefährlichkeit von Wurfpfeilspielen wird bei Elfjährigen bejaht,[32] selbst wenn diese spielsichernde Maßnahmen getroffen haben.[33] Schließlich kennt ein Zwölfjähriger die allgemeine Gefährlichkeit des Werfens mit einem 2,5 m langen Stock auf Mitspieler.[34]

Auch beim sonstigen Umgang mit gefährlichen Gegenständen geht die Rechtsprechung grundsätzlich von der Einsichtsfähigkeit der Minderjährigen aus. So soll ein Siebenjähriger bei Abwehr eines Insekts mit einem Messer die Verletzungsgefahr für andere Personen erkennen können.[35] Auch ein Zehnjähriger, der mit einer plattgetretenen und daher spitzen Milchkonservendose in Richtung eines sich raufenden Kindes wirft, kann die Gefährlichkeit seines Tuns erkennen.[36] Ein dreizehnjähriges Mädchen weiß um die Gefahr, die mit dem Ausführen eines unberechenbaren Schäferhundes entgegen einem ausdrücklichen Verbot verbunden ist.[37] Ein Dreizehnjähriger kann die Gefährlichkeit eines spielerischen Stoßes gegen den Kopf einer Spielkameradin in der Nähe einer Mauer erkennen,[38] und ein Fünfzehnjähriger kennt die Gefahren einer geladenen Schusswaffe.[39]

Eine weitere Fallgruppe, in der die Einsichtsfähigkeit selbst jüngster Minderjähriger bislang stets bejaht wurde, ist der Umgang mit Feuer. So soll schon ein Siebenjähriger die allgemeine Gefahr seines Tuns erkennen können, wenn er die aus einem Scheunenfenster herausragenden Strohhalme anzündet und diese wie eine Zündschnur in die Scheune hinein brennen.[40] Zwei geistig zurückgebliebene Zehnjährige mussten erkennen, dass der Umgang mit brennenden Kerzen in einer Scheune gefährlich ist.[41] Ein Zwölfjähriger hat ein allgemeines Verständnis dafür, dass heimliches Rauchen in einer Schreinerei und unvollständiges Löschen der Zigarette gefährlich ist.[42] Ein Dreizehnjähriger kennt die Gefahr des „hantierens" mit einem Feuerzeug auf einer Matratze.[43]

---

[30] OLG Köln VersR 1987, 1022.
[31] BGH VersR 1957, 131.
[32] OLG Nürnberg-Fürth HV-Info 1993, 2413.
[33] OLG Köln MDR 1993, 739.
[34] LG Passau ZfS 1994, 198.
[35] BGH VersR 1997, 834, 835.
[36] BGH VersR 1958, 177.
[37] OLG Schleswig VersR 1998, 640.
[38] AG Pforzheim NJWE-VHR 1998, 71, 72.
[39] OLG Zweibrücken VersR 1981, 660.
[40] OLG Zweibrücken FamRZ 1986, 575, 576.
[41] BGH VersR 1984, 641, 642.
[42] OLG München VersR 1994, 1248.
[43] OLG Köln VersR 1994, 1420, 1421.

Auch bei unerlaubten Handlungen Minderjähriger, die mit dem Straßenverkehr in Zusammenhang stehen, wird deren Fähigkeit zur Gefahrenerkenntnis in der Rechtsprechung umfassend bejaht. Einsichtsfähig ist danach schon ein Siebenjähriger, der beim Spiel einem Ball auf die Fahrbahn nachrennt und hierdurch einen Omnibus zum scharfen Abbremsen zwingt, was zur Verletzung eines Fahrgasts führt.[44] Ein Siebenjähriger kann auch bereits die Gefahren eines Spurwechsels mit dem Fahrrad erkennen.[45] Die erforderliche Einsichtsfähigkeit besitzt ein Elfjähriger, der entgegen einem elterlichen Verbot inmitten des motorisierten Straßenverkehrs Rollschuh läuft und hierbei den tödlichen Unfall eines Mopedfahrers herbeiführt.[46] Eine Elfjährige kennt auch die Gefahr, die von einer unachtsam geöffneten Autotür für andere Verkehrsteilnehmer ausgeht.[47] Eine Dreizehnjährige, die bei dem Versuch, das Autoradio zu bedienen, bei steckendem Zündschlüssel wahllos an den Armaturen herumspielt, hierdurch das Automatikfahrzeug in Gang setzt und ein parkendes Fahrzeug beschädigt, konnte die allgemeine Gefährlichkeit ihres Tuns erkennen.[48]

Bei den genannten Fällen ändert mit Ausnahme der erstgenannten Entscheidung[49] auch der neu eingeführte § 828 Abs. 2 BGB, der zu einer Einschränkung der Minderjährigenhaftung im Straßenverkehr führen soll, nichts an der Deliktsfähigkeit der minderjährigen Täter. Denn entweder stand die unerlaubte Handlung nicht im Zusammenhang mit dem motorisierten Verkehr, oder die Minderjährigen hatten das zehnte Lebensjahr bereits vollendet.

Da es nur auf ein allgemeines Verständnis der Gefährlichkeit ankommt, wird die Einsichtsfähigkeit auch dann bejaht, wenn der Schaden aufgrund einer für einen Minderjährigen kaum vorhersehbaren Verkettung von Umständen eintritt, er den konkreten Kausalverlauf also nicht erkennen konnte. So ist bei einem Zwölfjährigen, der heimlich in einer Schreinerei raucht, die Zigarette nur unvollständig löscht und wenige Stunden später noch einmal „nach dem Rechten" sieht, kein Verständnis dafür erforderlich, dass ein Brand auch nach mehr als zehn Stunden entstehen und durch Sturm gefördert werden kann.[50] Genauso ist bei dem Siebenjährigen, der herausragende Strohhalme anzündet, die wie eine Zündschnur in eine Scheune hinein brennen, die Einsichtsfähigkeit hinsichtlich des konkreten Kausalverlaufs unerheblich.[51]

---

[44] BGH VersR 1970, 374, 375.
[45] OLG Zweibrücken VersR 2001, 256.
[46] BGH FamRZ 1965, 132, 133.
[47] LG Mainz DAR 2000, 273.
[48] AG Luckenwalde Schaden-Praxis 1996, 341.
[49] BGH VersR 1970, 374
[50] OLG München VersR 1994, 1248.
[51] OLG Zweibrücken FamRZ 1986, 575, 576.

Die für die Einsichtsfähigkeit vorausgesetzte allgemeine Gefahrerkenntnis wird auch in den Fällen angenommen, in denen der Täter aus seiner Sicht ausreichende Vorsichtsmaßnahmen getroffen hat, um die mit seinem Spiel verbundenen Gefahren auszuschließen.[52] Denn in diesem Fall ist dem Minderjährigen ja gerade bewusst, dass sein Tun Gefahren auslösen kann.

Verneint wurde die Erkennbarkeit der allgemeinen Gefährlichkeit einer Handlung und damit die Einsichtsfähigkeit bisher nur vereinzelt bei jüngeren Kindern. Nicht einsichtsfähig ist ein in der Entwicklung zurückgebliebener Siebenjähriger, der nach hinten schlägt, als ihm ein anderes Kind auf der Rutsche in den Rücken rutscht und ihn tritt.[53] Ein Sieben- und ein Achtjähriger, die in einer Spielsituation Äpfel und Steine über eine 2,5 m hohe Hecke auf ein Nachbargrundstück werfen, sind nicht fähig, die allgemeine Gefährlichkeit ihres Tuns zu erkennen.[54] Ein Achtjähriger kennt die Ätzwirkung von Kalkbrei nicht.[55] Ein Neunjähriger bedenkt nicht, dass eine gefundene Flasche explosive Flüssigkeit enthalten kann.[56] Auch ein Neunjähriger, der einem Erwachsenen nach dessen Anregung und Anleitung ein „Füßchen" stellt, besitzt nicht die zur Erkenntnis seiner Verantwortung erforderliche Einsichtsfähigkeit.[57] Dasselbe gilt für einen Neunjährigen, der beim Fangenspielen eine Tür von innen zuhält, weshalb ein anderes Kind mit dem Arm heftig gegen die untere Scheibe der Tür prallt, diese zertrümmert und sich verletzt.[58]

2. Bewusstsein der Verantwortlichkeit

In einem frühen Urteil hatte das Reichsgericht noch betont, dass die für die Deliktsfähigkeit ebenfalls erforderliche Erkenntnis der Verantwortlichkeit sich weder mit der Erkenntnis der Gefährlichkeit noch mit der Erkenntnis des dem

---

[52] Bejaht wurde daher die Einsichtsfähigkeit in den folgenden Fällen: BGH VersR 1957, 415: ein 13jähriger wollte in einem Trümmergebäude einen losen Eisenträger entfernen, damit die dort spielenden Kinder nicht durch diesen verletzt würden. Obwohl er alle Kinder von dem Grundstück fortschickte, kletterte ein Kind unbemerkt auf ein Fenstersims und wurde von dem Eisenträger, als der Schädiger diesen zum Absturz brachte, schwer verletzt. In BGHZ 39, 281, ging der 12jährige Schädiger davon aus, die Gefährlichkeit eines „Ritterspiels" durch eine Reihe von „sichernden Spielregeln" ausgeschlossen zu haben, ein Mitspieler wurde aber aufgrund einer nicht bedachten plötzlichen Reaktion dennoch verletzt. In BGH VersR 1957, 131 warnte der 11jährige Schädiger beim Indianerspiel mit Pfeil und Bogen seinen Spielgefährten, dass er jetzt schieße, und zielte in Höhe des Oberschenkels an dessen Körper vorbei. Das verletzte Kind bückte sich im gleichen Augenblick und wurde im Auge getroffen.
[53] OLG Koblenz, VersR 1989, 485, 486.
[54] OLG Köln NJW-RR 2002, 1677, 1678.
[55] OLG Hamm, VersR 1954, 418.
[56] OLG Neustadt VersR 1955, 178
[57] OLG Köln r+s 1990, 15.
[58] OLG Hamm 59, 540.

Mitmenschen zugefügten Unrechts deckt, sondern vielmehr über beide hinaus geht.[59] Später stellte es dann die Regel auf, dass das Vergeltungspflichtverständnis durch die Einsicht der Erkenntnis des Unrechts der Handlung ermittelt wird.[60] Und auch der BGH folgte dieser Indikationstheorie. Kann der Minderjährige die Gefahr seines Verhaltens in allgemeinen Zügen erkennen, wird nach ständiger höchstrichterlicher Rechtsprechung im allgemeinen auch von seinem Wissen ausgegangen, dass man ihn dafür zur Verantwortung ziehen kann.[61] Eine bestimmte Vorstellung über die nähere Art der in Betracht kommenden Sanktionen braucht er nicht zu haben.[62] Ferner ist es zur Bejahung der Einsichtsfähigkeit nicht nötig, dass sich der Minderjährige die rechtlichen und wirtschaftlichen Folgen seines Verhaltens real vorstellen konnte.[63] Angesichts dieser geringen Anforderungen wurde das Verantwortungsbewusstein als Teil der Einsichtsfähigkeit von der Rechtsprechung soweit ersichtlich noch nie verneint.

3. Keine Steuerungsfähigkeit erforderlich

Anders als im Strafrecht (§§ 20 StGB, 3 JGG) wird im Deliktsrecht für eine Verantwortlichkeit des Minderjährigen über die Einsichtsfähigkeit hinaus nicht die Fähigkeit des Jugendlichen vorausgesetzt, seiner Einsicht entsprechend zu handeln, sogenannte Steuerungsfähigkeit.[64] Diese wird erst im Rahmen des Verschuldens gem. § 276 Abs. 1 BGB berücksichtigt. Aus diesem Grund hindert beispielsweise der Spieltrieb eines Kindes auch dann nicht die Einsichtsfähigkeit, wenn das Kind diesem erwiesenermaßen nicht widerstehen konnte.[65]

Insgesamt wird also im Rahmen der Zurechnung gemäß § 828 Abs. 3 BGB ausschließlich auf die individuelle Verstandesentwicklung des Minderjährigen abgestellt. Betrachtet wird nur die intellektuelle, kognitive Komponente, während voluntative Elemente eine Frage des Verschuldens sind.

---

[59] RGZ 53, 157, 158.
[60] RG vom 07.03.1935 zit. nach Hommers, Entwicklungspsychologie, S. 23.
[61] BGH VersR 1957, 415; BGH VersR 1962, 1088, 1089; BGH VersR 1970, 374 f.
[62] OLG München, VersR 1952, 229, 230.
[63] BGH NJW 1984, 1958.
[64] ganz h. A., vgl. Deutsch, HaftungsR, RN 459; BGH NJW 1970, 1038, 1039; BGH NJW 1984, 1958, 1959.
[65] Bejaht wurde daher in BGH NJW 1970, 1038 die Einsichtsfähigkeit eines 7jährigen Jungen, der, beherrscht von seinem Spieltrieb, einem wegfliegenden Ball nachlief und hierdurch einen nahenden Omnibus zu einer Vollbremsung veranlasste, was zum Sturz einer Passagierin führte. In BGH NJW 1984, 1958 wurde die Haftung zweier in ihrer geistigen Entwicklung zurückgebliebenen Zehnjähriger bejaht, die in einer mit Stroh gefüllten Scheune eine Kerze anzündeten und von diesem Spiel so gefesselt waren, dass sie unfähig waren, ihr einmal begonnenes Spiel im Bewusstsein seiner Gefährlichkeit noch abzubrechen.

12

II. Ergänzung der Deliktsfähigkeit durch das Verschuldenserfordernis

Die deliktische Haftung eines Minderjährigen setzt neben der Zurechnungsfähigkeit auch voraus, dass er die unerlaubte Handlung schuldhaft im Sinne des § 276 BGB begangen hat. Im Rahmen der Verschuldensprüfung wird die Frage entschieden, ob der Minderjährige in der Lage war, die konkrete Gefahr seiner Handlung zu erkennen und sein Verhalten dieser Erkenntnis entsprechend zu steuern. Die „erforderliche Sorgfalt" im Sinne des § 276 Abs. 1 S. 2 BGB richtet sich dabei nach einem objektiv-normativen Maßstab, nicht nach der individuellen Steuerungsfähigkeit des Minderjährigen.[66] Dennoch werden von der Rechtsprechung bei der Verschuldensfrage die typischen Verschiedenheiten ganzer Altersgruppen berücksichtigt. Somit wird fahrlässiges Handeln eines Minderjährigen dann bejaht, wenn ein Angehöriger seiner Alters- und Entwicklungsstufe bei Anwendung der im Verkehr erforderlichen Sorgfalt hätte vorhersehen müssen, dass sein Handeln zur Verletzung eines anderen führen könnte und es ihm bei Erkenntnis der Gefährlichkeit seines Handelns in der konkreten Situation möglich und zumutbar gewesen wäre, sich dieser Erkenntnis entsprechend zu verhalten.[67] Zur Bestimmung der Sorgfalt wird also auf den typischen Erfahrungsbereich der jeweiligen Altersgruppe abgestellt.

1. Erkennbarkeit der konkreten Gefahr

In der Praxis wird die Erkennbarkeit der Gefahr insbesondere bei den unteren Altersklassen oft dann verneint, wenn komplexere Gefahrzusammenhänge erfasst werden müssen.[68] Daher sind beispielsweise Siebenjährige bei der Abwehr eines herannahenden Insekts mit einem Messer nicht in der Lage, die konkrete Gefahr für eine neben ihnen stehende Personen zu erkennen.[69] Eine Neunjährige, die einen radfahrenden Jungen durch Armausstrecken zum Anhalten bewegen will, kann nicht die konkrete Gefahr erkennen, dass dieser die Beherrschung über das Rad verliert und stürzt.[70] Ein zehnjähriges Kind, das nachts in einer Scheune aufwacht und ein Feuerzeug anzündet, um sein Meerschweinchen zu suchen, kann die von dem Feuer ausgehende Gefahr nicht erkennen.[71]

Ebenso wird die Erkennbarkeit häufig in den Fällen verneint, in denen ein Minderjähriger bei als gefährlich erkennbaren Spielen sichernde Vorsichtsmaßnahmen getroffen hat, soweit ein durchschnittlich entwickeltes Kind seines Alters

---

[66] BGH NJW 1984, 1958, 1959; BGH VersR 1958, 177; BGH NJW 1970, 1038, 1039.
[67] BGH VersR 1970, 374, 375; BGH FamRZ 1965, 132, 133.
[68] MüKo - Mertens, § 828 RN 9.
[69] BGH VersR 1997, 834, 835.
[70] OLG Stuttgart ZfS 1988, 272.
[71] OLG Hamm VersR 1995, 56, 57.

diese als ausreichend empfunden hätte.[72] Allerdings ist auch in diesen Fällen für die Bejahung der Erkennbarkeit nicht erforderlich, dass diese sich auch auf die besondere Ausgestaltung des schädigenden Erfolges erstreckt.[73]

Dagegen sind Minderjährigen die Gefahren der Verwendung von Spielzeugen als „Waffe" meist vertraut, sie werden von der Rechtsprechung durchweg als erkennbar angesehen.[74] Zwölfjährige wissen beispielsweise, dass das Werfen von Gegenständen auf Menschen gefährlich ist.[75] Zehnjährige können erkennen, dass ein wuchtiger Schlag mit einem Stock eine in Reichweite befindliche Person treffen kann.[76] Ebenso kennen sie die Verletzungsgefahren, die für andere von einem fortgeschleuderten Baseballschläger ausgehen.[77]

Die besonders häufig auftretenden Gefahren des Straßenverkehrs betrachtet die Rechtsprechung ebenfalls grundsätzlich als Minderjährigen geläufig, auch wenn es sich um Kinder der unteren Altersklassen handelt.[78] So sollen Siebenjährige schon voraussehen können, dass ein Spurwechsel mit dem Fahrrad zum Zusammenstoß und Sturz einer daneben fahrenden Person führen kann.[79] Für Elfjährige liegt es auf der Hand, dass unachtsames Öffnen einer Autotür zu massiven Schäden an einem vorbeifahrenden Kfz führen kann.[80] Und Dreizehnjährige wissen, dass sie die Fahrt auf dem Radweg nicht auf dem Fußgängerweg fortsetzen dürfen, da dort befindliche Personen verletzt werden können.[81]

Auch beim Umgang mit Feuer wird die Erkennbarkeit der damit verbundenen Gefahr meist bejaht.

---

[72] BGHZ 39, 281, 283: keine Erkennbarkeit der konkreten Gefahr, da 12jähriger Schädiger davon ausging, die Gefährlichkeit eines „Ritterspiels" durch eine Reihe von „sichernden Spielregeln" ausgeschlossen zu haben, einen Mitspieler aber aufgrund dessen nicht bedachter plötzlicher Reaktion dennoch verletzte. BGH VersR 1957, 131: nicht erkennbar, dass Spielkamerad sich trotz Warnung nach einem Schuss mit Pfeil und Bogen durch11jährigen Schädiger bückt, und im Auge getroffen wird. Schleswig-Holsteinisches OLG v. 25.11.1992 (Az.: 9 U 47/91): wenn zwei 13jährige vor dem Spiel mit Steinewerfen einen festen Standort vereinbart und jeweils einen Achtungsruf abgesprochen haben, fehlt dem Werfenden die Erkennbarkeit der konkreten Gefahr, wenn der andere nach dem Ruf seinen Standort in Richtung der Flugbahn der zuvor geworfenen Steine verlässt.
[73] BGH VersR 1957, 415, 416.
[74] Vgl. Rspr.-Nachweise bei MüKo - Mertens § 828 RN 9, FN 10.
[75] LG Passau ZfS 1994, 198.
[76] OLG München ZfS 1987, 194.
[77] LG Köln VersR 1994, 1074.
[78] Ausführliche Rspr.-Übersicht bei Scheffen, ZRP 1991, 458, 459 f; dies., FuR 1993, 82 ff.
[79] OLG Zweibrücken VersR 2001, 256.
[80] LG Mainz DAR 2000, 273.
[81] OLG Düsseldorf VersR 1996, 1120.

14

Schon Siebenjährige sind in der Lage, zu erkennen, dass ein unmittelbar an einer Scheune gezündetes Feuer die ganze Scheune in Brand setzen kann, auch ohne den genauen Kausalverlauf zu kennen.[82] Die Erkennbarkeit wurde auch bei dem Zwölfjährigen bejaht, der in einer Schreinerei heimlich geraucht und die Zigarette unvollständig gelöscht hat, denn Minderjährige diesen Alters können vorhersehen, dass ein Feuer auch nach mehr als zehn Stunden entstehen und durch Sturm gefördert werden kann, ohne dass sie den konkreten Ablauf in Einzelheiten vorhersehen können müssen.[83]

2. Steuerungsfähigkeit

Bei der Prüfung der Steuerungsfähigkeit, das heißt der Zumutbarkeit sorgfalts-gemäßen Handelns werden typische Sehweisen und Reaktionen, die ganzen Altersgruppen von Jugendlichen eigen sind, wie die Motorik des Spieltriebs, der Forschungs- und Erprobungsdrang, Disziplinmängel, Rauflust und Affektreaktionen berücksichtigt.[84]

Verneint wird beispielsweise die Steuerungsfähigkeit, wenn ein Zehnjähriger einem anderen Kind während eines Spiels (Tannenzapfenschlacht) ein Bein stellt, und ihn schubst, um die Einhaltung der sichernden Spielregeln anzumahnen, da es sich hierbei um ein spieltypisches Verhalten handelt, das in dieser gruppendynamischen Situation als nicht vermeidbar anzusehen ist.[85] Auch siebenjährige Kinder, die sich in einer Spiel-Streit-Situation in zwei Gruppen mit Steinen und Stöcken bewerfen und die sich dadurch in einer Gruppensituation befinden, in der Aspekte wie Geltungsbedürfnis, spielerische Risikobereitschaft, Vermeidung des Vorwurfs der Ängstlichkeit das Verhalten maßgeblich beeinflussen, können das schädigende Verhalten nicht vermeiden.[86] Verneint wurde die Steuerungsfähigkeit auch bei dem Siebenjährigen, der beim Spiel seinem davonfliegenden Ball auf die Fahrbahn nachläuft,[87] sowie dem Siebenjährigen, der ein herannahendes Insekt mit dem Messer abwehrt.[88]

Bejaht wurde dagegen die Steuerungsfähigkeit eines Zehnjährigen, der in einer „Apfelschlacht" mit einem Apfel auf einen Mitspieler warf. Dieser Wurf hätte

[82] OLG Zweibrücken FamRZ 1986, 575, 576.
[83] OLG München VersR 1994, 1248.
[84] BGH NJW 1984, 1958 f; umfangreiche Rspr.-Nachweise bei Scheffen/Pardey, Unfälle mit Kindern, RN 50 ff; BGB RGRK - Steffen, § 828 RN 7.
[85] LG Mannheim VersR 1994, 1440, 1441.
[86] OLG Oldenburg VersR 1992, 114.
[87] BGH VersR 1970, 374, 375.
[88] BGH VersR 1997, 834, 835.

trotz des Spieltriebs unterlassen werden können, da das Spiel schon im wesentlichen abgeschlossen war.[89]

III. Umfang der Haftung

Werden Deliktsfähigkeit und Verschulden eines Minderjährigen bejaht, gilt hinsichtlich der Haftung für die unerlaubte Handlung der Grundsatz der Totalreparation. Nach diesem Grundsatz hat der Schädiger auch bei leichtester Fahrlässigkeit den gesamten Schaden zu ersetzen, selbst wenn die Schadenshöhe die Grenzen seiner Leistungsfähigkeit bei weitem überschreitet.[90] Das heißt, der Minderjährige haftet immer in vollem Umfang für den von ihm angerichteten Schaden, ungeachtet des Verschuldensgrades und der Höhe des Schadens.

IV. Zusammenfassung zum Schutz des § 828 BGB

Insgesamt wird also im Rahmen des § 828 Abs. 3 BGB zwar auf die individuellen Fähigkeiten des Minderjährigen abgestellt, betrachtet wird jedoch allein die allgemeine Verstandesentwicklung. Da die Einsichtsfähigkeit nach § 828 Abs. 3 BGB weder die konkrete Erkenntnis der Gefahr, noch die Steuerungsfähigkeit des Minderjährigen voraussetzt, wird ihr Vorliegen bei normal entwickelten Siebenjährigen fast durchweg bejaht.[91] Das Fehlen der Einsichtsfähigkeit wird allenfalls bei jüngeren Kindern und meist nur dann angenommen, wenn dem Minderjährigen die schädigende Tätigkeit gänzlich unvertraut war.

Die konkrete Erkenntnis der Gefahr sowie die Steuerungsfähigkeit werden als Verschuldensvoraussetzungen im Rahmen des § 276 Abs. 1 BGB objektiv geprüft. Da hierbei auf ein normal entwickeltes Kind der gleichen Altersstufe abgestellt wird, kann ein Verschulden auch dann bejaht werden, wenn der minderjährige Schädiger selbst die Gefahr nicht erkannt hat bzw. nicht seiner Erkenntnis entsprechend handeln konnte.

§ 828 Abs. 3 BGB enthält die Vermutung, dass Minderjährige außerhalb des motorisierten Straßenverkehrs ab sieben Jahren und im Straßenverkehr ab zehn Jahren deliktsfähig sind. Die Beweislast für das Fehlen der Einsichtsfähigkeit und damit die fehlende Deliktsfähigkeit liegt daher beim Minderjährigen. Die

---

[89] OLG Köln VersR 1987, 1022.
[90] Palandt – Heinrichs, Vorbem. vor § 249 RN 6.
[91] MüKo - Mertens, § 828 RN 7; vgl. umfangreiche Rspr.-Nachweise zur Bejahung der Einsichtsfähigkeit bei Wussow - Kuntz, UnfallhaftpflichtR, RN 345.

Beweislast dafür, dass der Minderjährige schuldhaft im Sinne des § 276 Abs. 1 BGB gehandelt hat, trägt der Geschädigte.[92]

Werden Deliktsfähigkeit und Verschulden des Minderjährigen bejaht, haftet er nach dem Grundsatz der Totalreparation gem. § 249 S. 1 BGB wie ein Erwachsener unbeschränkt für den entstandenen Schaden.

V. Geltung des § 828 Abs. 3 BGB im Rahmen des § 254 BGB

Die Einsichtsfähigkeit nach § 828 Abs. 3 BGB und der altersgruppenspezifische Fahrlässigkeitsmaßstab spielen auch im Rahmen des § 254 BGB eine bedeutsame Rolle. Nach einhelliger Rechtsprechung[93] und herrschender Literatur[94] setzt ein Mitverschulden Zurechnungsfähigkeit nach den entsprechend geltenden §§ 827, 828 BGB voraus. Daher scheidet bei Kindern unter sieben Jahren nach § 828 Abs. 1 BGB analog ein Mitverschulden immer aus. Bei Kindern zwischen sieben und achtzehn Jahren kommt es nach § 828 Abs. 2 und Abs. 3 BGB auf das Vorliegen ihrer Einsichtsfähigkeit an. Maßgeblich ist hierbei die Einsicht, dass man sich selbst vor Schaden zu bewahren hat.[95] Diese Erkenntnisfähigkeit soll regelmäßig in einem früheren Entwicklungsstadium eintreten als die Erkenntnis, dass man keinen anderen schädigen darf, da die Befolgung des Verbots der Fremdschädigung eine zu erlernende Eigenschaft sei, die eine höhere geistige Entwicklung voraussetze als das Befolgen der Gebote des Selbsterhaltungstriebs.[96]

Bezüglich des Verschuldensmaßstabes gilt, dass die bei § 276 Abs. 1 BGB geltende Abstufung der Sorgfaltsanforderung nach Gruppen auch im Rahmen von § 254 BGB heranzuziehen ist.[97] Das heißt, die Frage nach der Fahrlässigkeit der Selbstgefährdung eines Minderjährigen richtet sich nach der Sorgfalt, die allgemein von Kindern der entsprechenden Altersgruppe zu erwarten ist.

---

[92] BGH NJW 1970, 1038.

[93] BGHZ 9, 316, 317; BGHZ 34, 355, 366; BGH VersR 1975, 133, 135; OLG Celle, NJW 1968, 2146, 2147; OLG Hamm, NVZ 1988, 102, 103; OLG Köln, VersR 1989, 62, 63; OLG München, VersR 2000, 1030, 1032.

[94] MüKo - Oetker, § 254 RN 34; Soergel - Mertens, § 254 RN 29; Palandt - Heinrichs, § 254 RN 13; Staudinger - Schiemann, § 254 RN 43; Erman - Kuckuk, § 254 RN 25; a.A.: AK BGB - Rüßmann, § 254 RN 5; Esser-Schmidt, SchuldR AT/2, § 35 I 3 b; Medicus, Bürgerl. Recht RN 869 hält die Nichtanwendung der §§ 827 f dogmatisch für vorzugswürdig, erkennt aber an, dass sie unter rechtspolitischen Aspekten nicht wünschenswert ist.

[95] MüKo - Oetker, § 254 RN 34; Soergel - Mertens, § 254 RN 29; Palandt - Heinrichs, § 254 RN 13.

[96] OLG Celle, NJW 1968, 2146, 2147.

[97] Staudinger - Schiemann, § 254 RN 39.

Somit bieten die §§ 828 Abs. 2 und Abs. 3, 276 Abs. 1 BGB dem Kind als Opfer einer deliktischen Handlung im gleichen Umfang Schutz vor Kürzung seines Anspruchs wegen Mitverschuldens wie sie den minderjährigen Täter einer deliktischen Handlung vor eigener Haftung schützen. Dies hat allerdings auch zur Folge, dass eine enge Auslegung des § 828 Abs. 3 BGB, die an die Einsichtsfähigkeit des Kindes sehr geringe Anforderungen stellt, nicht nur das Kind als Täter schneller haften lässt, sondern auch ein Kind als Opfer seinen Schaden eher selbst tragen muss.

C. Andere Auslegung der Einsichtsfähigkeit

Angesichts der Tendenz der Rechtsprechung, die Einsichtsfähigkeit auch bei jüngeren Kindern umfassend zu bejahen, stellt sich die Frage, ob § 828 Abs. 3 BGB nicht auch eine Auslegung zulässt, die an die Bejahung der Einsichtsfähigkeit höhere Anforderungen stellt und damit Minderjährige umfassender vor einer deliktischen Haftung schützen würde.

Wie oben dargestellt, wird § 828 Abs. 3 BGB nach ständiger Rechtsprechung so ausgelegt, dass schon die Fähigkeit des Minderjährigen, die allgemeine Gefährlichkeit seines Tuns und die Verpflichtung zu erkennen, dafür irgendwie einstehen zu müssen, ausreicht, um seine Einsichtsfähigkeit zu bejahen.[98] Die Frage, ob der Jugendliche die konkrete Gefahr seiner Handlung erkennen konnte und ob er in der Lage war, sein Verhalten dieser Erkenntnis entsprechend zu steuern, wird erst im Rahmen des Verschuldens gemäß § 276 Abs. 1 BGB nach einem objektiven, altersgruppenspezifischen Maßstab entschieden.

Um den Schutz des Minderjährigen innerhalb des § 828 Abs. 3 BGB zu erweitern, wird daher teilweise vertreten, dass die beiden letztgenannten Punkte nicht erst im Rahmen des Verschuldens sondern schon auf der Tatbestandsseite im Rahmen des Merkmals „Einsichtsfähigkeit" subjektiv geprüft werden müssten und dementsprechend ein Minderjähriger gemäß § 828 Abs. 3 BGB dann nicht haften solle, wenn er die konkrete Gefahr seines Handelns nicht erkennen konnte, bzw. ihm die entsprechende Steuerungsfähigkeit fehlte.[99] Nach dieser Meinung soll die Erleichterung der Voraussetzungen des § 828 Abs. 3 BGB also schon de lege lata durch eine veränderte Auslegung des Tatbestands möglich sein.

---

[98] 1. Teil, 1. Abschnitt B I.
[99] Staudinger - Oechsler, § 828 RN 11 ff; Geilen, FamRZ 1965, 401, 402 ff.

I. Abstellen auf die konkrete Erkenntnis bei der Einsichtsfähigkeit in § 828 Abs. 3 BGB

1. Argumente

Nach der frühen Rechtsprechung des Reichsgerichts war Voraussetzung für eine Zurechnung nach § 828 Abs. 3 BGB nicht nur das Verständnis der allgemeinen Gefährlichkeit einer Handlung sondern die Fähigkeit zur Erkenntnis der konkreten Gefahr.[100] Eine solche Handhabung des § 828 Abs. 3 BGB wird auch heute teilweise deshalb gefordert, weil die Auslegung nach der herrschenden Meinung zu einer Haftungsverschärfung für Minderjährige führe, indem die Fähigkeit des Täters, konkrete Gefahren zu erkennen, nicht mehr nach dem subjektiv-individuellen Maßstab des § 828 Abs. 3 BGB sondern nach dem objektiv-gruppentypischen Maßstab des § 276 Abs. 1 BGB beurteilt werde.[101]

Als Argument für eine Prüfung der Erkennbarkeit der konkreten Gefahr schon im Rahmen des § 828 Abs. 3 BGB wird in erster Linie darauf abgestellt, dass eine Abgrenzung zwischen der Erkennbarkeit von abstrakter Gefahr und konkreter Gefahr kaum möglich und für die Gerichte unpraktikabel sei.[102] Denn wenn ein Täter nicht imstande sei, zu erkennen, dass sein Verhalten unter den konkreten Umständen bestimmte Gefahren berge, sei nicht ersichtlich, wie er erkennen solle, dass eben jene Verhaltensweise Unrecht sei und er hierfür zur Verantwortung gezogen werden könne.[103] Dem entspricht auch die Feststellung des RG, dass die Erkenntnis der Gefährlichkeit notwendige Grundlage zur Entwicklung einer Unrechtserkenntnis sei.[104]

Die Notwendigkeit einer Prüfung der konkreten Gefahrenerkenntnis innerhalb der Zurechnung ergebe sich weiter aus dem Wortlaut des § 828 Abs. 3 BGB, nach dem die Einsicht „bei Begehung der schädigenden Handlung" vorliegen müsse, sich somit sachlich auf ein konkretes Lebensgeschehen beziehe und nicht abstrakter Natur sei.[105] Zu diesem Ergebnis komme man auch bei Berücksichtigung der Entstehungsgeschichte der Norm,[106] sowie ihrer Auslegung nach System und Zweck.[107]

---

[100] RGZ 51, 30, 31 f; RGZ 53, 157, 158 ff.

[101] Staudinger - Oechsler, § 828 RN 11.

[102] Staudinger - Oechsler, § 828 RN 12; Soergel - Zeuner, § 828 RN 5; Geilen, FamRZ 1965, 401, 402 ff; ebenso MüKo - Mertens, § 828 RN 7 FN 10, der aber der h.M. folgt.

[103] Soergel - Zeuner, § 828 RN 5; Staudinger - Oechsler, § 828 RN 12.

[104] RGZ 53, 158, 160.

[105] Staudinger - Oechsler, § 828 RN 13.

[106] Staudinger - Oechsler, § 828 RN 14.

[107] Staudinger - Oechsler, § 828 RN 15.

Das Hauptargument gegen eine Prüfung der Fähigkeit zur Erkenntnis der konkreten Gefahr nach subjektiv-individuellen Maßstäben im Rahmen des § 828 Abs. 3 BGB ist, dass Einsichtsfähigkeit und Verschulden dann zusammenfielen und für die Bestimmung des Fahrlässigkeitsmaßstabs kein Raum bleibe.[108] Sieht man jedoch die Notwendigkeit einer weitergehenden Einschränkung der Minderjährigenhaftung, als sie zur Zeit von § 828 Abs. 3 BGB gewährleistet wird, so stellt eine vorgezogene Prüfung der konkreten Gefahrenerkenntnis, die schließlich auch vom Reichsgericht vertreten wurde, einen relativ geringen Eingriff in das System des bürgerlichen Rechts dar.

Kann einem solchen Ansatz demnach mit guten Gründen gefolgt werden, stellt sich die Frage, ob er auch ausreicht, um den Minderjährigenschutz im Hinblick auf die verfassungsrechtlichen Bedenken einer unbegrenzten Haftung umfassend und effektiv zu erweitern. Zu prüfen ist daher, in welchen Fällen durch eine Berücksichtigung der Einsicht in die konkrete Gefahr im Rahmen des § 828 Abs. 3 BGB die Zurechnung tatsächlich verneint werden könnte und der Minderjährige damit aus der Haftung entlassen würde.

2. Fallgruppen

Um die Auswirkungen einer veränderten Auslegung des § 828 Abs. 3 BGB in der Praxis zu beurteilen, muss also festgestellt werden, in welchen Fällen die Unterscheidung zwischen allgemeiner und konkreter Gefahr überhaupt relevant wird, und welchen Minderjährigen die Prüfung der konkreten Gefahreneinsicht nach individuellen Maßstäben dann einen Vorteil gegenüber der herrschenden Auslegung bieten würde.

a.) Täter, die Vorsichtsmaßnahmen getroffen haben

In den meisten Fällen sind allgemeine und konkrete Gefährlichkeit so eng miteinander verknüpft, dass der Minderjährige, sofern er ein Bewusstsein für die allgemeine Gefährlichkeit seiner schädigenden Handlung hat, auch die konkreten Gefahren erkennen kann, die aus eben dieser Handlung erwachsen.[109] Eine andere Konstellation tritt nur dann auf, wenn der Täter, eben weil er die allge-

---

[108] Vgl. Rolfs, JZ 1999, 233, 238.

[109] So war es z.B. auch in den Fällen des LG Dessau, VersR 1997, 242 und des LG Bremen, NJW-RR 1991, 1432: Im ersten Fall hat ein 16-jähriger ohne Führerschein eine 13-jährige ohne Helm auf dem Soziussitz mitgenommen, es kam zu einem Unfall: Der Täter konnte die allgemeine Gefährlichkeit des Fahrens ohne Helm erkennen, und er konnte auch die konkrete Gefahr eines Unfalls voraussehen. Im zweiten Fall haben zwei 9- und 10-jährige brennende Streichhölzer durch ein Loch in eine Scheune geworfen. Sie konnten die allgemeine Gefährlichkeit des Spielens mit Feuer erkennen und ebenso die konkrete Gefahr eines Brandschadens, die sich daraus ergibt, Feuer in ein Gebäude einzubringen, dessen Inhalt man nicht kennt, und das man nicht zum Löschen des Feuers betreten kann.

meine Gefährlichkeit seiner Handlung erkannt hat, Vorsichtsmaßnahmen trifft, um eine Verwirklichung dieser Gefahr zu vermeiden. Sind diese Vorsichtsmaßnahmen dann unzureichend, konnte der Täter selbst die konkrete Gefahr nicht erkennen, weil er ja glaubte, diese abgewendet zu haben. Dennoch wird hier die Einsichtsfähigkeit gemäß § 828 Abs. 3 BGB nach der Auslegung der herrschenden Meinung wegen der Einsicht in die allgemeine Gefährlichkeit bejaht.[110]

Ein Bedürfnis zu einer veränderten Auslegung des § 828 Abs. 3 BGB bestünde aber nur dann, wenn die Minderjährigen in diesen Fällen nach der herrschenden Meinung stets haften müssten. Bei Minderjährigen, die Vorsichtsmaßnahmen getroffen haben, um die erkennbare allgemeine Gefahr abzuwenden, wird aber meist das Verschulden verneint. Denn trifft der Minderjährige Vorkehrungen, die allgemein von Minderjährigen seiner Altersklasse als ausreichend zur Gefahrenabwendung angesehen werden, fehlt es auch an der im Rahmen des § 276 BGB zu prüfenden objektiven Erkennbarkeit der Gefahr.[111] Das Verschulden wird nur in den Fällen bejaht, in denen der Minderjährige Vorsichtsmaßnahmen trifft, die zwar aus seiner subjektiven Sicht geeignet sind, vor Gefahren zu sichern, die aber andere Minderjährige seines Alters als unzureichend erkennen würden.

b.) In der Entwicklung zurückgebliebene Minderjährige

Von einer Prüfung der Einsicht in die konkrete Gefahr im Rahmen des § 828 Abs. 3 BGB und damit nach subjektiv-individuellen Maßstäben würden solche Minderjährige profitieren, die in ihrer Entwicklung hinter anderen Kindern ihrer Altersgruppe zurückgeblieben sind. Denn ihre subjektive Unfähigkeit, die konkrete Gefährlichkeit ihrer Handlung zu erkennen, wird bei der Prüfung nach gruppenspezifischen Merkmalen innerhalb des § 276 Abs. 1 BGB, soweit ihre Altersgenossen zu dieser Einsicht in der Lage sind, nicht berücksichtigt.

Die Fälle, in denen gerade zurückgebliebene Kinder vor einer unbegrenzten Haftung geschützt werden müssen, kommen allerdings in der Praxis nicht sehr häufig vor. Denn ein minderjähriger Täter kann sich im Prozess nur dann darauf berufen, dass bei ihm ein Entwicklungsrückstand besteht, wenn er dies auch beweisen kann. Der Beweis eines Entwicklungsrückstandes fällt aber oft schwer.[112]

---

[110] Vgl. BGHZ 39, 281, wo der minderjährige Schädiger davon ausging, die allgemeine Gefährlichkeit eines „Ritterspiels" durch eine Reihe von „sichernden Spielregeln" ausgeschlossen zu haben, ein Mitspieler aber aufgrund einer nicht bedachten plötzlichen Reaktion dennoch verletzt wurde. Ähnlich: BGH VersR 1962, 1088; VersR 1957, 131; VersR 1957, 415.

[111] So entschieden auch in BGHZ 39, 281; BGH VersR 1962, 1088; BGH VersR 1957, 131.

[112] Vgl. LG Bremen, NJW-RR 1991, 1432, 1433, wo ausreichende Tatsachen für den Entwicklungsrückstand eines 9- bzw. 10-jährigen schon nicht vorgebracht werden konnten.

3. Zusammenfassung

Eine veränderte Auslegung des § 828 Abs. 3 BGB, die trotz eines Systembruchs durchaus möglich wäre, kann eine unbegrenzte Minderjährigenhaftung daher nicht ausreichend einschränken. Die Fälle, in denen es auf die Unterscheidung zwischen allgemeiner und konkreter Gefahrerkenntnis nach der herrschenden Auslegung tatsächlich ankommt, sind rar, und werden, sofern der Minderjährige keinen Entwicklungsrückstand aufweist, auch nach herrschender Auffassung schon über das Erfordernis der Erkennbarkeit der konkreten Gefahr im Rahmen des Verschuldens gelöst.

II. Aufnahme des Merkmals der Steuerungsfähigkeit bei der Zurechnung nach § 828 Abs. 3 BGB

Ein weiteres Korrektiv der Haftung nach § 828 Abs. 3 BGB zugunsten des Minderjährigen könnte darin bestehen, die Fähigkeit des Jugendlichen, seiner Einsicht entsprechend zu handeln, als Zurechnungsvoraussetzung schon im Rahmen des § 828 Abs. 3 BGB zu berücksichtigen und nicht erst bei der Verschuldensprüfung nach § 276 Abs. 1 BGB objektiv zu würdigen.

Die Erkenntnis, dass ein Jugendlicher erst für sein Handeln verantwortlich gemacht werden kann, wenn er eine bestimmte soziale Reife erlangt hat, wurde im Strafrecht berücksichtigt, indem die §§ 56, 57 StGB, das frühere strafrechtliche Pendant zu § 828 Abs. 3 BGB, mit § 3 JGG im Jahr 1923 eine Änderung dahingehend erfuhren, dass als Voraussetzung für die Strafbarkeit des Jugendlichen das Element der Steuerungsfähigkeit aufgenommen wurde.[113] Die strafrechtliche Entwicklung wurde jedoch im Zivilrecht vom Gesetzgeber nicht nachvollzogen.

De lege ferenda wurde eine Angleichung des Haftungsrechts an das Strafrecht schon 1926 in den Verhandlungen des deutschen Juristentages[114] angeregt und später im „Entwurf eines Gesetztes zur Änderung und Ergänzung schadensrechtlicher Vorschriften von Januar 1967" aufgenommen[115]. Eine dahingehende Änderung des § 828 BGB wird auch heute noch von Teilen der Literatur verlangt.[116] Da hier aber die Möglichkeiten der Erweiterungen des Minderjährigen-

---

[113] § 3 JGG: „Ein Jugendlicher ist strafrechtlich verantwortlich, wenn er zur Zeit der Tat nach seiner geistigen und sittlichen Entwicklung fähig war, das Ungesetzliche der Tat einzusehen *und seinen Willen dieser Einsicht gemäß zu bestimmen.*"
[114] Vgl. Dölle, Verh. des 34. DJT 1926, Bd. I, S. 98, 118 und Reichel, ebenda, S. 136, 168.
[115] Referentenentwurf 1967, abgedruckt bei Staudinger - Oechsler, § 828 RN 45.
[116] Vgl. Kuhlen, JZ 1990, 273, 276 ff; Scheffen, FuR 1993, 82; dies. ZRP 1991, 458 f; dies. FS für Steffen, S. 387, 391 f; Berning, JA 1986, 12, 13 f. Gegen eine Angleichung des § 828 Abs. 2 BGB an die strafrechtliche Regelung die h. M., vgl. Deutsch, RN 449; MüKo - Mertens, § 828 RN 5; Staudinger - Oechsler, § 828 RN 8.

schutzes de lege lata geprüft werden sollen, stellt sich in diesem Zusammenhang die Frage, ob eine analoge Anwendung der strafrechtlichen Vorschriften (§§ 3 JGG, 20 StGB) im Rahmen des § 828 Abs. 3 BGB möglich ist.

1. Analoge Anwendung der strafrechtlichen Vorschriften

Eine Auslegung des § 828 Abs. 3 BGB im Lichte der -geänderten- strafrechtlichen Vorschriften zur Haftung Minderjähriger wurde in den fünfziger Jahren von Mezger[117] und Koebel[118] vertreten. Nach dem Sinn und Zweck des § 828 BGB sei ein unzurechnungsfähiger Jugendlicher von Verantwortung freizustellen. Dem entspreche es, § 828 Abs. 3 BGB wenigstens entsprechend anzuwenden, wenn ein Jugendlicher zwar einsichtsfähig sei, ihm aber die Fähigkeit fehle, nach dieser Einsicht zu handeln.[119] Es sei auch nicht anzunehmen, dass nach der Absicht des Gesetzgebers ein grundsätzlicher Unterschied bei der Beurteilung der Verantwortlichkeit des Jugendlichen in strafrechtlicher und in zivilrechtlicher Beziehung bestehen solle, so dass die Einsichten der neueren Jugendpsychologie, die bei der Formulierung des § 3 JGG beachtet wurden, auch bei der Auslegung des § 828 Abs. 3 BGB zu berücksichtigen sein dürften.[120]

2. Rechtsprechung des BGH

Der BGH[121] hat trotz der geänderten strafrechtlichen Vorschriften immer daran festgehalten, dass die Steuerungsfähigkeit bei der Prüfung der Deliktsfähigkeit nach § 828 Abs. 3 BGB keine Berücksichtigung finde. Die Änderung des Strafrechts im Zivilrecht nachzuvollziehen, sei durch Auslegung des § 828 Abs. 3 BGB nicht möglich. Die Entscheidung, einen Jugendlichen, dem die Steuerungsfähigkeit fehle, nicht nur von der strafrechtlichen sondern auch von der zivilrechtlichen Haftung freizustellen, sei ausschließlich dem Gesetzgeber vorbehalten. Letztlich sei es auch aus rechtspolitischen Gründen denkbar, dass Strafe und Ersatzpflicht von verschiedenen Voraussetzungen abhängig bleiben sollten.[122] Nachdem die Haftung Minderjähriger nach § 828 Abs. 3 BGB mehrfach als grundrechtswidrig beurteilt wurde, wurden aus diesem Grunde auch Bedenken gegen diese Rechtsprechung geäußert.[123]

---

[117] Mezger, MDR 1954, 597, 598.
[118] Koebel, NJW 1956, 969, FN 8.
[119] Mezger, MDR 1954, 597, 598.
[120] Koebel, NJW 1956, 969, FN 8.
[121] BGH NJW 1970, 1038, 1039; BGH NJW 1984, 1958.
[122] BGH NJW 1970, 1038, 1039.
[123] Rolfs, JZ 1999, 233, 238 f.

3. Stellungnahme

De lege lata kommen zwei Möglichkeiten in Betracht, um das Merkmal der Steuerungsfähigkeit als Zurechnungsvoraussetzung des § 828 Abs. 3 BGB aufzunehmen.

a.) Aufnahme der Steuerungsfähigkeit durch Auslegung des § 828 Abs. 3 BGB?

Dies könnte zunächst durch eine entsprechende Auslegung des § 828 Abs. 3 BGB geschehen. Aus dem Wortlaut des § 828 Abs. 3 BGB ergibt sich, dass der Minderjährige schon dann haften soll, wenn er die zur Erkenntnis der Verantwortlichkeit erforderliche Einsicht hat. Die Fähigkeit, dieser Einsicht entsprechend zu handeln, wird von der Norm nicht als Haftungsvoraussetzung festgelegt.

Bei Erlass des § 828 Abs. 3 BGB wurde von der Aufnahme des Merkmals „Steuerungsfähigkeit" ebenso wie bei den entsprechenden strafrechtlichen Normen §§ 56, 57 StGB abgesehen. Diese Entscheidung wurde bei der Änderung des Strafrechts mit den §§ 3 JGG, 20 StGB revidiert. Fraglich ist, ob hieraus der Schluss gezogen werden kann, dass nach dem Willen des Gesetzgebers zwischen strafrechtlicher und zivilrechtlicher Haftung kein grundsätzlicher Unterschied bestehen solle, und daher die Einsichten der Jugendpsychologie, die im Strafrecht Einschlag gefunden haben, nun auch in § 828 Abs. 3 BGB zu berücksichtigen sind.[124] Durch die Änderung des Strafrechts zeigt sich zunächst, dass der Gesetzgeber für eine Berücksichtigung der neuen Erkenntnisse im Strafrecht eine Verankerung im Gesetz für nötig hielt. Da eine entsprechende Gesetzesänderung im Zivilrecht auch nach dem Referentenentwurf von 1967 nicht vollzogen wurde, kann nicht davon ausgegangen werden, dass die strafrechtliche Regelung durch Auslegung im Zivilrecht Eingang finden sollte. Ein grundsätzlicher Unterschied zwischen zivilrechtlichen und strafrechtlichen Haftungsvoraussetzungen ist durchaus denkbar, da der zivilrechtliche Schadenausgleich anderen Kriterien unterliegt als das Strafrecht und ein Nachahmen der strafrechtlichen Regeln von den Aufgaben der zivilen Haftung nicht gefordert wird.[125]

Etwas anderes ergibt sich auch nicht aus dem Sinn und Zweck des § 828 Abs. 3 BGB, der unzurechnungsfähige Jugendliche von der Haftung ausnehmen will, die Voraussetzungen für diese Unzurechnungsfähigkeit aber klar abgegrenzt und auf die mangelnde Einsichtsfähigkeit beschränkt. Dies entspricht auch der Systematik der zivilrechtlichen Haftung, nach der Elemente der Willensfähigkeit erst im Rahmen des Verschuldens Beachtung finden. § 828 Abs. 3 BGB lässt sich daher nicht so auslegen, dass Voraussetzung für die deliktische Haftung auch die Steuerungsfähigkeit des Minderjährigen sein soll.

---

[124] So Koebel, NJW 1956, 969, FN 8.
[125] Vgl. Deutsch, HaftungsR, RN 449.

b.) Aufnahme der Steuerungsfähigkeit durch analoge Anwendung der §§ 20 StGB, 3 JGG?

Als weitere Möglichkeit zur Einbeziehung der Steuerungsfähigkeit in § 828 Abs. 3 BGB kommt die analoge Anwendung der §§ 20 StGB, 3 JGG auch für den Bereich der zivilrechtlichen Haftung Jugendlicher in Betracht.[126] Voraussetzung für eine Analogie wäre zunächst eine planwidrige Regelungslücke. Eine solche setzt voraus, dass die analog anzuwendende Vorschrift den betreffenden Fall nicht regelt und der Gesetzgeber, hätte er dies erkannt, auch diesen Fall in den Anwendungsbereich der Vorschrift mit aufgenommen hätte.

Dass die §§ 3 JGG, 20 StGB die Begrenzung der zivilrechtlichen Haftung Minderjähriger nicht erfassen, liegt auf der Hand. Es stellt sich daher die Frage, ob der Gesetzgeber, hätte er erkannt, dass die strafrechtliche Beschränkung die umfassendere zivilrechtliche Haftung unberührt lässt, eine Regelung getroffen hätte, die zur Aufnahme des Merkmals der Steuerungsfähigkeit auch im Zivilrecht, das heißt in § 828 Abs. 3 BGB geführt hätte. Dies lässt sich mit den schon oben angestellten Erwägungen, dass der Gesetzgeber auch nach mehrfacher Kritik an der Diskrepanz zwischen Straf- und Zivilrecht festgehalten hat, verneinen. Es ist vielmehr anzunehmen, dass der Gesetzgeber die unterschiedlichen Regelungen in beiden Rechtsgebieten erkannt hat und es dabei auch belassen wollte.

Mangels planwidriger Regelungslücke scheidet daher eine analoge Anwendung der §§ 3 JGG, 20 StGB und damit die Aufnahme des Merkmals Steuerungsfähigkeit in § 828 Abs. 2 BGB de lege lata aus. Die Nachvollziehung der strafrechtlichen Gesetzesänderung im Zivilrecht bleibt dem Gesetzgeber vorbehalten.

D. Erweiterte Anwendung des § 828 Abs. 2 BGB n. F.

Wie oben[127] dargestellt, wird durch die Neufassung des § 828 Abs. 2 BGB die deliktische Haftung von Kindern zwischen sieben und zehn Jahren im motorisierten Verkehr ausgeschlossen. Die Gesetzesänderung, die neueren jugendpsychologischen Erkenntnissen Rechnung tragen soll, ist durchweg zustimmend aufgenommen wurden, da sie zumindest für den Bereich des Straßenverkehrs den Schutz jüngerer Kinder vor deliktischer Haftung erweitert.[128] Dennoch stellt sich die Frage, ob die Neuregelung nicht zu kurz greift, indem sie die Haftung älterer Kinder im Straßenverkehr außer Betracht lässt. Völlig unberührt bleibt

---

[126] Vgl. Rolfs, JZ 1999, 233, 238.
[127] In diesem Abschnitt unter A II.
[128] Karczewski, VersR 2001, 1070, 1073 f; Freise, VersR 2001, 539, 544 ff; Macke, DAR 2000, 506, 507 f.

durch die Neuregelung auch die Haftung Kinder jeden Alters außerhalb des
motorisierten Verkehrs.

Angesichts dieses verkürzten Schutzbereichs stellt sich die Frage, ob sich § 828
Abs. 2 BGB n. F. nicht auch für Fälle außerhalb des Straßenverkehrs sowie für
Kinder über zehn Jahren nutzbar machen lässt. So wird angeregt, die Reform in
der Gerichtspraxis als Anstoß für Beweiserhebungen auch in anderen Lebensbereichen, in denen Kinder haften, zu nehmen.[129] Dies wäre zwar in der Praxis
wünschenswert, würde aber rein rechtlich keine Erweiterung des bestehenden
Schutzes bedeuten. Denn die mangelnde Einschätzungsfähigkeit Minderjähriger
von Gefahren, die von ihrem eigenen Verhalten ausgehen, konnte schon nach
der bisherigen Rechtslage berücksichtigt werden. Dass dies in der Praxis nicht in
dem nach der Rechtslage möglichen Maße geschieht, muss der Rechtsprechung
angelastet werden.[130] Zuzustimmen ist sicherlich dem Wunsch, dass die Pro-
zessvertreter der Minderjährigen und auch die Richter aus Anlass der Neufassung für diese Problematik sensibilisiert werden und trotz der nach § 828 Abs. 3
BGB geltenden Vermutung häufiger Beweiserhebungen durch Sachverständi-
gengutachten durchführen, um die vermutete Einsichtsfähigkeit Minderjähriger
zu widerlegen. Hierfür bedarf es aber keiner erweiterten Anwendung des neugefassten § 828 Abs. 2 BGB.

Um aus § 828 Abs. 2 BGB n. F. einen weiter gehenden Schutz für deliktisch
haftende Minderjährige zu gewinnen, kann aber auch über eine analoge Anwendung der Norm nachgedacht werden.

Zunächst ist denkbar, § 828 Abs. 2 BGB analog auch auf ältere Kinder im Straßenverkehr anzuwenden. Eine vergleichbare Interessenlage als Voraussetzung
einer Analogie ließe sich unter Heranziehung jugendpsychologischer Untersuchungen bejahen. Denn wie später noch ausführlich zu erörtern ist, sind die für
eine generelle Bejahung der Einsichtsfähigkeit im Straßenverkehr erforderlichen
physischen und psychischen Fähigkeiten erst bei zwölf- bzw. vierzehnjährigen
Minderjährigen voll entwickelt.[131] Eine Analogie würde aber weiter voraussetzen, dass der Gesetzgeber, hätte er erkannt, dass ältere Kinder von § 828 Abs. 2
BGB nicht erfasst werden, auch diese in den Anwendungsbereich der Vorschrift
mit aufgenommen hätte. Die Frage, bis zu welchen Alter Kinder von der Haftung im Straßenverkehr ausgenommen werden, wurde in der Gesetzesberatung
aber auch unter Berücksichtigung der schon erwähnten jugendpsychologischen
Erkenntnisse bedacht.[132] Mangels Regelungslücke und wegen des fehlenden

---

[129] Deutsch, DeliktsR, RN 135 a.
[130] Vgl. Deutsch, DeliktsR, RN 135 a.
[131] 2. Abschnitt, B II 2.
[132] Gesetzesentwurf der Bundesregierung, BT-Drucks. 14/7752, S. 16.

mutmaßlichen Willens des Gesetzgebers ist eine analoge Anwendung des § 828 Abs. 2 BGB auf Kinder über zehn Jahren im Straßenverkehr daher nicht möglich.

In Betracht gezogen werden kann auch die analoge Anwendung des Absatzes 2 auf Sieben- bis Zehnjährige außerhalb des Straßenverkehrs. Hier ist allerdings schon fraglich, ob eine vergleichbare Interessenlage uneingeschränkt bejaht werden kann. Zwar besteht die Erkenntnis, dass Kinder unter zehn Jahren auch in anderen Lebensbereichen als dem Straßenverkehr nicht generell deliktsfähig sind.[133] Die Intention des Absatz 2 ist jedoch angesichts der realen Verhältnisse bei der Verwicklung von Kindern in Verkehrsunfälle in hohem Maße der Schutz der Kinder als Opfer. Erklärtes Ziel der Neuregelung ist gerade die Verbesserung der Rechtsstellung von Kindern im Verkehr, da für diesen Bereich angesichts der psychischen und physischen Überforderung die besondere Schutzbedürftigkeit der Kinder festgestellt wurde.[134] Eine analoge Anwendung des § 828 Abs. 2 BGB auf Minderjährige in Lebensbereichen außerhalb des Verkehrs ist daher ebenfalls nicht möglich.

2. Abschnitt: Ausreichende Berücksichtigung des Minderjährigenschutzgedankens im Deliktsrecht ?

Der eingeschränkte Schutz, den die bedingte Zurechnungsfähigkeit des § 828 Abs. 2 und Abs. 3 BGB einem Minderjährigen vor einer unbegrenzten deliktischen Haftung bietet, könnte unter dem Gesichtspunkt des Minderjährigenschutzgedankens zu kurz greifen, jugendpsychologischen Erkenntnissen widersprechen und auch allgemeine verfassungsrechtliche Bedenken aufwerfen.

A. Allgemeiner Minderjährigenschutzgedanke des BGB

Das BGB wird von einem allgemeinen Minderjährigenschutzgedanken durchzogen, nach dem der Minderjährige für seine rechtsgeschäftlichen und tatsächlichen Handlungen nicht in gleicher Weise einstehen muss wie ein Erwachsener.

Für die Altersgruppe Sieben- bis Achtzehnjähriger war bei Erlass des BGB im Jahre 1900 anerkannt, dass im rechtsgeschäftlichen Bereich ein umfassender Schutz Minderjähriger erforderlich ist. Durch die gesetzliche Regelung der beschränkten Geschäftsfähigkeit in den §§ 106 ff BGB werden Minderjährige zwi-

---

[133] 2. Abschnitt, B II 2.
[134] Gesetzesentwurf der Bundesregierung, BT-Drucks. 14/7752, S. 16.

schen sieben und achtzehn Jahren umfassend vor nachteiligen Geschäften geschützt. Dieser Schutz hat stets Vorrang vor dem Vertrauensschutz des Rechtsverkehrs, weshalb es keinen Schutz des guten Glaubens an die Geschäftsfähigkeit des Vertragspartners gibt.[135] Der vertragsrechtliche Schutzzweck hat auch Auswirkungen auf andere Rechtsgebiete. Ist das von einem Minderjährigen geschlossene Rechtsgeschäft unwirksam, und kann der Vertragspartner seine Leistung nach Bereicherungsrecht zurückfordern, so haftet der Minderjährige nicht nach § 819 Abs. 1 BGB verschärft.[136] Etwas anderes gilt nur dann, wenn er den Bereicherungsgegenstand durch eine unerlaubte Handlung erlangt hat.[137] Auch die Saldotheorie, nach der ein Bereicherungsanspruch gekürzt werden kann, soweit die erhaltene Gegenleistung beim Anspruchsinhaber untergegangen ist, ist auf Bereicherungsansprüche von Minderjährigen nicht anwendbar.[138] Im Arbeitsrecht bewirkt der Minderjährigenschutz, dass ein minderjähriger Arbeitnehmer auch bei nichtigem Arbeitsvertrag den vertraglichen Anspruch auf Lohn hat. Werden gegen ihn Ansprüche auf Arbeitsleistung oder Schadensersatz geltend gemacht, kann er sich selbst stets auf die Nichtigkeit des Vertrages berufen.[139] Beteiligt sich ein beschränkt geschäftsfähiger Minderjähriger ohne Zustimmung seiner gesetzlichen Vertreter bzw. des Vormundschaftsgerichts an einer Personengesellschaft, so wird er weder im Innen- noch im Außenverhältnis verpflichtet.[140]

Erweitert wurde der an sich schon umfangreiche Schutz Minderjähriger vor vertraglicher Haftung noch durch das Minderjährigenhaftungsbeschränkungsgesetz vom 25.08.1998 (MHbeG), welches im wesentlichen in dem neu eingefügten § 1629 a BGB vorsieht, dass der volljährig gewordene Minderjährige für Verbindlichkeiten, die seine gesetzlichen Vertreter begründet haben, für Verbindlichkeiten aus bestimmten Rechtsgeschäften, die der Minderjährige mit der Zustimmung seiner Eltern vorgenommen hat, und für Verbindlichkeiten, die unmittelbar durch Erwerb von Todes wegen während der Minderjährigkeit begründet wurden, grundsätzlich nur mit dem Bestand des bei Eintritt der Volljährigkeit vorhandenen Vermögens haftet.

Der deliktische Schutz Minderjähriger, der die Deliktsfähigkeit lediglich von der biologischen Reife abhängig macht, lässt dagegen erkennen, dass zur Zeit des

---

[135] BGH NJW 1977, 622, 623; Soergel - Hefermehl, vor § 104 RN 10; Erman - Palm, vor § 104 RN 6; Larenz/Wolf, BGB AT, § 25 RN 7.
[136] KG NJW 1998, 2911; Palandt – Sprau, § 819 RN 4; Erman - Palm, vor § 104 RN 7.
[137] BGHZ 55, 128, 136; Erman - Palm, vor § 104 RN 7.
[138] BGHZ 126, 105, 108; Palandt - Thomas, § 818 RN 49.
[139] MüKo - Schmitt, § 105 RN 54 f; Soergel - Hefermehl, vor § 104 RN 14; Erman – Palm, vor § 104 RN 15.
[140] BGHZ 17, 160, 167; 38, 26, 29; BGH NJW 1983, 748; BayObLG NJW-RR 1990, 476, 477.

28

Erlasses des BGB das Bild des Kindes vom „kleinen Erwachsenen" vorherrsch-te.[141] Der das BGB durchziehende Minderjährigenschutzgedanke wurde für die-sen Bereich im Vergleich zum umfangreichen Schutzsystem des Vertragsrechts eher vernachlässigt.[142] Eine Verbesserung des Schutzes im Deliktsrecht wird zwar mit der Einführung des neuen § 828 Abs. 2 BGB erreicht.[143] Diese er-streckt sich aber altersmäßig nur auf Minderjährige unter zehn Jahren und be-trifft auch nur den Bereich des motorisierten Straßenverkehrs.[144] Da Kinder hier aber naturgemäß wesentlich häufiger Opfer als Täter sind, liegt die Bedeutung dieser Erneuerung in erster Linie in der Erhaltung von Ansprüchen des Minder-jährigen, weniger aber in der für einen effektiven Minderjährigenschutz notwen-digen Einschränkung seiner Haftung.

B. Jugendpsychologische Erkenntnisse

Fraglich ist auch, ob die deliktische Haftung Minderjähriger mit den heute gülti-gen jugendpsychologischen Erkenntnissen in Einklang zu bringen ist. Von Inter-esse ist bei dieser Frage zunächst, ob bei Schaffung der Altersgrenzen die Ju-gendpsychologie überhaupt berücksichtigt wurde und falls ja, ob dies auch in ausreichendem Maße geschehen ist. Sollte dies nicht der Fall sein, bleibt zu prü-fen, ob die Grenzen trotzdem psychologischen Entwicklungsstufen entsprechen oder ob sie aus psychologischer Sicht nicht haltbar sind. Das wäre jedenfalls dann der Fall, wenn bei der Altersgruppe der Siebenjährigen - bzw. der Zehnjäh-rigen im Straßenverkehr - Unrechtserkenntnis und Verantwortungsbewusstsein generell noch nicht gegeben wären.

I. Berücksichtigung jugendpsychologischer Erkenntnisse bei Schaffung der Altersgrenzen

Aus jugendpsychologischer Sicht ist zunächst von Interesse, ob die Siebenjah-resgrenze des § 828 Abs. 3 BGB und die Zehnjahresgrenze des § 828 Abs. 2 BGB auf empirisch gültigen Gesetzmäßigkeiten des Entwicklungsverlaufs eines Kindes gründen, das heißt, ob bei Begründung der Altersgrenzen durch den Ge-setzgeber jugendpsychologische Erkenntnisse berücksichtigt wurden.

---

[141] Kuhlen, JZ 1990, 273, 276, FN 43.
[142] Vgl. Glöckner, FamRZ 2000, 1397, 1405, der im Zuge der Schließung von Schutzlücken im Vertragsrecht durch das MHbeG auch eine Reform der deliktischen Haftung für ange-bracht gehalten hätte.
[143] Vgl. 1. Abschnitt, A II.
[144] nach v. Hippel, FamRZ 2001, 748, bleibt diese Regelung damit „hinter dem zurück, was nottut".

Hinsichtlich der Siebenjahresgrenze des Abs. 3 lässt sich mit Gewissheit sagen, dass bei ihrer Festsetzung jedenfalls auch andere als entwicklungspsychologische Gesichtspunkte eine Rolle gespielt haben. Zwar wurden bei Fassung des BGB die zivilrechtlichen Altersgrenzen teilweise auch unter Berücksichtigung vermuteter Entwicklungsverläufe festgelegt.[145] In der Kommission für die zweite Lesung des Entwurfs zum BGB wurde aber auch die Willkürlichkeit einer jeden rechtserheblichen Altersstufe betont. Anträgen auf Erstreckung des Kindesalters bis zur Vollendung des zwölften Lebensjahres bzw. auf Abschaffung der Altersgrenze wurde aber mangels eines Nachweises der Unzweckmäßigkeit des geltenden Rechts nicht stattgegeben.[146] Es wird daher auch angezweifelt, dass bei den Altersgrenzen überhaupt eine Entsprechung zwischen psychologisch definierten Entwicklungsabläufen und Rechtsnormen besteht.[147] Vielmehr waren für die Wahl gerade der Siebenjahresgrenze andere, insbesondere historische Gesichtspunkte maßgeblich. Schon im römischen Recht wurde die Grenze der untersten Altersgruppe, den „infantes", bei sieben Jahren gezogen. Der Grund für diese Grenze lag in der Sprachunfertigkeit jüngerer Kinder sowie der ersten Zahnung, beruhte also auf rein biologischen Kriterien. Erst im späteren römischen Recht kam die Auffassung hinzu, dass den „infantes" die nötige Einsichtsfähigkeit fehle.[148] Die Siebenjahresgrenze für die Deliktsfähigkeit wurde von der Mehrheit der verschiedenen deutschen Staaten übernommen.[149] Aus den Motiven zum BGB ergibt sich dann schließlich, dass maßgebend für die Grenzziehung gerade bei sieben Jahren die mit dieser Altersgrenze lange gemachten und erprobten Erfahrungen seien.[150] Bei dieser Erfahrung handelte es sich aber offensichtlich nicht um eine solche im Sinne von wissenschaftlichen Befunden über die kognitive Entwicklung, sondern vielmehr um eine Erfahrung der Praktikabilität, die sich aus den überwiegenden gemeinrechtlichen Regelungen herleitete.[151]

Es lässt sich also festhalten, dass die Altersgrenze des § 828 Abs. 3 BGB nicht auf empirischen Untersuchungen beruht.

Die Neufassung des § 828 Abs. 2 BGB beruht ausweislich der Gesetzesbegründung auf Erkenntnissen der Entwicklungspsychologie. Danach könne als gesichert gelten, dass Kinder aufgrund ihrer physischen und psychischen Fähigkeiten frühestens nach Vollendung des zehnten Lebensjahres in der Lage sind, die

---

[145] Motive zum BGB, Band I, S. 129 ff.
[146] Vgl. Hommers, Entwicklungspsychologie, S. 3.
[147] Hommers, Entwicklungspsychologie, S. 3.
[148] Hommers, Entwicklungspsychologie, S. 9.
[149] Hommers, Entwicklungspsychologie, S. 13.
[150] Motive zum BGB, Band II, S. 732.
[151] Hommers, Entwicklungspsychologie, S. 14.

besonderen Gefahren des motorisierten Straßenverkehrs zu erkennen und sich den erkannten Gefahren entsprechend zu verhalten.[152]

II. Stehen die Altersgrenzen mit jugendpsychologischen Erkenntnissen in Einklang?

1. Siebenjahresgrenze des § 828 Abs. 3 BGB

Die bestehende Altersgrenze des § 828 Abs. 3 BGB kann aus jugendpsychologischer Sicht unter zwei Gesichtspunkten in Frage gestellt werden. Zum einen wird angezweifelt, dass siebenjährige Kinder bereits die für ein schuldhaftes deliktisches Handeln erforderliche Selbststeuerungsfähigkeit aufweisen können. Zum anderen ist fraglich, ob Siebenjährige generell die für die Deliktsfähigkeit erforderliche Unrechtserkenntnis bzw. das Verantwortungsbewusstsein besitzen.

a.) Selbststeuerungsfähigkeit

Seit Erlass des BGB haben sich die psychologischen Erkenntnisse weiterentwickelt. Es ist mittlerweile anerkannt, dass Kinder keine „kleinen Erwachsenen" sind, die ohne weiteres befolgen können, was sie im Elternhaus und in der Schule gelernt haben.[153] Inwieweit entwicklungspsychologisch Erworbenes und Gelerntes umgesetzt werden kann, muss vor allem hinsichtlich der motorischen Umsetzungsfähigkeit äußerst zurückhaltend beurteilt werden.[154] Es bestehen Zweifel, dass bei siebenjährigen Kindern die Selbststeuerungsfähigkeit ausreichend entwickelt ist. Kindern zwischen sieben und elf Jahren ist abstraktes Denken noch nicht möglich, sie können nicht zwischen dem eigenen Verhalten und der eigenen Person unterscheiden.[155] Und erst zwischen dem sechsten und zwölften Lebensjahr entwickelt sich allmählich die Fähigkeit, das eigene Handeln aus der Perspektive des anderen sehen zu können und umgekehrt die Reaktion des anderen auf das eigene Handeln vorausnehmen zu können.[156] Kindern fällt es auch schwer, eine einmal begonnene Handlung abzubrechen, sie sind unfähig, sich auf mehrere Vorgänge gleichzeitig einzustellen.[157] Das generelle Vorhandensein der Selbststeuerungsfähigkeit schon bei Siebenjährigen kann daher aus jugendpsychologischer Sicht nicht bestätigt werden.

---

[152] Gesetzesentwurf der Bundesregierung, BT-Drucks. 14/7752, S. 26.
[153] Scheffen, FS für Steffen, S. 387, 388 f.; dies., ZRP 1991, 458, 460.
[154] Neuhaus, 29. VGT Goslar, S. 79.
[155] Neuhaus, 29. VGT Goslar, S. 78.
[156] Neuhaus, 29. VGT Goslar, S. 79.
[157] Scheffen, ZRP 1991, 458, 460.

b.) Unrechtserkenntnis und Verantwortungsbewusstsein

Für die Frage, ob die vom Gesetzgeber gefundene Altersgrenze des § 828 Abs. 3 BGB tatsächlich mit heutigen jugendpsychologischen Erkenntnissen in Einklang zu bringen ist, ist darüber hinaus relevant, ob anhand empirischer Untersuchungen belegt werden kann, dass Unrechtserkenntnis bzw. Verantwortungsbewusstsein generell bei Kindern im Alter von sieben Jahren vorliegen.

Nach den jugendpsychologischen Lehren besteht zunächst eine Reihe allgemeiner Anhaltspunkte für einen grundlegenden Wandel kognitiver Funktionen schon vor Erreichen des siebten Lebensjahres, auch von der Erreichung eines grundlegenden moralischen Verständnisses in diesem Alter wird ausgegangen.[158] Die allgemeine Erkenntnis des Unrechts soll bei intendiertem Verhalten, also bei vorsätzlichen Verletzungshandlungen bei Siebenjährigen grundsätzlich vorhanden sein.[159] Nicht empirisch gestützt ist aber die Aussage, dass die Unrechtserkenntnis gegenüber Mitmenschen auch bei fahrlässigen Delikten besteht.[160] Mehrere Untersuchungen sprechen dafür, dass fahrlässige und akzidentelle Akte im Grundschulalter gleichgestellt werden.[161] Eine Untersuchung mehrerer zehnjähriger Sonderschüler sowie sieben- bis neunjähriger Volksschüler hat ergeben, dass diese beispielsweise die Gefährlichkeit des Werfens von Gegenständen auf Menschen mit Ausnahme des Steinwerfens nicht überschauen.[162] Ebenso wenig bestand bei den Volksschülern ein Bewusstsein der Gefahrenträchtigkeit des Spielens mit Feuer im Wald und in der Nähe einer Scheune.[163] Und erst zwischen zehn und zwölf Jahren können Regeln von Kindern eingeordnet und dann auch wirklich eingehalten werden.[164]

Hinsichtlich des Vergeltungspflichtverständnisses zeigen psychologische Beiträge, dass Kinder im Grundschulalter in der Mehrheit wissen, dass Schadensersatz die Folge von Schädigungen ist.[165] Insgesamt kann von einer entwicklungsmäßig frühen kognitiven Repräsentanz des Ersetzens bei Kindern gesprochen werden, ein wertungsbezogener Verpflichtungsgedanke kommt bereits bei Kindern im Vorschulalter auf.[166] Dennoch reicht das Wissen über die Ersatzpflicht für einen verlorenen Gegenstand auch im Grundschulalter nicht an 100 % heran.[167] Von den einzelbefragten Schülern überschauten die siebenjährigen

[158] Hommers, Entwicklungspsychologie, S. 85.
[159] Hommers, Entwicklungspsychologie, S. 111.
[160] Hommers, Entwicklungspsychologie, S. 111.
[161] Hommers, Entwicklungspsychologie, S. 111..
[162] Wille/Bettge, VersR 1971, 878, 880 f.
[163] Wille/Bettge, VersR 1971, 878, 881.
[164] Neuhaus, 29. VGT Goslar, S. 82.
[165] Hommers, Entwicklungspsychologie, S. 163.
[166] Hommers, Entwicklungspsychologie, S. 193.
[167] Hommers, Entwicklungspsychologie, S. 207.

Volksschüler im Gegensatz zu zehnjährigen Sonderschülern das Problem des „Einstehenmüssens" für angerichtete Schäden kaum.[168]

Insgesamt lässt sich anhand der jugendpsychologischen Befundsituation die Annahme des Gesetzgebers, dass bei den meisten siebenjährigen Kindern Unrechtserkenntnis und Vergeltungspflichtverständnis gegeben sind, nicht bestätigen.[169] Auf dieser Einsicht gründet auch die Forderung, die Altersgrenze für die Deliktshaftung Minderjähriger generell auf das zehnte Lebensjahr anzuheben.[170]

2. Zehnjahresgrenze des § 828 Abs. 2 BGB

Vor der Neuregelung des § 828 Abs. 2 BGB wurde die deliktische Haftung von Kindern im Straßenverkehr vor allem unter jugendpsychologischen Gesichtspunkten heftig angegriffen.[171] Die geltend gemachten Bedenken hingen in erster Linie mit den eingeschränkten physischen Fähigkeiten gerade jüngerer Kinder, aber auch mit der psychischen Überforderung durch den modernen Straßenverkehr zusammen.

Kinder im Grundschulalter besitzen noch keine ausgeprägte Diskriminationsfähigkeit, d.h. sie können häufig Wesentliches von Unwesentlichem nicht richtig unterscheiden und sind schnell überfordert, wenn mehrere Informationen gleichzeitig auf sie zukommen.[172] Im Straßenverkehr können sich Kinder nur schlecht auf zwei Dinge gleichzeitig konzentrieren. Erst im Alter von 14 Jahren sind Aufmerksamkeit und Konzentrationsfähigkeit vollständig entwickelt.[173] Kinder sind stark beeinträchtigt in der Geschwindigkeitswahrnehmung. Über die Hälfte der Acht- bis Neunjährigen hat keinen Geschwindigkeitsbegriff, auch Zehnjährige können kaum die Entfernungen von Fahrzeugen einschätzen. Erst Zwölfjährige sind in der Lage, die Fahrzeuggeschwindigkeit nach vernünftigen Kriterien abzuschätzen.[174] Zu abstraktem Denken, welches Voraussetzung für die Anwendung von Verkehrsregeln ist, sind Kinder erst mit etwa zwölf Jahren in der Lage.[175]

---

[168] Wille/Bettge, VersR 1971, 878, 881.

[169] Vgl. Hommers, Entwicklungspsychologie, S. 207; Wille/Bettge, VersR 1971, 878, 881.

[170] Scheffen, FS für Steffen, S. 388 ff; dies. ZRP 1991, 458, 461; Wille/Bettge, VersR 1971, 878, 882; Karczewski, VersR 2001, 1070, 1074.

[171] Pardey, DAR 1998, 1 ff; Steffen, VersR 1998, 1449 ff; Scheffen, 29. VGT Goslar, S. 88 ff; dies., FS für Steffen, S. 387, 388 ff; dies., FuR 1993, 82 ff; dies., ZRP 1991, 458, 460 ff; Bollweg, NZV 2000, 185, 186.

[172] Neuhaus, 29. VGT Goslar, S. 79.

[173] Limbourg, 36. VGT Goslar, S. 215 f.

[174] Neuhaus, 29. VGT Goslar, S. 80.

[175] Limbourg, 36. VGT Goslar, S. 217.

33

Hinsichtlich der physischen Fähigkeiten ist das Gesichtsfeld eines Kindes erst etwa ab dem zwölften Lebensjahr im ganzen Winkelkreisbereich in die Wahrnehmung integrierbar.[176] Die motorischen Fähigkeiten erlauben es erst Kindern ab zehn Jahren, mit dem Fahrrad gezielte Abbremsbewegungen mit gleichzeitiger Erhaltung des Gleichgewichts auszuführen.[177] Bis zum Alter von 14 Jahren haben Kinder noch eine längere Reaktionszeit als Erwachsene.[178] Erst in diesem Alter ist auch die Fähigkeit zum sicheren Radfahren entwickelt.[179]

Eine Selbststeuerung ist von Kindern kaum leistbar, wenn sie unter irgendeiner Art psychischen Drucks stehen, beispielsweise seitens der Schule oder des Elternhauses, denn psychische Irritationen können die Aufmerksamkeit eines Kindes vollständig absorbieren.[180] Auch Kinder über zehn Jahren haben oft noch größte Schwierigkeiten mit der Selbststeuerung, es besteht ein großer Unterschied zwischen dem theoretischen Einsehen eines Sachverhaltes und der praktischen Umsetzung.[181]

Aufgrund dieser jugendpsychologischen Befunde wurde die Anhebung der Altersgrenze für die deliktische Haftung von Kindern im motorisierten Straßenverkehr auf mindestens zehn[182] bzw. auf zwölf, besser 14 Jahre[183] empfohlen. Dem ist der Gesetzgeber durch die Neuschaffung des § 828 Abs. 2 BGB zumindest teilweise nachgekommen. Nicht außer Acht gelassen werden darf aber, dass durch empirische Untersuchungen keinesfalls eine generelle Deliktsfähigkeit von erst zehnjährigen Kindern im Straßenverkehr nachgewiesen werden konnte.

III. Folgerungen

Die Annahme des Gesetzgebers, dass Selbststeuerungsfähigkeit und Deliktsfähigkeit bei siebenjährigen Kindern generell vorhanden sind, wird durch jugendpsychologische Erkenntnisse nicht gestützt. Dasselbe gilt für die generelle Delikts- und Steuerungsfähigkeit Zehnjähriger im Straßenverkehr, woraus sich folgern lässt, dass die Norm des § 828 Abs. 2 und Abs. 3 BGB aus jugendpsychologischer Sicht gegen den Minderjährigenschutzgedanken verstößt. Hiergegen kann zwar eingewandt werden, dass die Norm grundsätzlich eine ausreichende

---

[176] Neuhaus, 29. VGT Goslar, S. 81.
[177] Neuhaus, 29. VGT Goslar, S. 81.
[178] Limbourg, 36. VGT Goslar, S. 218.
[179] Limbourg, 36. VGT Goslar, S. 219.
[180] Neuhaus, 29. VGT Goslar, S. 83.
[181] Neuhaus, 29. VGT Goslar, S. 83 f.
[182] Neuhaus, 29. VGT Goslar, S. 83.
[183] Limbourg, 36. VGT Goslar, S. 220.

Handhabe biete, um individuelle Unzulänglichkeiten zu berücksichtigen.[184] Denn nach dem Gesetz ist eine Haftung ja nur vorgesehen, wenn Deliktsfähigkeit, d.h. Unrechtserkenntnis und Verantwortungsbewusstsein, und Verschulden, also die Selbststeuerungsfähigkeit, im Einzelfall vorliegen. Daher wäre, falls Urteile nicht mit jugendpsychologischen Erkenntnissen in Einklang stehen, die Schuld bei der Rechtsprechung zu suchen.[185] Dieser Einwand trägt aber nicht dem Umstand Rechnung, dass § 828 Abs. 2 und 3 BGB zulasten sieben- bzw. zehnjähriger Minderjähriger die nur sehr schwer zu widerlegende Vermutung aufstellen, dass Kinder diesen Alters die erforderliche Einsichtsfähigkeit besitzen. An diese empirisch nicht gestützte Vermutung ist die Rechtsprechung aber gebunden. Daraus ergibt sich, dass Minderjährige aus jugendpsychologischer Sicht durch die geltenden gesetzlichen Altersgrenzen für eine deliktische Haftung nicht ausreichend geschützt werden.

C. Änderung des realen Umfeldes

Nicht nur die Erkenntnisse zur Deliktsfähigkeit Minderjähriger, sondern auch das reale Umfeld für Kinder hat sich seit Erlass des BGB einschneidend verändert. Insbesondere der moderne Straßenverkehr stellt an Kinder Anforderungen, denen sie oft nicht gewachsen sind. Zwar wurde durch das Zweite Gesetz zur Änderung schadensrechtlicher Vorschriften der Schutz sieben- bis zehnjähriger im motorisierten Straßenverkehr dieser Erkenntnis entsprechend erweitert.[186] Aber auch ältere Kinder können im Verkehr überfordert sein.[187] Der gefährlicher gewordene Straßenverkehr hat außerdem dazu geführt, dass Kinder immer seltener im Freien spielen können, weshalb sich bei den Kindern inzwischen deutliche Verzögerungen in der motorischen Entwicklung zeigen.[188] Gleichzeitig führen in der heutigen Zeit zu viel Fernsehen, zu viele Computer-Spiele und andere Arten der Reizüberflutung zu einer Verschlechterung der Konzentrationsfähigkeit von Kindern.[189] Beide Komponenten erhöhen wiederum die Unfallgefahr.

Aber auch außerhalb des Straßenverkehrs hat sich das soziale Umfeld, in dem Kinder aufwachsen, stark geändert. In einer mittlerweile hochtechnisierten Welt kommen auch Kinder schneller mit Gegenständen von hohem Wert in Berührung, deren Beschädigung hohe Schadensersatzforderungen nach sich zieht. Darüber hinaus hat sich auch die Art der Erziehung geändert. Kinder werden

---

[184] Vgl. Steffen, 36. VGT Goslar 1998, S. 222 f.
[185] Steffen, 36. VGT Goslar 1998, S. 222; ähnlich Deutsch, DeliktsR, RN 135 a.
[186] Vgl. 1. Teil, 1. Abschnitt, A II.
[187] Vgl. in diesem Abschnitt B II 2.
[188] Limbourg, 36. VGT Goslar, S. 218.
[189] Limbourg, 36. VGT Goslar, S. 216.

weniger autoritär erzogen, sie werden weniger starren Verhaltensregeln unterworfen und erfahren auch bei deren Missachtung meist keine so strengen Sanktionen wie dies noch vor hundert Jahren üblich war.

D. Benachteiligung zurückgebliebener Kinder

Da § 828 Abs. 3 BGB nur für die Bejahung der Einsichtsfähigkeit auf individuelle Fähigkeiten abstellt, die konkrete Erkennbarkeit sowie die Steuerungsfähigkeit aber altersgruppenspezifisch festgestellt werden, sind der Berücksichtigung von Persönlichkeitsdefiziten im Deliktsrecht enge Grenzen gesetzt. Ob ein Kind in seiner persönlichen Entwicklung hinter Gleichaltrigen zurücksteht, bleibt bei der Prüfung des Verschuldens außer Betracht. Da es also beim Verschulden auf individuelle Besonderheiten nicht ankommt, haften gerade in ihrer Entwicklung zurückgebliebene Kinder besonders scharf.[190] § 828 Abs. 2 BGB bietet demnach keine Gewähr dafür, in jedem Fall zu einem differenzierten und gerechten Ergebnis zu führen.[191]

E. Allgemeine verfassungsrechtliche Bedenken

Die Haftung eines Minderjährigen für einen Schaden in „existenzvernichtender" Höhe wurde von der Rechtsprechung bereits mehrfach als „Eingriff in dessen Grundrechte" und damit als verfassungswidrig eingestuft.[192] Als existenzvernichtend wurden dabei Forderungen in Höhe von 50.000 DM gegen einen 10jährigen[193], von rund 150.000 DM gegen einen 16jährigen[194] und von etwa 100.000 DM gegen einen 15jährigen Jugendlichen[195] angesehen. Die Existenzvernichtung ergibt sich dabei aus dem langen Zeitraum, den der Minderjährige als junger Erwachsener benötigen würde, um die Forderung zu erfüllen und schuldenfrei leben zu können. Denn hätte beispielsweise ein Minderjähriger im Alter von zehn Jahren einen Schaden von 50.000 € angerichtet, so müsste er, um diesen zuzüglich angefallener Zinsen zu tilgen, bei einem monatlichen Nettoein-

---

[190] OLG Celle, VersR 1989, 709.
[191] OLG Celle, VersR 1989, 709; LG Dessau, VersR 1997, 242, 243.
[192] OLG Celle, VersR 1989, 709; LG Bremen, NJW-RR 1991, 1432, 1433 f; LG Dessau VersR 1997, 242, 243 ff.
[193] LG Bremen, NJW-RR 1991, 1432, 1433.
[194] LG Dessau, VersR 1997, 242.
[195] OLG Celle, VersR 1989, 709.

kommen von 1.000 € ab seinem 20. Lebensjahr etwa 16 Jahre von dem un-pfändbaren Teil seines Einkommens leben.[196]

Angesichts einer so hohen Schuldenlast wird ein Minderjähriger in seiner späteren Lebensplanung als junger Erwachsener sehr stark eingeschränkt.[197] Seine Entfaltungsmöglichkeiten sind auf ein Minimum reduziert und vor allem die Gründung einer Familie ist für ihn mit einem Einkommen am Existenzminimum so gut wie ausgeschlossen, wenn er nicht ergänzend Sozialhilfe in Anspruch nehmen will.[198] Ein Leben lang durch einen „Kinderfehler" belastet zu sein, den man im Erwachsenenalter auch als ehemaliger „Täter" nicht mehr nachvollziehen kann, kann auch aus psychologischer Sicht extrem negativ lebensbestimmend sein.[199] Schon vor seinem Eintritt ins Erwachsenenleben wächst der Jugendliche mit dieser Perspektivlosigkeit hinsichtlich seiner nahen Zukunft auf. Diese Situation kann dazu führen, dass die Entwicklung der Persönlichkeit des Minderjährigen nachhaltig gestört wird. Als Folge der beengten finanziellen Verhältnisse besteht darüber hinaus durchaus die Gefahr, dass bei dem hoch verschuldeten Minderjährigen kriminelle Neigungen eher als bei anderen Jugendlichen geweckt oder verstärkt werden, da Straftaten unter Umständen als Ausweg aus der langfristigen Armut gesehen werden.[200] Teilweise wird in der Lage des Minderjährigen als „finanziellem Krüppel" auf Dauer auch ein Weg in den unteren Rand der sozialen Schichtung oder in die Dauerkriminalität gesehen.[201] Auch die Gefahr des Drogenmissbrauchs oder gar des Suizids werden als Folge der immanent hohen finanziellen Belastung genannt.[202]

F. Zusammenfassung

Die Regelung der deliktischen Haftung Minderjähriger berücksichtigt den das BGB durchziehenden Minderjährigenschutzgedanken nur unzureichend. Die Annahme des Gesetzgebers, dass bei sieben- bzw. zehnjährigen Kindern Unrechtserkenntnis und Verantwortungsbewusstsein generell bejaht werden können, lässt sich durch jugendpsychologische Erkenntnisse nicht stützen. Auch der Änderung des realen Umfeldes der Kinder tragen § 828 Abs. 2 und Abs. 3 BGB nicht ausreichend Rechnung. In der Entwicklung zurückgebliebene Kinder werden durch die Regelung besonders benachteiligt. Schließlich stößt eine unbe-

---

[196] So die Beispielsrechnung des LG Bremen, NJW-RR 1991, 1431, 1433.
[197] OLG Celle, VersR 1989, 709, 710.
[198] LG Bremen, NJW-RR 1991, 1432, 1433.
[199] Neuhaus, 29. VGT Goslar, S. 77.
[200] LG Dessau, VersR 1997, 242, 244.
[201] LG Bremen, NJW-RR 1991, 1432, 1433 f.
[202] Scheffen, FuR 1993, 82; dies., 29. VGT Goslar, S. 88, 97 und 101.

grenzte Haftung, die zur Schuldenabtragung bis weit in die Volljährigkeit führt, auch auf verfassungsrechtliche Bedenken.

3. Abschnitt: Ergebnis zum ersten Teil

Die unbegrenzte deliktische Haftung Minderjähriger ist mit dem Minderjährigenschutzgedanken unvereinbar. Sie stößt in den Fällen, in denen sich die Forderung angesichts ihrer Höhe und des Zeitraums, den der Minderjährige zu ihrer Abtragung bräuchte, als existenzvernichtend darstellt, auch auf verfassungsrechtliche Bedenken. Angesichts dieser Einschätzung stellt sich die Frage, ob das geltende Recht Möglichkeiten bereithält, die deliktische Haftung Minderjähriger auf ein erträgliches Maß zu reduzieren.

2. Teil: Der Schutz Minderjähriger vor unbeschränkter Haftung im geltenden Recht

In der an § 828 BGB geäußerten Kritik wurde meist davon ausgegangen, dass eine Verbesserung des Minderjährigenschutzes für den Bereich des Deliktsrechts nur durch eine Gesetzesänderung herbeigeführt werden kann.[203] Hierfür wurden vor allem die generelle Anhebung der Altersgrenze in § 828 Abs. 3 BGB,[204] die Angleichung des § 828 BGB an die strafrechtlichen Regeln durch Einführung des Merkmals der Steuerungsfähigkeit,[205] die Einführung einer Pflichthaftpflichtversicherung für Kinder,[206] sowie die Einführung einer Reduktionsklausel vorgeschlagen.[207]

Eine Änderung des § 828 BGB wurde in der 13. Legislaturperiode von der damaligen Bundesregierung abgelehnt.[208] Die aktuelle Änderung des § 828 BGB[209] lässt erkennen, dass ein weitergehender gesetzlicher Schutz in absehbarer Zeit nicht vorgesehen ist.

Möglichkeiten, den deliktischen Schutz Minderjähriger zu erweitern, gibt es aber auch schon im geltenden Recht. Auf einige wichtige hat in seiner Entscheidung zur Verfassungsmäßigkeit des § 828 Abs. 2 BGB a. F. das BVerfG 1998 hingewiesen.[210] In einem obiter dictum führte es als Möglichkeit zur Vermeidung eines verfassungswidrigen Ergebnisses die Anwendung des § 76 SGB IV an, wies auf die möglichen Konsequenzen des Restschuldbefreiungsverfahrens nach der Insolvenzordnung hin und betonte, dass auch an eine mögliche Reduktion der Haftung durch den Richter nach 242 BGB zu denken sei.[211]

Inwieweit diese und andere Vorschriften des prozessualen sowie des materiellen Rechts die deliktische Haftung Minderjähriger abmildern und verfassungsrechtliche Bedenken ausräumen können, soll im 2.Teil untersucht werden.

---

[203] Vgl. OLG Celle, VersR 1989, 709, 711; LG Dessau, VersR 1997, 242, 245.
[204] Scheffen, FS für Steffen, S. 388 ff; dies., ZRP 1991, 458, 461; Wille/Bettge, VersR 1971, 878, 882; Kuhlen, JZ 1990, 273, 276.
[205] Kuhlen, JZ 1990, 273, 276 f; Scheffen, FS für Steffen, S. 391 f.
[206] v. Hippel, VersR 1998, 26 f; ders., VersR 2001, 748.
[207] Goecke, Haftung Minderjähriger, S. 243 ff.
[208] Parl. Staatssekretär Funke, BT Dr. 13/11459, Antwort vom 14.09.1998.
[209] Vgl. 1.Teil, 1. Abschnitt, A II.
[210] BVerfG JZ 1999, 251, 252.
[211] BVerfG JZ 1999, 251, 252.

1. Abschnitt: Schutz auf prozessualer Ebene

Eine Erweiterung des Schutzes deliktisch haftender Minderjähriger auf prozessualer Ebene könnten zunächst die Pfändungsschutzvorschriften der ZPO bieten (Teil A). Seit Inkrafttreten der Insolvenzordnung am 01.01.1999 könnten aber auch die Möglichkeiten des Verbraucherinsolvenzverfahrens und dort insbesondere das Institut der Restschuldbefreiung den Minderjährigen vor einer unter Umständen lebenslangen unbeschränkten Haftung schützen (Teil B).

Es bleibt zu prüfen, ob die Vorschriften der ZPO und der Insolvenzordnung auf einen überschuldeten Minderjährigen Anwendung finden, und inwieweit durch sie den Bedenken gegen eine unbegrenzte deliktische Haftung Minderjähriger begegnet werden kann.

A. Vollstreckungsschutz nach der ZPO

I. Umfang des Vollstreckungsschutzes

Als Vorschriften der ZPO, die den Minderjährigen vor einer Inanspruchnahme durch seinen Gläubiger schützen können, kommen die Pfändungsschutzvorschriften §§ 850, 850 a - i ZPO sowie der Vollstreckungsschutz nach § 765 a ZPO in Betracht.

1. §§ 850 f ZPO

Die §§ 850 f ZPO regeln den Pfändungsschutz des Arbeitseinkommens, wobei § 850 c ZPO den Pfändungsfreibetrag festlegt. Nun wird ein Minderjähriger bis zum Eintritt ins Berufsleben gar kein pfändbares Einkommen besitzen, womit ein Eingreifen der §§ 850 f ZPO vor diesem Zeitpunkt nicht nötig ist. Tritt der Minderjährige später eine Arbeitsstelle an und erhält ein Arbeitseinkommen, so bestimmt § 850 c ZPO, dass ein Teil seines Einkommens unpfändbar ist, womit gewährleistet wird, dass ihm ein Existenzminimum zum Leben verbleibt. Die Höhe des nach § 850 c ZPO unpfändbaren Einkommens beträgt 930 € und bewegt sich damit in den meisten Fällen etwas über dem Sozialhilfeniveau. Die §§ 850 f ZPO bieten aber keinen Schutz vor einer zeitlich unbegrenzten Inanspruchnahme durch den Gläubiger, das heißt, im schlimmsten Fall muss sich der Schuldner lebenslang mit dem pfändungsfreien Teil seines Einkommens begnügen.

2. § 765 a ZPO

Nach § 765 a ZPO kann das Vollstreckungsgericht eine Zwangsvollstreckungs-
maßnahme aufheben, untersagen oder einstweilig einstellen, wenn die Maßnahme wegen ganz besonderer Umstände eine Härte bedeutet, die mit den guten
Sitten nicht vereinbar ist. Nun könnte man vertreten, dass die Zwangsvollstrek-
kung gegen einen Minderjährigen grundsätzlich eine sittenwidrige Härte darstellt. Allerdings ist zu beachten, dass es sich bei § 765 a ZPO um eine Ausnah-
meregel handelt, die an das Vorliegen ihrer Voraussetzungen sehr hohe Anforderungen stellt.[212] Und selbst wenn man diese als gegeben ansehen würde,
müsste der Schutz für jede einzelne Vollstreckungsmaßnahme des Gläubigers in
Anspruch genommen werden, da § 765 a ZPO Schutz nur gegen Vollstrek-
kungsmaßnahmen, nicht gegen die Zwangsvollstreckung allgemein ermöglicht.[213] Das Problem lebenslanger Überschuldung kann hierdurch somit nicht
beseitigt werden.

II. Reicht dieser Schutz aus?

Insgesamt bieten die Vorschriften der ZPO also nur einen Minimalschutz, der
dem Minderjährigen ein pfändungsfreies Einkommen sichert. Ein Schutz vor
zeitlich unbegrenzter Inanspruchnahme besteht nicht. Doch gerade die Aussicht
auf ein Leben, das sich nur wenig über dem Sozialhilfeniveau bewegt, und die
hieraus resultierende Einschränkung der Entfaltungsfreiheit und die Perspektivlosigkeit für den Minderjährigen hinsichtlich des Aufbaus einer eigenen Existenz werfen Bedenken auf. Diesen kann mit einem Verweis auf die Schuldner-
schutzvorschriften der ZPO daher nicht begegnet werden.

B. Verbraucherinsolvenzverfahren mit anschließender Restschuld-
befreiung nach den §§ 286 ff InsO

Seit Inkrafttreten der Insolvenzordnung am 01.01.1999 besteht auch für Verbraucher[214] die Möglichkeit, ein Insolvenzverfahren durchzuführen und unter
den Voraussetzungen der §§ 286 ff InsO Restschuldbefreiung von den Forderungen der Gläubiger zu erlangen. Verbraucherschuldnern wird damit durch die
Befreiung von allen Restverbindlichkeiten die Chance eines wirtschaftlichen
Neubeginns gegeben.

---

[212] Vgl. Zöller - Stöber, § 765 a RN 5.
[213] Vgl. Zöller - Stöber, § 765 a RN 4.
[214] Gem. § 286 InsO alle natürlichen Personen.

42

Die Möglichkeit der Restschuldbefreiung könnte, sofern sie auch Minderjährigen offen stünde, die unbegrenzte materielle Haftung Minderjähriger im Deliktsrecht auf prozessualer Ebene abmildern. Denn wenn der Minderjährige, wie es bei der Restschuldbefreiung vorgesehen ist, die Möglichkeit hat, nach einer sechsjährigen[215] Wohlverhaltensphase schuldenfrei zu werden, erscheint die Zukunftsbelastung des Jugendlichen durch existenzvernichtend hohe finanzielle Verpflichtungen weniger gravierend. Dies könnte auch Auswirkungen auf die spätere verfassungsrechtliche Beurteilung der deliktsrechtlichen Haftung haben.[216]

Zu untersuchen bleibt, ob die Durchführung eines Insolvenzverfahrens für Minderjährige mit deliktischen Schulden überhaupt möglich ist, und ab wann die nach § 287 Abs. 2 InsO für eine Restschuldbefreiung obligatorische sechsjährige Wohlverhaltensphase beginnen kann.

I. Anwendungsbereich des Verbraucherinsolvenzverfahrens

1. Personenkreis

Gemäß § 304 Abs. 1 InsO[217] ist das Verbraucherinsolvenzverfahren bestimmt für „natürliche Personen, die keine selbständige wirtschaftliche Tätigkeit ausüben" und für Personen, „die eine selbständige wirtschaftliche Tätigkeit ausgeübt haben und deren Vermögensverhältnisse überschaubar sind". Restschuldbefreiung können gemäß § 286 InsO „alle natürlichen Personen" erlangen. Angesichts des gesetzgeberischen Ziels dieses Verfahrens, das soziale Problem der privaten Überschuldung in den Griff zu bekommen,[218] wurde hierbei an die typischen Verbraucher, die als Arbeitnehmer ihr Geld verdienen, gedacht.[219] Da die §§ 304 Abs. 1, 286 InsO jedoch nur von einer „natürlichen Person" sprechen und die Insolvenzfähigkeit mit der Geschäftsfähigkeit oder Prozessfähigkeit des Schuldners nichts zu tun hat, fallen auch Minderjährige, die nicht zur Gruppe der typischen Verbraucherschuldner gehören, in den Personenkreis der Vorschriften.[220]

---

[215] § 287 Abs. 2 InsO, der bisher eine siebenjährige Wohlverhaltensphase vorsah, wurde durch das Gesetz zur Änderung der Insolvenzordnung und anderer Gesetze (BT-Drucks. 14/5680, 14/6468, BR-Drucks. 689/01) mit Wirkung ab dem 01.12.2001 dahingehend geändert.
[216] Unten 2. Teil 3. Abschnitt C.
[217] In der Fassung, die die Norm durch das Gesetz zur Änderung der Insolvenzordnung und anderer Gesetze (BR-Drucks. 689/01) ab dem 01.12.2001 erhalten hat.
[218] BT-Drucks. 12/2443, S.82. In Deutschland gibt es etwa 2 Mio. überschuldete Haushalte, die ihre fälligen Schulden nicht mehr bezahlen können, vgl. Vallender, InVo 1998, 169.
[219] Vallender, InVo 1998, 169; siehe auch BT-Drucks. 12/2443, S.82.
[220] Häsemeyer, Insolvenzrecht, RN 6.18.

2. Art der Forderungen

a.) Deliktische Forderungen

Der größte Teil der gegen überschuldete Verbraucher gerichteten Forderungen wird naturgemäß aus vertraglichen Verpflichtungen stammen. Von der Restschuldbefreiung ausgeschlossen ist aber gemäß § 302 InsO nur ein stark eingegrenzter Kreis von Forderungen. Die hier interessierenden deliktischen Forderungen gegen Minderjährige werden gemäß § 302 Nr. 1 InsO nur dann von einer Restschuldbefreiung nicht erfasst, wenn die unerlaubte Handlung vorsätzlich begangen wurde.

Diese Regelung leuchtet unter dem Gesichtspunkt des Gläubigerschutzes durchaus ein. Bei Minderjährigen, die vorsätzlich gehandelt haben, muss aber nicht zwangsläufig deren Schutzwürdigkeit fehlen. Denn im Rahmen des § 823 Abs. 1 BGB genügt es zur Bejahung des Vorsatzes bereits, wenn beim Handelnden das Wissen und Wollen bezüglich der Rechtsgutverletzung vorlag, während der eingetretene Schaden nicht vom Vorsatz umfasst gewesen sein muss.[221] Diese Konstellation - Vorsatz bezüglich der Rechtsgutverletzung, nicht jedoch hinsichtlich des eingetretenen Schadens - tritt oft bei solchen unerlaubten Handlungen Minderjähriger auf, die als typische „Dummer-Jungen-Streiche" qualifiziert werden können, etwa in den Fällen, in denen zündelnde Kinder einen Großbrand verursachen oder bei Raufereien. Auch in diesen Fällen kann eine unbegrenzte Haftung des Minderjährigen bedenklich sein. Dennoch können die aus diesen Handlungen entstehenden Forderungen gegen den Minderjährigen wegen § 302 Nr. 1 InsO nicht von einer möglichen Restschuldbefreiung erfasst werden.

Somit kann festgehalten werden, dass, soweit die Erlangung der Restschuldbefreiung für Minderjährige überhaupt möglich ist, dies gemäß § 302 Nr. 1 InsO jedenfalls nicht für deliktische Forderungen gilt, die aus einer hinsichtlich der Rechtsgutverletzung vorsätzlich begangenen unerlaubten Handlung resultieren.

b.) Anzahl der Gläubiger

Im Gegensatz zu einem typischen überschuldeten Verbraucher, der eine Vielzahl von Gläubigern hat, gibt es bei einem deliktisch haftenden Minderjährigen in der Regel nur einen Gläubiger. Da in den Vorschriften über das Insolvenzverfahren stets von mehreren Gläubigern die Rede ist,[222] stellt sich die Frage, ob das Vorhandensein von mehr als einem Gläubiger Verfahrensvoraussetzung ist.[223] Ge-

---

[221] st. Rspr., vgl. BGHZ 34, 375, 381; 59, 30, 39; 75, 328, 329.

[222] z.B. §§ 1 S.1, 294, 307, 310 InsO

[223] Dies wurde zumindest vom Bundesrat in der Stellungnahme zur Restschuldbefreiung insgesamt (BT-Drucks. 12/2443, S. 255) angenommen und kritisiert.

gen diese Annahme spricht jedoch zum einen, dass eine Mindestanzahl von Gläubigern an keiner Stelle der InsO gefordert wird. Zum anderen ist es dem Minderjährigen, ebenso wie dem überschuldeten Verbraucher, in der Praxis problemlos möglich, sich zum Beispiel durch die Eingehung von weiteren Verbindlichkeiten neue Gläubiger zu schaffen.[224] Dies durch eine Verfahrensvoraussetzung zu erzwingen, widerspräche aber dem Sinn des Verbraucherinsolvenzverfahrens, das der Überschuldung ja gerade abhelfen soll. Somit können auch Schuldner mit nur einem Gläubiger ein Insolvenzverfahren durchführen.

II. Das Verfahren der Verbraucherinsolvenz

Das Verbraucherinsolvenzverfahren ist dreistufig konzipiert. In einer ersten Stufe soll der Schuldner versuchen, sich mit dem Gläubiger außergerichtlich zu einigen, vgl. § 305 Abs. 1 Nr. 1 InsO. Scheitert eine solche Einigung, kann der Schuldner im gerichtlichen Schuldenbereinigungsverfahren (zweite Stufe) versuchen, einen von ihm vorzulegenden Schuldenbereinigungsplan vom Insolvenzgericht feststellen zu lassen (§ 305 Abs. 1 Nr. 4, §§ 307-310 InsO). Das Insolvenzgericht kann nach § 306 Abs. 1 InsO n. F. auch entscheiden, dass auf dieses Verfahren verzichtet wird, wenn der vom Schuldner vorgelegte Schuldenbereinigungsplan voraussichtlich ohnehin nicht angenommen wird. Nach diesen Schritten steht dem Schuldner als dritte Stufe die Möglichkeit des vereinfachten Insolvenzverfahrens mit dem Ziel der gesetzlichen Restschuldbefreiung offen (§§ 311 ff InsO).

1. Verfahrenskosten

Sowohl im Rahmen des Schuldenbereinigungsverfahrens als auch im anschließenden Insolvenzverfahren stellt sich zunächst die Frage der Verfahrenskosten. Als Verfahrenskosten fallen Gerichtskosten, sowie im Insolvenzverfahren die Kosten für die Treuhändervergütung und möglicherweise Rechtsanwaltsgebühren an. Nach Schätzungen belaufen sich die Gesamtkosten für das Verbraucherinsolvenzverfahren auf 500 bis 1.000 €.[225]

Die Tragung der Verfahrenskosten ist Voraussetzung für die Erlangung der angestrebten Restschuldbefreiung. Denn um Restschuldbefreiung zu erlangen, muss zwingend ein Insolvenzverfahren durchgeführt werden. Wird dieses aber mangels Masse gemäß § 26 Abs. 1 InsO nicht eröffnet oder aus dem gleichen Grund gemäß § 207 InsO eingestellt, gelangt der Schuldner erst gar nicht zum Restschuldbefreiungsverfahren. Ist er dort angelangt, muss gemäß § 298 InsO

---

[224] So auch die Gegenäußerung der Bundesregierung zu der in FN 223 angegebenen Stellungnahme des Bundesrats (BT-Drucks. 12/ 2443, S. 266).
[225] Henning, InVO 1996, 288, 289.

die Treuhändervergütung gezahlt werden, damit das Gericht die Restschuldbefreiung nicht versagt. Ein vermögens- und einkommensloser Minderjähriger hat keine Möglichkeit, eine solche Summe selbst aufzubringen.

a.) Bisherige Rechtslage

Diese Verfahrenshürde konnte ein vermögensloser Schuldner nach der bisher geltenden Rechtslage nur dann überwinden, wenn ihm für das Verfahren Prozesskostenhilfe bewilligt wurde. Ob im Verbraucherinsolvenzverfahren Prozesskostenhilfe über den Verweis des § 4 InsO zu den Vorschriften der ZPO, welche in den §§ 114 ff ZPO die Prozesskostenhilfe regelt, zulässig ist, wurde bisher heftig diskutiert. Die zu dieser Frage ergangenen Gerichtsentscheidungen sind völlig uneinheitlich. Die Meinungen in Literatur und Rechtsprechung zur Zulässigkeit von Prozesskostenhilfe im Insolvenzverfahren waren breit gefächert und reichten von der Bejahung einer Zulässigkeit für sämtliche Verfahrensabschnitte[226] über eine Befürwortung nur für das Schuldenbereinigungsverfahren[227] bis zu einer völligen Ablehnung der Prozesskostenhilfe im Verbraucherinsolvenzverfahren[228].

Nach dieser Rechtslage bestand zwar für einen Minderjährigen, der ein Insolvenzverfahren mit anschließender Restschuldbefreiung anstrebte, die Möglichkeit, dass das zuständige Insolvenzgericht sich der Meinung anschloss, dass Insolvenzkostenhilfe zulässig sei. Wahrscheinlicher war aber, dass ihm diese Kostenhilfe zumindest für einige Verfahrensabschnitte oder die Treuhändervergütung versagt wurde. Daher stand die Durchführung des Insolvenzverfahrens eines Minderjährigen, der bei der Aufbringung der Verfahrenskosten keine Hilfe von dritter Seite erhält, auf äußerst wackligen Füßen und hing letztlich davon ab, in welchem Gerichtsbezirk der Jugendliche wohnt.[229]

---

[226] LG Göttingen, NJW 1999, 2286; LG Trier, NZI 2000, 187; LG Mühlhausen, NZI 2000, 188; LG Konstanz, NZI 2000, 29, 30 f; LG Oldenburg, NZI 2000, 32, 33; AG Göttingen, NZI 1999, 124 und NZI 2000, 34, 35 f; Ahrens in Frankf. Komm. zur InsO, 2. Aufl., § 286 RN 46 ff; Kohte in Frankf. Komm. zur InsO, 2. Aufl., § 311 RN 10 ff; Hess/Obermüller, Insolvenzplan, RN 768; Henning, InVO 1996, 288, 289; Funke, ZIP 1998, 1708, 1709 ff; Bruns, NJW 1999, 3445, 3446 ff; I. Pape, NZI 1999, 89, 91; Reifner/Springeneer, EWiR 1999, 765 f.

[227] LG Hamburg, ZIP 1999, 809; LG Lüneburg, ZIP 1999, 372; LG Baden-Baden, NZI 1999, 234; LG Düsseldorf, NZI 1999, 237, 238; LG Mainz, NZI 1999, 368, 369.

[228] LG Köln, ZIP 1999, 588; LG Saarbrücken, ZIP 1999, 975; LG München I, ZIP 1999, 1316; LG Münster, ZIP 1999, 1316; LG Braunschweig, ZIP 1999, 1317; LG Berlin, NZI 1999, 371; LG Würzburg, NZI 1999, 417, 419; LG Bad Kreuznach, NZI 2000, 188; LG Bremen, DZWIR 2000, 121; LG Nürnberg-Fürth, NZI 1999, 369; LG Bonn, ZIP 2000, 367; Busch/Graf-Schlicker, InVO 1998, 269, 270 ff; Forsblad, Restschuldbefreiung, S. 241; Bork, ZIP 1998, 1209, 1214 f; Heyer, JR 1996, 314, 315; Hoffmann, NZI 1999, 53, 55.

[229] Dieser Zustand wurde von Pape, EWiR 1999, 329 zutreffend als „Lotterie für die betroffenen Schuldner" bezeichnet.

b.) Stundung der Verfahrenskosten nach dem neuen § 4 a InsO

Durch die Einführung der §§ 4 a – 4 d InsO besteht nach der neuen Rechtslage nunmehr die Möglichkeit, dass dem Schuldner die Verfahrenskosten gestundet werden, mithin auch ein vermögensloser Schuldner das Insolvenzverfahren durchlaufen kann.[230]

§ 4 a Abs. 1 InsO bestimmt, dass einer natürlichen Person die Kosten des Insolvenzverfahrens bis zur Erteilung der Restschuldbefreiung auf Antrag gestundet werden können, wenn sie auch den Antrag auf Erteilung der Restschuldbefreiung stellt, das Vermögen nicht ausreicht, um die Massekosten zu decken und die in § 290 Abs. 1 Nr. 1 und 3 InsO genannten Voraussetzungen für eine Versagung der Restschuldbefreiung nicht vorliegen. Die Stundung bewirkt, dass die Gerichtskosten, einschließlich der Kosten des Treuhänders, vom Schuldner zunächst nicht bezahlt werden müssen (§ 4 a Abs. 3 InsO), dem Schuldner ein Rechtsanwalt beigeordnet werden kann, dessen Kosten nur in dem Rahmen gegen den Schuldner geltend gemacht werden können, den das Gericht bestimmt und dass der Rechtsanwalt und der Treuhänder ihre Ansprüche auf Zahlung der Gebühren nur gegen die Staatskasse geltend machen können. Die in der Phase des Wohlverhaltens einfließenden Gelder sollen dann vom Treuhänder noch vor der Befriedigung der Gläubiger genutzt werden, um die gestundeten Kosten abzutragen, § 292 Abs. 1 S. 2 InsO. Werden die Kosten in dieser Phase nicht oder nicht ganz bezahlt, sollen sie durch die Erteilung der Restschuldbefreiung nicht erlassen werden.

Eine Änderung oder Anpassung der Entscheidung des Insolvenzgerichts ist in § 4 b InsO vorgesehen, wenn sich die Verhältnisse des Schuldners ändern. Die äußerste zeitliche Grenze für Änderungen zum Nachteil des Schuldners liegt nach § 4 b Abs. 2 S. 4 InsO vier Jahre nach Beendigung des Verfahrens, weshalb der Schuldner spätestens vier Jahre nach Erteilung der Restschuldbefreiung in jedem Fall auch von seiner Pflicht zur Rückzahlung der gestundeten Kosen frei wird.[231] In den in § 4 c InsO bestimmten Fällen kann das Gericht die Stundung wieder aufheben.

Die Neuregelung bewirkt somit, dass die Verfahrenskosten auch für einen vermögenslosen Minderjährigen keine Hürde mehr für die Durchführung des Insolvenzverfahrens darstellen können.

---

[230] Vgl. Bruckmann, InVO 2001, 41, 43 f; Pape, ZInsO 2001, 587, 588 f.
[231] Vgl. Pape, ZInsO 2001, 587, 588.

2. Außergerichtlicher Einigungsversuch und Schuldenbereinigungsverfahren auf der Grundlage eines Schuldenbereinigungsplans

Im außergerichtlichen Einigungsversuch muss sich der Schuldner „mit Hilfe einer geeigneten Person oder Stelle" (§ 305 Abs. 1 Nr. 1 InsO) um eine Problemlösung mit allen Gläubigern bemühen. Diese Einigung muss auf der Grundlage eines vom Schuldner zu erstellenden Plans erfolgen, der „unter Berücksichtigung der Gläubigerinteressen sowie der Vermögens- und Familienverhältnisse des Schuldners geeignet ist, zu einer angemessenen Schuldenbereinigung zu führen" (§ 304 Abs. 1 Nr. 1 und Nr. 4 InsO). Auf der Grundlage dieses, unter Umständen vom Schuldner noch abgeänderten oder neu erstellten Plans wird auch im anschließenden gerichtlichen Schuldenbereinigungsverfahren entschieden, sofern auf dieses Verfahren nicht durch Entscheidung des Insolvenzgerichts nach § 306 Abs. 1 InsO n. F. verzichtet wird.

Der deliktisch haftende Minderjährige besitzt in der Regel kein oder nur geringes eigenes Vermögen und hat, da er bis zum Alter von 15 Jahren nicht arbeiten darf[232] und anschließend als Schüler oder Auszubildender kaum verdient, kein nennenswertes Einkommen. Dem Gläubiger einer deliktischen Forderung hat er somit in einem Einigungsversuch nichts anzubieten. Der Minderjährige müsste letztlich sowohl für die außergerichtliche Einigung als auch für das gerichtliche Schuldenbereinigungsverfahren einen Plan erstellen, in dem er keine eigenen Zahlungen vorsieht und damit praktisch beim Gläubiger um einen Schuldenerlass bittet.

a.) Zulässigkeit eines „Nullplans"

Ob ein solcher sogenannter „Nullplan", der keine Zahlungen an den Gläubiger vorsieht, den Erfordernissen der InsO, insbesondere den Voraussetzungen des § 305 Abs. 1 Nr. 4 InsO entspricht, ist fraglich.[233]

aa.) Forderung einer Mindestquote

Schon vor Inkrafttreten der InsO wurde das Erfordernis einer Mindestquote, die der Schuldner dem Gläubiger in seinem Plan anzubieten hat, diskutiert. Obwohl im Gesetz selbst eine bestimmte Mindestbefriedigungsquote nicht vorgesehen ist, wurde deren Notwendigkeit in der Literatur teilweise aus Gesichtspunkten

---

[232] § 5 I i.V.m. § 2 I JArbSchG.
[233] Die insoweit bestehende Unsicherheit wurde auch durch das neue Gesetz zur Änderung der Insolvenzordnung und anderer Gesetze nicht ausgeräumt, vgl. Schmidt, InVo 2001, 309, 311.

des Gläubigerschutzes hergeleitet.[234] Nach Inkrafttreten der InsO sind auch einige Gerichte dieser Ansicht gefolgt.[235]

Ein Schuldenbereinigungsplan, nach dem der Gläubiger keinerlei Zahlungen erhalten soll, entspreche nicht einer in § 305 Abs. 1 Nr. 4 InsO verlangten „angemessenen Schuldenbereinigung unter Berücksichtigung der Gläubigerinteressen",[236] die in § 1 S. 1 InsO als Hauptziel[237] der Insolvenzordnung festgelegte Gläubigerbefriedigung liefe leer.[238] Ein Verfahren, das nur zu dem Zweck durchgeführt werde, dem Gläubiger, der im Restschuldbefreiungsverfahren nur noch rudimentär beteiligt werde, seine Forderungsrechte zu entziehen, ohne dass er dafür auch nur eine geringe Tilgung erhalte, sei mit dem verfassungsmäßigen Eigentumsschutz des Art. 14 GG nicht zu vereinbaren und käme einer Enteignung gleich.[239] Ein Schuldner, der über keinerlei pfändungsfreies Einkommen verfüge, sei auf der anderen Seite ohnehin nicht schutzbedürftig, da ihm schon durch den Vollstreckungsschutz geholfen sei. In diesen Fällen sei eine Schuldenbereinigung bzw. spätere Restschuldbefreiung nach der Insolvenzordnung gar nicht nötig.[240]

bb.) Befürwortung eines Nullplans

Der ganz überwiegende Teil der Rechtsprechung[241] und die herrschende Literatur[242] erachten einen Nullplan hingegen für zulässig. Diese Meinung beruft sich

[234] Arnold, DGVZ 1996, 129, 133; Henckel, FS für Gaul, S. 204; Thomas, Kölner Schrift zur InsO, S. 1763, 1765 ff; Wenzel in Kübler/Prütting, InsO, § 286 RN 78 ff.
[235] LG Essen, ZIP 1999, 1180; LG Wuppertal, InVo 2000, 20; AG Würzburg ZIP 1999, 319; ZIP 99, 454 l. Sp.; ZIP 1999, 454 r. Sp.; AG Stendal, ZIP 1999, 929; AG Baden-Baden, NZI 1999, 125, 126.
[236] Arnold, DGVZ 1996, 129, 133; AG Würzburg, ZIP 1999, 454, 455; AG Würzburg ZIP 1999, 319, 320; Thomas, Kölner Schrift zur InsO, S. 1267 RN 13.
[237] Thomas hält das Ziel der Gläubigerbefriedigung für vorrangig gegenüber dem Ziel der Restschuldbefreiung des Schuldners, Kölner Schrift zur InsO, S. 1765, RN 7.
[238] Wenzel in Kübler/Prütting, InsO, § 286 RN 79; AG Würzburg, ZIP 1999, 454, 455; LG Essen, ZIP 1999, 1180.
[239] Arnold, DGVZ 1996, 129, 134; AG Stendal, ZIP 1999, 929; AG Würzburg, ZIP 1999, 454.
[240] Arnold, DGVZ 1996, 129, 134; Henckel, FS für Gaul, S. 204; Wenzel in Kübler/Prütting, InsO, § 286 RN 79.
[241] OLG Köln, InVo 2000, 16; OLG Köln NZI 2001, 211, 212; BayObLG, ZIP 1999, 1926; OLG Karlsruhe, NZI 2000, 163; OLG Celle, InVo 2001, 93, 94 f; LG München II DZWIR 2000, 33; LG Würzburg, NZI 1999, 417; LG Baden-Baden, NZI 1999, 234, 237; LG Essen ZIP 1999, 1137; LG Mainz, NZI 2000, 549 f; LG Heilbronn InVo 2002, 414, 415; AG Köln, ZIP 1999, 151; AG Dortmund, ZIP 1999, 457; AG Wolfratshausen, ZIP 1999, 721; AG Duisburg, ZIP 1999, 1399.
[242] Heyer, JR 1996, 314, 315 ff; Pape, Rpfleger 1997, 237, 241; Henning, InVo 1996, 288; Bork, ZIP 1998, 1209, 1213; Forsblad, Restschuldbefreiung, S. 252 f; Hess/Obermüller, In-

in erster Linie darauf, dass in der Insolvenzordnung selbst keine Mindestquote zur Gläubigerbefriedigung im Verbraucherinsolvenzverfahren vorgesehen sei.[243] Insbesondere fordere § 305 Abs. 1 Nr. 4 InsO anders als § 26 InsO für den Schuldenbereinigungsplan keine Mindestsumme,[244] deren Höhe daher auch schon völlig ungewiss wäre.[245]

Eine materielle Prüfungskompetenz der Gerichte hinsichtlich der Angemessenheit des Plans nach § 305 Abs. 1 Nr. 4 InsO sehe die Insolvenzordnung nicht vor.[246] Aus § 305 Abs. 2 InsO ergebe sich vielmehr, dass das Gericht bei der Entscheidung über die Zulässigkeit des Eröffnungsantrags nur auf die formale Richtigkeit und Vollständigkeit der Antragsunterlagen zu achten habe.[247] Die Gestaltung des Schuldenbereinigungsplanes unterliege somit völlig der Privatautonomie von Schuldner und Gläubiger,[248] und es obliege allein den Gläubigern die Entscheidung, den Plan anzunehmen oder zu verwerfen.[249]

Dem könne auch nicht der Gesetzeszweck der Gläubigerbefriedigung aus § 1 S. 1 InsO entgegengehalten werden,[250] denn Sinn und Zweck der Verbraucherinsolvenz sei die Chance des Schuldners zu einem wirtschaftlichen Neubeginn, also die Schuldenbefreiung des redlichen Schuldners, § 1 S. 2 InsO, von der gerade die ärmsten Schuldner nicht ausgeschlossen werden dürften.[251] Diese Restschuldbefreiung sei auch für sich genommen ein zulässiger Verfahrenszweck.[252]

---

solvenzplan, RN 735 f; Reifner/Krüger, EWiR 1999, 85, 86; Grote in Frankf. Komm. zur InsO, § 309 RN 32 ff; Fuchs, Kölner Schrift zur InsO, S. 1698 f, RN 59 ff; Bruns, NJW 1999, 3445, 3446 f.

[243] LG Würzburg, NZI 1999, 417, 418; Henning, InVo 1996, 288; Reifner/Krüger, EWiR 1999, 85, 86; Hess/Obermüller, Insolvenzplan, RN 735 f; Forsblad, Restschuldbefreiung, S. 252 f.

[244] LG Baden-Baden, NZI 1999, 234, 237; AG Köln, ZIP 1999, 147, 151; AG Wolfratshausen, ZIP 1999, 721, 722.

[245] Pape, Rpfleger 1997, 237, 241; Bruns, NJW 1999, 3445, 3447; Fuchs, Kölner Schrift zur InsO, S. 1699, RN 61.

[246] OLG Köln, InVo 2000, 16, 17; OLG Karlsruhe, NZI 2000, 163; LG Essen, ZIP 1999, 1137; LG Würzburg, NZI 1999, 417, 418.

[247] BayObLG ZIP 1999, 1926, 1927; LG München II, DZWIR 2000, 33, 34; AG Duisburg, ZIP 1999, 1399, 1402.

[248] OLG Köln, InVo 2000, 16, 17; BayObLG, ZIP 1999, 1926, 1928; AG Köln, ZIP 1999, 147, 151; AG Wolfratshausen, ZIP 1999, 721, 722; LG Würzburg, NZI 1999, 417, 418; Heyer, JR 1996, 314, 315 f.

[249] LG Baden-Baden, NZI 1999, 234, 237.

[250] BayObLG, ZIP 1999, 1926, 1928.

[251] OLG Karlsruhe, NZI 2000, 163; Heyer, JR 1996, 314, 316; Reifner/Krüger, EWiR 1999, 85, 86.

[252] Pape, Rpfleger 1997, 237, 241; Ahrens in Frankf. Komm. zur InsO, § 286 RN 7.

Den Gläubigerinteressen würde zudem auch im weiteren Verlauf des Verfahrens vor allem durch die §§ 286 ff InsO hinreichend Rechnung getragen.[253]

Schließlich könne die Zulässigkeit von Nullplänen auch nicht damit verneint werden, dass Schuldner, die über kein pfändbares Einkommen verfügten, ausreichend über die Vollstreckungsvorschriften geschützt würden und es ihnen somit am Rechtsschutzbedürfnis für die Durchführung des Schuldenbereinigungs- und des anschließenden Insolvenzverfahrens fehle.[254] Das Rechtsschutzbedürfnis könne nur dann verneint werden, wenn der Schuldner auf einem anderen, einfacheren und/oder billigeren Weg ein im wesentlichen gleiches Ergebnis erzielen könne. Die Pfändungsschutzvorschriften könnten aber nicht verhindern, dass der Schuldner bis zum Eintritt der Verjährung der Ansprüche gegen ihn - das heiße frühestens nach dreißig Jahren seit dem Eintritt der Rechtskraft des Titels - auf Zahlung in Anspruch genommen werden könne, während bei einer Schuldenbereinigung nach der InsO ein wesentlich früherer Zeitpunkt der Befreiung von den Verbindlichkeiten angestrebt werde.[255] Außerdem verkenne die Ansicht, die ein Rechtsschutzbedürfnis verneine, den Alltag einer überschuldeten Familie, die, obwohl sie von ihrem unpfändbaren Einkommen keine Zahlungen an Gläubiger zu leisten habe, dennoch von vielen Seiten subtilem oder direktem Druck ausgesetzt sei und damit in einem „modernen Schuldturm" stecke.[256]

b.) Möglichkeit der „Minderjährigeninsolvenz" durch Anerkennung des Nullplans in der Praxis

Überträgt man die dargestellte Nullplan-Problematik auf den mittellosen Minderjährigen, der seinem Deliktsgläubiger im außergerichtlichen sowie im gerichtlichen Schuldenbereinigungsplan ebenfalls nur einen Schuldenerlass „anbieten" kann, stellt sich die Frage, wie groß seine Chancen sind, dass ein Gericht aufgrund seines Schuldenbereinigungsplans ein Verfahren eröffnet.

Gegen das von einigen Gerichten angenommene Erfordernis einer Mindestbefriedigungsquote spricht der Wortlaut der Insolvenzordnung. In den Vorschriften über das Schuldenbereinigungsverfahren ist an keiner Stelle von einer Mindestsumme, die der Schuldner dem Gläubiger anzubieten hat, die Rede. Da die InsO in diesem Zusammenhang keine Mindestquote kennt, ist auch die Höhe einer solchen völlig ungewiss. Ein Gericht, das dennoch eine Mindestsumme als Verfahrensvoraussetzung wertet, müsste also willkürlich eine Quote festsetzen, die es zur Schuldenbereinigung als angemessen ansieht. Ein solches Vorgehen - die willkürliche Benennung einer Mindestbefriedigungsquote durch ein Insol-

[253] LG Essen, ZIP 1999, 1137 f; Bruns, NJW 1999, 3445, 3447.
[254] so aber Arnold, DGVZ 1996, 129, 134 und Henckel, FS für Gaul, S. 204.
[255] OLG Köln, InVO 2000, 16, 19.
[256] Henning, InVO 1996, 288.

venzgericht - wäre aber nur dann zulässig, wenn in der Insolvenzordnung in dieser Hinsicht eine Regelungslücke bestünde, die das Gericht durch Rechtsfortbildung füllen müsste. Bei der Entstehung der Insolvenzordnung wurde aber die Einführung einer Mindestquote, die es in anderen Ländern im Insolvenzrecht ja auch gibt,[257] durchaus diskutiert. Auf ihre Einführung wurde aber nach Expertenanhörungen im Bundestag bewusst verzichtet.[258] Eine unbewusste Regelungslücke, die das Insolvenzgericht durch Festsetzung einer Mindestquote füllen könnte, liegt daher nicht vor.[259] Dem entspricht auch die gesetzliche Neuregelung zur Stundung der Verfahrenskosten nach § 4 a InsO, die ja gerade darauf abzielt, auch völlig mittellosen Personen den Weg zum Verbraucherinsolvenzverfahren zu eröffnen.[260]

Auch das Rechtsschutzbedürfnis für die Durchführung eines Schuldenbereinigungs- und anschließenden Insolvenzverfahrens kann einem Minderjährigen nicht mit einem Verweis auf die Pfändungsschutzvorschriften abgesprochen werden. Würde der Minderjährige nur durch die Vollstreckungsvorschriften geschützt, bliebe er dennoch auf unabsehbare Zeit auf sein unpfändbares Einkommen verwiesen. Diese erdrückenden Zukunftsaussichten bewirken aber, dass der Minderjährige in seiner Entwicklung als Jugendlicher sowie in seiner späteren Existenzgründung als junger Erwachsener erheblich beeinträchtigt wird.[261]

Insgesamt spricht also für die Gerichte vieles dafür, gerade den Nullplan eines Minderjährigen als Schuldenbereinigungsplan anzuerkennen und auf Grund dessen das Insolvenzverfahren zu eröffnen. Dies entspricht auch der mittlerweile gängigen Handhabung von Nullplänen durch die Insolvenzgerichte. Denn die Entscheidungen, in denen Nullpläne abgelehnt wurden, ergingen überwiegend kurz nach Inkrafttreten der Insolvenzordnung, während die Entscheidungen, in denen Nullpläne angenommen wurden, in der neueren Zeit eindeutig überwiegen, was auch der Rechtsprechung der bisher damit befassten Oberlandesgerichte entspricht. Die Tendenz in der Rechtsprechung geht also mittlerweile einhellig zu einer Zulassung von Nullplänen im Verbraucherinsolvenzverfahren.[262]

---

[257] In Österreich beträgt die Mindestquote 10 %, in Irland 50 %, siehe Forsblad, Restschuldbefreiung, S. 254.
[258] Döbereiner, Restschuldbefreiung, S. 225.
[259] BayObLG ZIP 1999, 1926, 1929; OLG Köln InVo 2000, 16, 18.
[260] Vgl. Gesetzesentwurf der BReg, BT-Drucks. 14/5680, S. 1.
[261] Vgl. 1. Teil, 2. Abschnitt, E.
[262] Vgl. Kirchhof, ZInsO 2001, 1, 12.

c.) Umfang des Minderjährigenschutzes durch außergerichtlichen
Einigungsversuch und Schuldenbereinigungsverfahren

Ist somit die Wahrscheinlichkeit gegeben, dass der Nullplan eines Minderjährigen bei der Eröffnung des Verfahrens als Schuldenbereinigungsplan im Sinne
der Insolvenzordnung anerkannt wird, stellt sich die Frage, inwieweit der Minderjährige hierdurch in den ersten beiden Verfahrensschritten - außergerichtlichem Einigungsversuch und gerichtlichem Schuldenbereinigungsverfahren -
Schutz vor den Forderungen seines Gläubigers erfährt.

aa.) Außergerichtlicher Einigungsversuch

Es liegt auf der Hand, dass die Wahrscheinlichkeit, dass der Gläubiger im au
ßergerichtlichen Einigungsversuch einem Plan zustimmt, der keine Zahlungen
an ihn vorsieht, sondern vielmehr einen Schuldenerlass für den Minderjährigen
fordert, verschwindend gering ist. Zwar werden für einen solchen Forderungsverzicht des Gläubigers zahlreiche Gründe genannt.[263] Eines der einleuchtendsten und wohl auch häufigsten Verzichtsmotive, nämlich die Aufrechterhaltung
guter Geschäftsbeziehungen zwischen Gläubiger und Schuldner für die Zukunft,[264] kann aber zwischen deliktischem Gläubiger und minderjährigem
Schuldner gar nicht auftreten. Doch selbst, wenn man eine Zustimmung zum
Schuldenerlass dennoch als möglich ansieht - etwa weil der Gläubiger die Forderung ohnehin als wertlos betrachtet - bietet die Stufe der außergerichtlichen
Einigung dem Minderjährigen, der hier auf die Gutmütigkeit des Gläubigers angewiesen ist, keinen ausreichenden Schutz.

bb.) gerichtliches Schuldenbereinigungsverfahren

Im gerichtlichen Schuldenbereinigungsverfahren bleibt der Schuldenbereinigungsplan, da der Minderjährige keine Zahlungen leisten kann, ein Nullplan. Da
es unwahrscheinlich ist, dass dieser nunmehr vom Gläubiger angenommen wird,
liegt es nahe, dass das Gericht von der Möglichkeit des § 306 Abs. 1 InsO n. F.
Gebrauch macht und davon absieht, das Verfahren überhaupt durchzuführen.[265]

Entscheidet das Gericht dagegen, dass das Verfahren durchgeführt wird, besteht
anders als beim außergerichtlichen Einigungsversuch grundsätzlich auch die
Möglichkeit, dass das Gericht die erforderliche Zustimmung des Gläubigers zum
Plan gemäß § 309 InsO ersetzt.

Ob eine Zustimmungsersetzung auch bei einem Nullplan in Betracht kommt, ist
strittig. Teilweise wird dies im Hinblick auf den Wortlaut des § 309 Abs. 1 Nr. 2

[263] Heyer, JR 1996, 314, 316.
[264] Heyer, JR 1996, 314, 316.
[265] Vgl. AG Göttingen InVo 2002, 188; AG Mönchengladbach ZInsO 2002, 385 f.

InsO verneint, wonach eine Zustimmungsersetzung dann nicht erteilt werden soll, wenn der Gläubiger durch den Schuldenbereinigungsplan voraussichtlich wirtschaftlich schlechter gestellt wird, als er bei Durchführung des Insolvenzverfahrens und anschließenden Restschuldbefreiungsverfahrens stünde.[266] Schlechter als bei der Durchführung des Restschuldbefreiungsverfahrens würde der Gläubiger bei der Zustimmung zu einem Nullplan aber immer stehen, da der Schuldner dort nicht die strengen Erwerbsobliegenheiten des § 295 Abs. 1 Nr. 1 InsO erfüllen müsse.[267] Eine Zustimmungsersetzung durch das Gericht käme damit einer entschädigungslosen Enteignung gleich, welche mit Art. 14 Abs. 3 GG nicht vereinbar wäre.[268]

Die entgegengesetzte Meinung beruft sich auf § 309 Abs. 1 Nr. 2, 2. HS InsO wonach bei der Beurteilung der wirtschaftlichen Schlechterstellung des Gläubigers davon auszugehen ist, dass sich die wirtschaftliche und familiäre Lage des Schuldners auch im Insolvenz- und Restschuldbefreiungsverfahren nicht ändern wird, dass also im Fall eines Nullplans davon auszugehen ist, dass der Schuldner auch bei der Durchführung der anschließenden Verfahren nicht in der Lage ist, Zahlungen an den Gläubiger zu leisten.[269]

Die praktische Relevanz einer gerichtlichen Zustimmungsersetzung bei Nullplänen wird aber schon bei „normalen" Verbraucherinsolvenzen sehr gering sein, da sie gemäß § 309 Abs. 1 InsO voraussetzt, dass mehr als die Hälfte der Gläubiger dem Nullplan zugestimmt hat, was ausgesprochen unwahrscheinlich ist.[270] Im Falle der Insolvenz eines Minderjährigen, der deliktischen Forderungen ausgesetzt ist, wird in den meisten Fällen nur ein Gläubiger existieren, der mehr als die Hälfte der Forderungssumme beansprucht, so dass eine gerichtliche Zustimmungsersetzung kaum in Betracht kommt. Der Minderjährige bliebe also im gerichtlichen Schuldenbereinigungsverfahren ebenso wie beim außergerichtlichen Einigungsversuch darauf angewiesen, dass der Gläubiger von sich aus auf seinen Anspruch verzichtet. Schutz vor dem unbeschränkten Nachforderungsrecht seines Gläubigers könnte der Minderjährige daher im Rahmen der Insolvenzordnung nur durch die Durchführung des vereinfachten Insolvenzverfahrens mit anschließendem Restschuldbefreiungsverfahren erreichen.

[266] Pape, Rpfleger 1997, 237, 242; LG Mönchengladbach ZInsO 2001, 1115, 1116 f; AG Hamburg, ZIP 2000, 32, 33.
[267] AG Hamburg, ZIP 2000, 32, 33.
[268] LG Mönchengladbach ZInsO 2001, 1115, 1117.
[269] OLG Frankfurt a. M., NZI 2000, 473 f; LG Neubrandenburg ZInsO 2001, 1120; AG Göttingen ZInsO 2001, 1121; Heyer, JR 1996, 314, 316.
[270] So auch Hess/Obermüller, Insolvenzplan, RN 737.

3. Vereinfachtes Insolvenzverfahren mit anschließender Restschuldbefreiung

Scheitert das gerichtliche Schuldenbereinigungsverfahren an der Zustimmung der Gläubiger und wird diese auch nicht durch das Gericht ersetzt, oder entscheidet der Richter gem. § 306 Abs.1 InsO n. F., dass auf ein solches Verfahren verzichtet werden kann, schließt sich das vereinfachte Insolvenzverfahren mit der Möglichkeit der Restschuldbefreiung an. Hat der Minderjährige die Verfahrenskosten erbracht bzw. wurden diese gestundet, hat er aber kein sonstiges Vermögen, was im vereinfachten Insolvenzverfahren an die Gläubiger verteilt werden kann, zeigt der Treuhänder die Masseunzulänglichkeit an. Das Insolvenzverfahren wird gemäß § 211 InsO eingestellt. Nach dem Abschluss bzw. der Einstellung des Insolvenzverfahrens kann das Restschuldbefreiungsverfahren durchgeführt werden.

a.) Einkommensabtretung nach § 287 Abs. 2 S.1 InsO

Mit dem Antrag auf Restschuldbefreiung gemäß § 287 Abs. 1 S.1 InsO muss der Minderjährige gemäß § 287 Abs. 2 S.1 InsO die Erklärung verbinden, dass er den pfändbaren Teil seines Einkommens für die Zeit von sechs Jahren an den Treuhänder abtritt. Bis zur Vollendung seines 15. Lebensjahres darf der Minderjährige aber schon aus Gründen des Jugendschutzes nicht arbeiten. Ein ab dem Alter von 15 Jahren erzieltes Einkommen, sei es Lehrgeld oder durch eine Nebentätigkeit erworben, wird nicht die Pfändungsfreigrenzen überschreiten, so dass die Forderungsabtretung gegenstandslos ist. Dennoch wird die Abtretungserklärung hierdurch nicht unwirksam,[271] so dass formal dem Erfordernis des § 287 Abs. 2 S.1 InsO entsprochen werden kann.

b.) Erfüllung der Obliegenheiten des § 295 Abs. 1 InsO

Nach dem Antrag des Schuldners kündigt das Gericht gemäß § 291 InsO die Restschuldbefreiung an. Es beginnt eine sechsjährige sogenannte Wohlverhaltensphase, in der der Schuldner die in § 295 Abs. 1 InsO festgeschriebenen Verpflichtungen zu erfüllen hat. Die wichtigste Obliegenheit liegt in der Verpflichtung, einer Arbeit nachzugehen und das hiermit erworbene pfändungsfreie Einkommen an den Treuhänder abzuführen, § 295 Abs. 1 Nr. 1 InsO. Der Schuldner muss sich die Restschuldbefreiung hierdurch quasi erkaufen.[272] Die Obliegenheit zur Arbeit beinhaltet, dass der Schuldner „eine angemessene Erwerbstätigkeit ausübt und, wenn er ohne Beschäftigung ist, sich um eine solche bemüht und keine zumutbare Tätigkeit ablehnt".

---

[271] Heyer, JR 1996, 314, 317; a.A.: Thomas, Kölner Schrift zur InsO, S. 1766, RN 10 und 11.
[272] Döbereiner, Restschuldbefreiung, S. 145.

Bei der Beantragung der Restschuldbefreiung durch einen Minderjährigen ist die Pflicht, einer Erwerbstätigkeit nachzugehen, ein zentrales Problem. Denn bis zum Alter von 15 Jahren ist der Minderjährige schon gesetzlich nicht in der Lage, eine Arbeit aufzunehmen. Danach ist fraglich, ob nicht die Ausbildung des Jugendlichen in jedem Fall Vorrang vor einer etwaigen Arbeitspflicht hat. Es stellt sich daher die Frage, ob ein Minderjähriger, der nicht in der Lage ist, die Obliegenheit des § 295 Abs. 1 InsO zu erfüllen, dennoch Restschuldbefreiung erlangen kann, oder ob die ganze Systematik der Restschuldbefreiung auf Minderjährige aus diesem Grund nicht „passt".

aa.) Stimmen in der Literatur zur Restschuldbefreiung Minderjähriger

Soweit bisher zu der Möglichkeit einer Restschuldbefreiung Minderjähriger Stellung genommen wurde, kam man meist zu dem Schluss, dass die Restschuldbefreiung auf den erwerbslosen Minderjährige nicht zugeschnitten ist.[273] Die Bedenken wurden in erster Linie daran festgemacht, dass der Minderjährige nicht in der Lage sei, die zentrale Obliegenheit der Erwerbstätigkeit (§ 295 Abs. 1 InsO) zu erfüllen, da er dies bis zum Alter von 15 Jahren nicht dürfe und es ihm später nicht zugemutet werden könne, von einer Berufsausbildung abzusehen bzw. eine solche abzubrechen.[274] Der Minderjährige solle daher erst nach dem Einstieg ins Erwerbsleben zum Restschuldbefreiungsverfahren zugelassen werden.[275] Außerdem wird auf die Problematik der Verfahrenskosten, der Lohnabtretung gemäß § 287 Abs. 2 InsO sowie der Tragung der Treuhändervergütung nach § 298 InsO hingewiesen. [276]

bb.) Stellungnahme

Bei der Prüfung, ob ein Minderjähriger der Erwerbsobliegenheit nach § 295 Abs. 1 InsO nachkommen kann, und welche Auswirkungen es hat, wenn er dies nicht tut, muss danach unterschieden werden, ob der Minderjährige jünger als 15 Jahre ist, und damit schon per Gesetz nicht arbeiten darf, oder ob er das 15. Lebensjahr schon vollendet hat und damit zumindest rechtlich in der Lage ist, einer Arbeit nachzugehen.

---

[273] Goecke, Haftung Minderjähriger, S. 69 ff; Rolfs, JZ 1999, 233, 237; Looschelders, VersR 1999, 141, 149; Steffen, VersR 1998, 1449, 1452.
[274] Goecke, Haftung Minderjähriger, S. 71 f; Rolfs, JZ 1999, 233, 237; Looschelders, VersR 1999, 141, 149.
[275] Müller, KTS 2000, 57, 67.
[276] Goecke, Haftung Minderjähriger, S. 71 f.

56

(1) Kinder unter 15 Jahren

Kinder unter 15 Jahren dürfen gemäß § 5 Abs. 1 i.V.m. § 2 Abs. 1 JArbSchG keiner Arbeit nachgehen. Das heißt, ein Kind, das einen Antrag auf Restschuldbefreiung stellt, wäre, soweit das Gericht die Restschuldbefreiung ankündigt, in der anschließenden sechsjährigen Wohlverhaltensphase schon rein rechtlich nicht in der Lage, der Erwerbsobliegenheit des § 295 Abs. 1 Nr. 1 InsO nachzukommen. Fraglich ist, ob dies für die Erlangung der Restschuldbefreiung unschädlich ist, - der Minderjährige hat die Nichterfüllung der Obliegenheit ja auch nicht gemäß § 296 InsO zu vertreten - oder ob sich nicht vielmehr aus dem Sinn und Zweck des § 295 Abs. 1 InsO sowie der ganzen Systematik der Vorschriften über die Restschuldbefreiung etwas anderes ergibt. Die zentrale Frage lautet schließlich, ob Schuldner, die während der ganzen sechsjährigen Wohlverhaltensphase definitiv außerstande sein werden, der Obliegenheit des § 295 Abs. 1 InsO nachzukommen, dennoch Restschuldbefreiung erlangen können.

Diese Problematik hängt zusammen mit der Entscheidung über die Zulässigkeit von Nullplänen. Dort stellte sich die Frage, ob Schuldner, die dem Gläubiger gar nichts anbieten können, und auch erwarten, dass sich diese Lage in den kommenden sechs Jahren nicht ändern wird, dennoch die Eröffnung des Insolvenzverfahrens mit anschließender Restschuldbefreiung beantragen können. Dies wurde nach einer Gesamtbetrachtung der insolvenzrechtlichen Normen überwiegend damit bejaht, dass die Zielsetzung des § 1 S. 2 InsO, nämlich die Chance des Schuldners zu einem wirtschaftlichen Neubeginn, ein zulässiges Verfahrensziel sei. Gleichzeitig wurde aber ebenfalls darauf hingewiesen, dass auch das Verfahrensziel des § 1 S. 1 InsO berücksichtigt wird, indem die Gläubigerinteressen in den §§ 286 ff InsO hinreichend geschützt würden.[277]

Die zentrale Gläubigerschutznorm der Restschuldbefreiungsvorschriften stellt gerade § 295 Abs. 1 InsO dar, denn der Schuldner soll nur dann Restschuldbefreiung erlangen, wenn er sich nach Kräften bemüht, seine Gläubiger in der Wohlverhaltensphase so weit wie möglich zu befriedigen.[278] Hierdurch soll die Aussicht des Gläubigers auf einen Neuerwerb durch den Schuldner erhöht werden,[279] er soll sogar hoffen können, über den besonderen Einsatz des Schuldners in der sechsjährigen Wohlverhaltensphase mehr zu erlangen, als dies bei einer unbegrenzten Nachforderung der Fall wäre.[280] Darüber hinaus soll durch die Obliegenheiten Missbrauch vermieden werden.[281] Das durch § 295 Abs. 1 InsO verfolgte Ziel des Gläubigerschutzes liefe aber völlig leer, würde man einen

[277] Vgl. 2. Teil, 1. Abschnitt, B II 2 a bb.
[278] Begr. zum Gesetzesentwurf, BT-Drucks. 12/2443, S. 192.
[279] Bork, ZIP 1998, 1209, 1213.
[280] Funke, ZIP 1998, 1708, 1710.
[281] Döbereiner, Restschuldbefreiung, S. 145.

Schuldner, bei dem von vornherein feststeht, dass er während der Wohlverhaltensphase gar nicht arbeiten darf, zur Restschuldbefreiung zulassen.

Dem widerspricht es auch nicht, dass zum Beispiel auch Kranken, Langzeitarbeitslosen oder Rentnern mit einer Rente in pfändungsfreier Höhe die Möglichkeit der Restschuldbefreiung offen stehen soll.[282] Denn bei diesen Personengruppen ist das Nachforderungsrecht des Gläubigers wirtschaftlich ohnehin wertlos, da hier der Schuldner auch in ferner Zukunft nicht in der Lage wäre, Zahlungen zu leisten. Bei Minderjährigen ist es aber so, dass sie in absehbarer Zeit nach Abschluss einer Ausbildung voraussichtlich in das Berufsleben eintreten, und damit ebenso wie andere berufstätige Schuldner ein pfändbares Einkommen haben werden. Diese Forderungen würden dem Gläubiger, ohne dass er auch nur die geringste Gegenleistung erhält, genommen.

Die Zulassung eines Minderjährigen unter 15 Jahren zur Restschuldbefreiung würde also dem Sinn und Zweck des § 295 Abs. 1 InsO widersprechen. Sie würde zudem die nicht unerhebliche Gefahr mit sich bringen, dass das Institut der Restschuldbefreiung missbraucht würde. Denn es würde nichts mehr dagegen sprechen, dass jedes Kind, das einer deliktischen Haftung ausgesetzt ist, das Verbraucherinsolvenzverfahren durchläuft und nach sechs Jahren noch vor Eintritt ins Berufsleben ohne jede Gegenleistung von diesen Schulden befreit wird.

(2) Minderjährige ab 15 Jahren

Anders ist die Situation bei Jugendlichen ab 15 Jahren, die nach dem JArbSchG einer Arbeit nachgehen dürfen. Hier kollidiert die Erwerbspflicht aus § 295 Abs. 1 InsO mit der Möglichkeit des Minderjährigen eine Ausbildung abzuschließen und seinen Beruf frei zu wählen. Ein Jugendlicher, der im Alter von 15 Jahren die Restschuldbefreiung beantragt, müsste sich, hätte er die Erwerbsobliegenheit des § 295 Abs. 1 Nr. 1 InsO zu erfüllen, um eine angemessene Tätigkeit bemühen und dürfte keine zumutbare Arbeit ablehnen, wobei notfalls auch Aushilfs- oder Gelegenheitstätigkeiten zu übernehmen sind.[283] Bei einer strengen Auslegung des § 295 Abs. 1 Nr. 1 InsO müsste ein Jugendlicher demgemäß seine Schulausbildung abbrechen und könnte keine Lehre, kein Studium oder eine anderweitige Berufsausbildung beginnen, bei der das Einkommen - falls vorhanden - in jedem Fall unter der Pfändungsfreigrenze bliebe. Es stellt sich also die Frage, ob ein Jugendlicher von einer zukunftsorientierten Ausbildung Abstand nehmen muss, um während der sechsjährigen Wohlverhaltensphase eine im Gläubigerinteresse liegende Erwerbstätigkeit auszuüben.

[282] Dazu Forsblad, Restschuldbefreiung, S. 254; Döbereiner, Restschuldbefreiung, S. 151.
[283] Siehe Begr. zum Entwurf, BT-Drucks. 12/2443, S. 192.

Im Licht des Art. 12 GG erscheint es ausgesprochen bedenklich, einen Jugendlichen durch hohe Anforderungen an die Erfüllung der Erwerbsobliegenheit davon abzuhalten, seine Ausbildung und damit seinen späteren Beruf frei zu wählen und auszuüben. Daher wird im Hinblick auf die Zielsetzung des § 1 S. 2 InsO vertreten, dass dem jungen Schuldner auch während der sechsjährigen Wohlverhaltensphase seine gewählte Berufsausbildung ermöglicht werden müsse, solange sie „dem Lebensplan des Schuldners entspricht, perspektivisch eine bessere Verdienstmöglichkeit verheißt und in der gebotenen Zeit abgeschlossen wird"[284]. Zu Bedenken ist auch, dass ein Jugendlicher unter 18 Jahren, der keine Ausbildung hat und unter das JArbSchG fällt, es sehr schwer haben würde, überhaupt eine Arbeit zu finden. Mit seinem Einkommen würde er in jedem Fall kaum oberhalb der Pfändungsfreigrenze liegen, so dass die Erwerbsobliegenheit dem Gläubiger keinen großen Vorteil verschaffen würde.

In der Begründung zum Gesetzesentwurf hat der Gesetzgeber zur Frage einer Berufsausbildung während der Wohlverhaltensphase nicht ausdrücklich Stellung bezogen. Hauptziel des § 295 Abs. 1 InsO ist aber die bestmögliche Befriedigung der Gläubiger. Berufliche Fort- und Weiterbildungsmaßnahmen, die Lohneinbußen mit sich bringen, sollen dem Schuldner demgemäß nur dann gestattet sein, wenn sie dem Gläubiger in der restlichen Zeit der Wohlverhaltensphase einen Vorteil durch Einkommenssteigerungen erbringen.[285] Dem Schuldner soll es daher nicht erlaubt sein, die komplette Wohlverhaltensphase durch ein Studium zu überbrücken, um dann schuldenfrei in das Berufsleben einzusteigen.[286] Er soll im Regelfall erst nach Ablauf der Wohlverhaltensphase wieder frei sein bei der Gestaltung seiner Berufspläne.[287] Diesen Intentionen würde es widersprechen, wenn ein Jugendlicher während der sechsjährigen Wohlverhaltensphase seine Schul- und Berufsausbildung durchläuft, ohne dass, vor allem bei jungen Schuldnern, die Aussicht besteht, dass zumindest in einem Teil der sechs Jahre pfändbares Einkommen an den Gläubiger abgeführt werden kann.

Die Gestattung einer kompletten Berufsausbildung im Rahmen des § 295 Abs. 1 InsO birgt auch eine erhebliche Missbrauchsgefahr in sich. Jugendliche werden eher geneigt sein, ein Studium zu beginnen, anstatt beispielsweise nach einer Lehre unmittelbar ins Berufsleben einzusteigen und ihr pfändbares Einkommen abzuführen. Ebenso besteht kein Anreiz, ein Studium schnellstmöglich abzu-

---

[284] So Ahrens in Frankf. Komm. zur InsO, § 295 RN 31. Diese Kriterien sind allerdings nicht sehr hilfreich, da der Lebensplan des Schuldners gerichtlich kaum nachprüfbar ist, die zur Ausbildung gebotene Zeit bei einer an die Schulausbildung anschließenden Absolvierung eines Studiums sechs Jahre überschreiten kann und die bessere Verdienstmöglichkeit dem Gläubiger dann keine Vorteile mehr bringt.

[285] Begr. zum Entwurf, BT-Drucks. 12/2443, S. 192.

[286] Hess/Obermüller, Insolvenzplan, RN 993.

[287] Hoffmann, Verbraucherinsolvenz, S. 133.

schließen. Der Zwang, wegen § 295 Abs. 1 Nr. 1 InsO von einer Berufsausbildung abzusehen, um als Jugendlicher einer Erwerbstätigkeit zur Gläubigerbefriedigung nachzugehen, würde zwar gegen Art. 12 GG verstoßen. Dem Jugendlichen steht es aber grundsätzlich offen, der Berufsausbildung seiner Wahl nachzugehen, er kann dies nur nicht während der gesamten sechsjährigen Wohlverhaltensphase tun, sondern muss seine Pläne davor oder danach verwirklichen.

Nach der Intention des § 295 Abs. 1 Nr. 1 InsO als einer Zentralnorm des Verbraucherinsolvenzverfahrens kann es dem Minderjährigen daher nicht gestattet werden, die sechsjährige Wohlverhaltensphase zu durchlaufen ohne seinen Erwerbsobliegenheiten nachzukommen. Letztlich wird bei dieser Fragestellung auch wieder deutlich, dass das Prinzip der Restschuldbefreiung und der sechsjährigen Wohlverhaltensphase auf einen in der Ausbildung befindlichen jugendlichen Schuldner nicht passt, zumal auch der Gesetzgeber diese Situation offensichtlich nicht in Betracht gezogen hat.

III. Gesamtwürdigung des Minderjährigenschutzes durch das Verbraucherinsolvenzverfahren

Das Verbraucherinsolvenzverfahren und die Möglichkeit der Restschuldbefreiung können einem Minderjährigen nur in sehr beschränktem Umfang Schutz gewähren.

Die Annahme eines außergerichtlichen bzw. gerichtlichen Schuldenbereinigungsplans ist vom guten Willen des Gläubigers abhängig und angesichts der Vermögenslosigkeit eines Minderjährigen sehr unwahrscheinlich. Als „Nullplan" wird der Schuldenbereinigungsplan des Minderjährigen zwar von den meisten Gerichten anerkannt, eine Zustimmungsersetzung gemäß § 309 Abs. 1 S. 1 InsO kommt aber wegen § 309 Abs. 1 S. 2 Nr. 2 InsO kaum in Betracht. Die Erlangung der Restschuldbefreiung durch einen Minderjährigen, der unter 15 Jahren die zentrale Erwerbsobliegenheit nicht erfüllen kann und ab 15 Jahren dies zwar darf, hierfür jedoch seine Ausbildung abbrechen müsste, ist kaum möglich. Nach dem Sinn und Zweck des § 295 Abs. 1 Nr. 1 InsO kann die sechsjährige Wohlverhaltensphase erst nach Eintritt ins Berufsleben durchlaufen werden. Das Verbraucherinsolvenzverfahren bietet daher dem Minderjährigen erst ab diesem Zeitpunkt den gleichen Schutz wie einem erwachsenen Verbraucherschuldner.

Letztlich bleibt zu beachten, dass gemäß § 302 Nr. 1 InsO Forderungen aus vorsätzlichen unerlaubten Handlungen in jedem Fall nicht von einer Restschuldbefreiung erfasst würden. Minderjährige, die wegen einer Vorsatztat haften, bleiben somit unter Umständen lebenslang verschuldet.

Die Zulassung der Restschuldbefreiung bei Minderjährigen durch die Gerichte wird in den meisten Fällen an den oben aufgeführten Problemen scheitern. Dem Minderjährigen bietet das Verbraucherinsolvenzverfahren daher lediglich die Aussicht, als junger Erwachsener nach dem Eintritt ins Berufsleben durch sechs Jahre „Wohlverhalten" Schuldenfreiheit zu erlangen.

Für einen hoch verschuldeten Minderjährigen ergibt sich demnach die Aussicht, nicht jahrzehnte- oder gar lebenslang für seine Schulden einstehen zu müssen, sondern er hat die Perspektive, nach erfolgreicher Durchführung der sechsjährigen Wohlverhaltensphase Schuldenfreiheit zu erlangen. Nichtsdestotrotz wird der Minderjährige durch die Verschuldung in seiner freien Entfaltung und Entwicklung beeinträchtigt. Als junger Erwachsener wird die Existenzgründung sowie die Gründung einer Familie durch die Schuldenlast verhindert oder zumindest stark erschwert. An dieser Lage ändert sich für einen Minderjährigen auch dann nichts grundlegend, wenn er nach seinem Eintritt ins Erwachsenenleben und nach Abschluss seiner Ausbildung für sechs Jahre mit dem pfändungsfreien Teil seines Einkommens auskommen muss. Absolviert der Schuldner zuvor beispielsweise ein Studium, ist er nach der Wohlverhaltensphase meist älter als 30 Jahre, bevor er ein Einkommen hat, das nennenswert über dem Sozialhilfesatz liegt. An eine Existenz- oder Familiengründung in einem jüngeren Alter ist kaum zu denken. Durch diese Aussichten kann nicht nur die Entwicklung des minderjährigen Schuldners beeinflusst werden, auch die Motivation als junger Erwachsener, eine angemessene Berufsausbildung zu absolvieren, wird beeinträchtigt.

Hinzu kommt, dass eine Entschuldung nach sechs Jahren auch nicht „automatisch" eintritt, sondern der junge Erwachsene vorher zahlreiche Hürden des Insolvenzverfahrens überwinden muss, und somit die Schuldenfreiheit in absehbarer Zeit auch keine gesicherte Perspektive darstellt.

2. Abschnitt: Schutz auf materieller Ebene

A. Verhältnis des materiellen zum prozessualen Schutz

Bevor die Möglichkeiten untersucht werden, den Minderjährigen auf materiell-
rechtlicher Ebene vor einer existenzvernichtenden finanziellen Belastung zu
schützen, muss zunächst geklärt werden, ob die Lösung dieser Problematik nicht
naturgemäß dem prozessualen Recht, das heißt dem Vollstreckungsschutz bzw.
dem Insolvenzrecht und den dort gegebenen Schutzmöglichkeiten vorbehalten
bleiben muss.

I. Meinungen in der Literatur

Im Schrifttum wird teilweise die Auffassung vertreten, dass für den Schutz vor
existenzvernichtenden Forderungen - unabhängig davon, ob sie aus Vertrag oder
Delikt stammen - das Vollstreckungsrecht zu sorgen habe.[288] Die Forderung
nach der Gewährleistung eines menschenwürdigen Lebens sei daher an das
Vollstreckungsschutzrecht zu richten.[289] Eine sichere Lösung dieses Problems
biete die Einführung der Restschuldbefreiung. Nur dort sei auch ein Ausgleich
zwischen Gläubiger- und Schuldnerinteressen möglich.[290] Die Verlagerung der
Problematik in das materielle Recht, insbesondere durch Anwendung von Re-
duktionsklauseln, werfe zahlreiche ungeklärte Fragen auf[291] und führe zu Sy-
stembrüchen und zu Rechtsunsicherheiten, die aus der Aufweichung der Bin-
dungswirkung von Schuldverhältnissen resultierten.[292]

Nach Erlass der Insolvenzordnung und insbesondere nach der Erkenntnis, dass
die Regelungen über das Restschuldbefreiungsverfahren noch zahlreiche Unzulänglichkeiten aufweisen, wurde im Schrifttum vermehrt die Auffassung vertreten, dass die Restschuldbefreiung zwar ein Element zur Lösung des Überschul-
dungsproblems sei, die Instrumente des materiellen Rechts zur Entschuldung
natürlicher Personen aber dennoch ihre Bedeutung behielten.[293]

---

[288] Medicus, AcP 192 (1992), 35, 66 und ZIP 1989, 817, 823; ebenso Prütting, ZIP 1992, 882,
883.
[289] Medicus, AcP 192 (1992), 35, 66 und ZIP 1989, 817, 823.
[290] Staudinger - Oechsler, § 828 RN 2 u. RN 43; Müller, KTS 2000, 57, 68.
[291] Medicus, AcP 192 (1992), 35, 67.
[292] Staudinger - Oechsler, § 828 RN 2 u. RN 43; siehe auch Müller, KTS 2000, 57, 64.
[293] Insoweit für vertragliche Forderungen: Döbereiner, KTS 1998, 31, 60 f; Kohte in Frankf.
Komm. zur InsO, vor §§ 286 ff RN 35.

II. Stellungnahme

Bei der Frage, ob ein minderjähriger Schuldner zur Vermeidung einer lebenslangen Überschuldung auf das Prozessrecht und insbesondere das Restschuldbefreiungsverfahren verwiesen werden muss, oder ob hierzu nicht materiellrechtliche Lösungsansätze verfolgt werden können, ist für den Schutz durch das Vollstreckungsrecht der ZPO zunächst festzuhalten, dass dieser mit der Gewährleistung lediglich des Existenzminimums den Bedenken gegen die unbegrenzte Minderjährigenhaftung in keiner Weise begegnen kann.[294]

Eine Prüfung, ob der Überschuldungsschutz nicht abschließend durch die Vorschriften der InsO zur Restschuldbefreiung geregelt ist, hat von der Prämisse auszugehen, dass der Minderjährige zumindest den gleichen prozessualen Schutz erhalten muss, der auch einem weniger schutzbedürftigen Erwachsenen offen steht. Ein Minderjähriger kann aufgrund seines Alters und seiner Vermögenslosigkeit die Voraussetzungen des Restschuldbefreiungsverfahrens, insbesondere die Erfüllung der Erwerbsobliegenheit aus § 295 Abs. 1 Nr. 1 InsO wesentlich schwerer erfüllen als ein erwachsener Schuldner. Die Möglichkeiten des Insolvenzverfahrens bieten ihm also nicht im gleichen Umfang Schutz wie einem Erwachsenen. Hält man aber schon bei diesem den Schutz für unzulänglich[295], muss dies erst recht für einen minderjährigen Schuldner gelten.

Die Notwendigkeit weiter reichenden materiellen Schutzes ergibt sich schließlich auch aus der oben getroffenen Feststellung, dass ein Restschuldbefreiungsverfahren, dessen Wohlverhaltensphase erst nach dem Eintritt des Minderjährigen in das Berufsleben beginnt, nicht ausreicht, um die Bedenken gegen eine unbegrenzte deliktische Haftung auszuräumen.[296] Mangels ausreichenden prozessualen Schutzes müssen Lösungen daher auf materiell-rechtlicher Ebene gesucht werden.

B. Analoge Anwendung des § 1629 a BGB

Einem Gesetzgebungsauftrag des BVerfG folgend wurde durch das am 01.01.1999 in Kraft getretene Minderjährigenhaftungsbeschränkungsgesetz (MHBeG) unter anderem § 1629 a BGB neu eingeführt. Das BVerfG hatte entschieden, dass es mit dem allgemeinen Persönlichkeitsrecht Minderjähriger unvereinbar sei, dass Eltern ihre Kinder bei Fortführung eines ererbten Handelsge-

---

[294] Vgl. 2. Teil, 1. Abschnitt, A II.
[295] Siehe FN 293.
[296] Vgl. 2. Teil, 1. Abschnitt, B III.

63

schäft in ungeteilter Erbengemeinschaft finanziell unbegrenzt verpflichten können.[297] Daher habe der Gesetzgeber Regelungen zu treffen, die es verhindern,
dass ein Minderjähriger als Folge der gesetzlichen Vertretungsmacht seiner Eltern mit erheblichen Schulden in die Volljährigkeit entlassen wird.[298] Dieser Anforderung entsprechend sieht § 1629 a Abs. 1 HS 1 BGB vor, dass die Haftung
eines Minderjährigen für Verbindlichkeiten, die seine Eltern durch Rechtsgeschäft oder sonstige Handlung für ihn eingegangen sind, auf das bei Eintritt der
Volljährigkeit vorhandene Vermögen beschränkt wird. Gleichermaßen beschränkt § 1629 a Abs. 1 HS 2 BGB die Haftung für Verbindlichkeiten, die der
Minderjährige selbst durch genehmigtes Rechtsgeschäft eingegangen ist. Eine
Haftungsbeschränkung für selbst verantwortete Verbindlichkeiten des Minderjährigen, wozu auch deliktische Verpflichtungen zählen, sieht § 1629 a Abs. 1
BGB dagegen nicht vor.[299]

Angesichts der auch verfassungsrechtlichen Bedenken, die gegen einen hoch
verschuldeten Eintritt in die Volljährigkeit bestehen, stellt sich die Frage, ob
sich die Haftungsbeschränkung des § 1629 a Abs. 1 HS 2 BGB nicht analog
auch auf die Fälle anwenden lässt, in denen die Verbindlichkeiten des Minderjährigen nicht auf Rechtsgeschäft sondern auf seinen eigenen unerlaubten
Handlungen beruhen.

Für die Vergleichbarkeit der Interessenlage bei vertraglicher und deliktischer
Haftung Minderjähriger spricht, dass nicht nur bei vertraglich sondern auch bei
deliktisch begründeten Schulden eine unbegrenzte Haftung weit über den Eintritt in die Volljährigkeit hinaus verfassungsrechtlich bedenklich sein kann.[300]
Auch bei hohen Forderungen aus unerlaubter Handlung wird die Jugend des
Schädigers durch die Aussicht auf eine im Erwachsenenalter über viele Jahre
hinweg abzutragende Schuld schwer belastet. Auf welchem Rechtsgrund die
Schuldenlast beruht, macht dabei aus Sicht des Minderjährigen keinen Unterschied.

Es gibt aber auch Gesichtspunkte, die gegen eine vergleichbare Interessenlage
bei vertraglich und deliktisch begründeter Schuldenlast sprechen. Der wohl gravierendste Unterschied zwischen vertraglicher und deliktischer Haftung liegt
darin, dass letztere vom Minderjährigen selbst zu verantworten ist. Das Verschulden des deliktischen Schädigers führt auch dazu, dass der Gläubiger der
Forderung, der sich seinen Schuldner nicht „aussuchen" konnte, schutzwürdiger
ist als der Gläubiger einer vertraglichen Verbindlichkeit.[301] Eine Abwägung der

[297] BVerfGE 72, 155, 175.
[298] BVerfGE 72, 155, 173.
[299] Palandt – Diederichsen § 1629 a RN 13.
[300] Vgl. 1. Teil, 2. Abschnitt, E.
[301] Vgl. auch Malik, Grenzen der elterlichen Vermögenssorge, S. 183.

Interessen von deliktischem Schädiger und Opfer kann daher nicht generell zugunsten des Minderjährigen ausfallen. Trotz vergleichbaren Eingriffs in die Grundrechte des Minderjährigen durch eine unbeschränkte Haftung kann angesichts des Unterschiedes bei der Verantwortlichkeit des Minderjährigen nicht zwangsläufig gefordert werden, dass auch die Rechtsfolgen gleich sind, d.h. dass auch der minderjährige Schädiger nur mit dem bei Eintritt in die Volljährigkeit vorhandenen Vermögen haften muss.

Gegen eine Analogie spricht zudem, dass die Regelungslücke hinsichtlich der deliktischen Haftung des Minderjährigen nicht unbewusst war, und eine Anwendung der Rechtsfolgen des § 1629 a Abs. 1 BGB auf diese Situation keinesfalls dem mutmaßlichen Willen des Gesetzgebers entspräche. Denn anlässlich der Erweiterung des Minderjährigenschutzes durch das MHBeG wurde auch eine entsprechende Schließung der Schutzlücken bei der deliktischen Haftung gefordert.[302] Die Notwendigkeit einer solchen Gesetzesänderung im Deliktsrecht wurde von der damaligen Bundesregierung aber verneint.[303]

C. Schutz des Minderjährigen durch eine Haftung der Eltern

Bei der deliktischen Haftung eines Minderjährigen gegenüber einem Dritten stellt sich zwangsläufig die Frage, ob und inwieweit nicht auch die Eltern für einen von ihrem Kind verursachten Schaden verantwortlich gemacht werden können und hierdurch dem Minderjährigen die Last der Schadenstragung abgenommen werden kann.

Vornehmlich von *Peters*[304] wird in diesem Zusammenhang die Auffassung vertreten, dass Lösungen zur Problematik deliktisch überschuldeter Minderjähriger nicht im Verhältnis Geschädigter - Schädiger, sondern im Verhältnis minderjähriger Schädiger - Eltern zu suchen seien.[305] Eine Lösung zugunsten des Minderjährigen im Verhältnis zum Geschädigten widerspreche dem primären deliktsrechtlichen Ziel des Schadensausgleichs, sowie der Tatsache, dass der einsichtsfähig und schuldhaft handelnde Minderjährige dem Schaden immer näher stehe als der Geschädigte.[306]

---

[302] Glöckner, FamRZ 2000, 1397, 1405.
[303] Parl. Staatssekretär Funke, BT Dr. 13/11459, Antwort vom 14.09.1998.
[304] Peters, FamRZ 1997, 595, 596.
[305] Vgl. auch Scheffen, FS für Steffen, S. 387, 392 ff und ZRP 1991, 458, 463, die eine Gesetzesänderung dahingehend fordert, dass Eltern nach § 832 BGB für ihre Kinder bis zur Vollendung des 14. Lebensjahres ohne Exkulpationsmöglichkeit haften sollen.
[306] Peters, FamRZ 1997, 595, 596.

Für eine Einbeziehung der Eltern in die deliktsrechtliche Haftung ihrer Kinder mit dem Ziel, diese Haftung einzuschränken, kommen verschiedene Möglichkeiten in Betracht. Zunächst kann geprüft werden, inwieweit ein Minderjähriger dadurch vor deliktischen Forderungen geschützt wird, dass seine Eltern dem Geschädigten nach § 832 BGB ebenfalls haften (dazu unter I.). Besteht eine eigene Haftung der Eltern nicht, oder bietet sie keinen oder nur unzureichenden Schutz, kommt als weitere Lösung der Problematik ein Anspruch des dem Geschädigten haftenden Minderjährigen gegen seine Eltern auf Freistellung in Betracht (dazu unter II.).

I. Eigene Haftung der Eltern gegenüber dem Geschädigten

1. Voraussetzungen einer Haftung nach § 832 BGB

Hat ein Minderjähriger einem Dritten widerrechtlich Schaden zugefügt, stellt § 832 BGB die Vermutungen auf, dass die Eltern erstens ihre Aufsichtspflicht schuldhaft verletzt haben und dass zweitens diese Aufsichtspflichtverletzung für den entstandenen Schaden ursächlich ist. Das heißt, die Eltern eines deliktisch haftenden Kindes haften nur dann nicht nach § 832 BGB auch selbst, wenn sie gegen eine der beiden Vermutungen einen Entlastungsbeweis führen können.[307]

Die Aufsichtspflicht der Eltern gemäß § 832 BGB hat sich nach ständiger Rechtsprechung danach zu richten, was nach Alter, Eigenart und Charakter des Minderjährigen erforderlich ist.[308] Während somit bei Kleinkindern im Regelfall noch eine Aufsicht auf Schritt und Tritt nötig ist,[309] muss vor allem bei älteren Kindern, die dem Grundschulalter bereits entwachsen sind, deren fortschreitende Entwicklung und Selbständigkeit berücksichtigt werden.[310] Insofern lässt sich zwischen § 832 BGB und § 828 Abs. 3 BGB eine Wechselwirkung erkennen, denn je eher die Voraussetzungen des § 828 Abs. 3 BGB vom Minderjährigen erfüllt werden, dieser also wegen seines Alters oder der mangelnden Einsichtsfähigkeit nicht deliktsfähig ist, desto strenger sind die Anforderungen an die Aufsicht der Eltern. Wenn ein Minderjähriger also, wie in den hier interessierenden Fällen, die Einsichtsfähigkeit besitzt, die ihn nach § 828 Abs. 3 BGB deliktsfähig macht, und seiner Altersgruppe nach in der Lage ist, schuldhaft zu handeln, werden zumindest bei normal entwickelten Kindern an eine Aufsichtspflicht der Eltern keine zu hohen Anforderung mehr zu stellen sein.

[307] Vgl. Erman - Schiemann, § 832 RN 1.
[308] BGHZ 111, 282, 286; BGH NJW 1997, 2047, 2048; NJW 1996, 1404, 1405; NJW 1995, 3385, 3386; NJW 1993, 1003.
[309] LG Lüneburg NJW-RR 1998, 97, 98 (für 4jähriges Kind).
[310] BGH NJW 1993, 1003 (für 12jähriges Kind).

Besonders strenge Anforderungen werden von der Rechtsprechung grundsätzlich aber dann gestellt, wenn durch die Benutzung gefährlicher Gegenstände und vor allem durch Zündeleien des Minderjährigen ein Schaden entsteht, der dann naturgemäß extrem hoch ist.[311] Zu diesen praktisch besonders bedeutsamen Fällen[312] hat der BGH entschieden, dass eine „Schritt auf Tritt" - Überwachung dennoch nur bei aufgefallener Zündelneigung[313] oder schwer verhaltensgestörten Kindern[314] nötig ist; nicht dagegen wenn ein Minderjähriger „milieugeschädigt" ist[315], und schon gar nicht bei dem Grundschulalter entwachsenen Kindern[316]. Was die Aufsichtspflicht beim Umgang des Kindes mit gefährlichen Gegenständen angeht, so ist trotz strenger Anforderungen hieran auch anerkannt, dass es nicht in der Macht der Eltern steht, völlig zu verhindern, dass sich Minderjährige gefährliche Gegenstände beschaffen und diese auch benutzen.[317]

Es ist angesichts der Fülle an Rechtsprechung zwar schwer, Grundsätze für die Aufsichtspflicht der Eltern nach § 832 BGB aufzustellen, denn letztlich orientieren sich die Urteile am Einzelfall und sind kaum vorhersehbar.[318] Dennoch kann wohl festgehalten werden, dass gerade bei älteren, nach § 828 Abs. 3 BGB deliktsfähigen und normal entwickelten Minderjährigen, die mit einem „Dummerjungenstreich" einen Schaden anrichten, die Aufsichtspflicht der Eltern oft gar nicht verletzt ist.[319] Es kann daher nicht grundsätzlich festgestellt werden, dass mit einer Haftung des Minderjährigen auch weithin eine Haftung seiner Eltern einhergeht[320], obwohl dies bei jüngeren Kindern häufiger der Fall sein mag.

Sind die Eltern ihrer Aufsichtspflicht in ausreichendem Maße nachgekommen, ist im Rahmen des § 832 BGB allerdings noch zu beachten, dass sie hierfür den Entlastungsbeweis führen müssen. Der Beweis, dass der Aufsichtspflichtige im konkreten Fall die erforderlichen Aufsichtsmaßnahmen getroffen hat, oder dass der Schaden auch bei ausreichenden Aufsichtsmaßnahmen entstanden wäre, ist in der Praxis oft schwer zu erbringen,[321] womit die Wahrscheinlichkeit einer Haftung durch die Eltern wieder erhöht wird.

---

[311] Vgl. MüKo - Stein, § 832 RN 25 m. w. N.

[312] Vgl. Scheffen, FS für Steffen, S. 387, 393 mit zahlreichen Rspr.-Nachweisen in FN 17.

[313] BGH NJW 1996, 1404.

[314] BGH NJW 1995, 3385, 3386.

[315] BGH NJW 1997, 2047, 2048.

[316] BGH NJW 1993, 1003.

[317] Vgl. MüKo - Stein, § 832 RN 25.

[318] Scheffen, FS für Steffen, S. 387, 393; ebenso Großfeld/Mund, FamRZ 1994, 1504, 1506.

[319] Vgl. BGH NJW 1993, 1003 f; NJW 1984, 2574, 2575; OLG Celle NJW-RR 1988, 216; OLG Hamm VersR 2000, 454.

[320] So aber Peters, FamRZ 1997, 595, 596.

[321] Berning/Nortmann, JA 1986, 12, 19; Schmid, VersR 1982, 822, 825.

2. Schutz des Minderjährigen durch eine Haftung seiner Eltern nach § 832 BGB

Lässt sich somit feststellen, dass zumindest in einem nicht unbeträchtlichen Teil der Fälle, in denen vor allem jüngere Minderjährige deliktisch haften, auch eine Haftung der Eltern gegenüber dem Geschädigten aus § 832 BGB besteht, so stellt sich die Frage, inwiefern hierdurch die Haftung des Kindes beeinflusst und gegebenenfalls beschränkt wird.

Da Eltern und Minderjähriger gemäß § 840 Abs. 1 BGB als Gemeinschuldner haften, kann der Geschädigte gegen beide vorgehen. In der Praxis wird dieser wohl eher die Eltern in Anspruch nehmen, die im Zweifelsfall liquider sind als der meist vermögenslose Minderjährige.

In den Fällen, in denen die Eltern nicht die Mittel besitzen, die Forderungen des Geschädigten voll zu erfüllen, - was bei sehr hohen Schäden wohl die Regel sein wird - stellt die Mithaftung der Eltern für den Minderjährigen kaum eine Verbesserung seiner Lage da, da der Geschädigte dann auch weiter zur Befriedigung seiner Ansprüche gegen den Minderjährigen selbst vorgehen kann. Stehen die Eltern für den Schaden ein, ist im Innenverhältnis zwischen Eltern und Kind § 840 Abs. 2 BGB zu beachten, der dem Minderjährigen die alleinige Einstandspflicht zuweist.[322] Daher könnten die Eltern gegen ihr Kind gemäß §§ 840 Abs. 1, 426 Abs. 1 BGB vollen Regress nehmen.

Zwar werden Eltern in der Praxis, wenn sie überhaupt gegen ihr Kind vorgehen wollen, dieses nicht in dem Maße in Anspruch nehmen wie ein Dritter.[323] Somit stellt sich die Situation für den Minderjährigen mit seinen Eltern als Gläubiger sicherlich um einiges angenehmer und auch im Hinblick auf seine zukünftige Existenz weniger bedrückend dar, als in den Fällen, in denen er als Alleinschuldner einem fremden Dritten für seinen Schaden einzustehen hat. Es kann aber nicht außer Acht gelassen werden, dass er wegen § 840 Abs. 2 BGB zumindest der Rechtslage nach weiterhin vor einem erdrückenden Schuldenberg steht.

Da § 840 Abs. 2 BGB nur dann gelten soll, wenn den mittelbaren Schädiger (die Eltern) kein eigenes Verschulden trifft,[324] könnte die alleinige Einstandspflicht des Minderjährigen auch dadurch vermieden werden, dass dieser die schuldhafte

[322] Vgl. Peters, FamRZ 1997, 595, 596, der § 840 Abs. 2 als „unzeitgemäßes Ärgernis" bezeichnet.
[323] Vgl. Großfeld/Mund, FamRZ 1994, 1504, 1507 und Peters, FamRZ, 1997, 595, 597, die es für unwahrscheinlich halten, dass Eltern überhaupt gegen ihre Kinder vorgehen.
[324] MüKo - Stein, § 840 RN 25; Erman - Schiemann, § 840 RN 12; Peters, FamRZ 1997, 595, 596 f m.w.N.

Aufsichtspflichtverletzung der Eltern nachweist. Die Folge wäre dann allerdings keine alleinige Einstandspflicht der Eltern sondern eine interne Aufteilung der Haftung nach § 254 BGB.[325] Damit bliebe dem Minderjährigen aber eine unter Umständen immer noch beträchtliche Teilhaftung, abgesehen von der Schwierigkeit, ein Verschulden der Eltern zu beweisen.

3. Zusammenfassung zur Wirkung des § 832 BGB auf die Haftung des Kindes

Ein Schutz des Minderjährigen vor unbeschränkter Haftung ist durch eine Mithaftung der Eltern nach § 832 BGB kaum gegeben. Zum einen sind die Voraussetzungen des § 832 BGB vor allem bei einer Haftung älterer Jugendlicher oft nicht erfüllt. In den Fällen, in denen die Eltern dennoch haften und die Forderungen des Gläubigers erfüllen, können sie gegen ihr Kind wegen § 840 Abs. 2 BGB vollen Regress nehmen. Greift § 840 Abs. 2 BGB wegen eigenem Verschulden der Eltern ausnahmsweise nicht ein, bleibt immer noch eine Teilhaftung des Minderjährigen. Sind die Eltern nicht in der Lage, den Geschädigten zu befriedigen, wird dieser auch weiter gegen den Minderjährigen vorgehen.

II. Haftung der Eltern gegenüber dem Minderjährigen wegen Pflichtverletzung

Ein weiterer Ansatz zur Lösung der Überschuldungsproblematik im Verhältnis zwischen Eltern und Kind besteht darin, dem deliktisch haftenden Minderjährigen einen Schadensersatzanspruch gegen seine Eltern wegen Verletzung ihrer Pflichten zuzusprechen.[326] Als Pflichten, die die Eltern eines deliktisch haftenden Kindes verletzt haben könnten, werden von *Peters* zum einen die Pflicht, das Kind von Schadensersatzansprüchen Dritter freizuhalten, zum anderen ihre Pflicht zum Abschluss einer Haftpflichtversicherung für das Kind diskutiert.[327]

1. Pflicht zur Freihaltung von Schadensersatzansprüchen Dritter

Nach *Peters* sollte überlegt werden, die im Verhältnis Arbeitgeber/Arbeitnehmer anerkannten Grundsätze über die Haftungsreduzierung bei betrieblich veranlasster Tätigkeit analog auch auf das Verhältnis Eltern/Kind zu übertragen.[328] Dabei erkennt dieser an, dass diese Grundsätze angesichts der Unterschiede zwi-

---

[325] MüKo - Stein, § 840 RN 25.
[326] Anspruchsgrundlage für einen Schadensersatzanspruch des Kindes wegen schuldhafter Pflichtverletzung der Eltern wäre nach ganz h.M. § 1664 BGB, vgl. BGB RGRK - Adelmann, § 1664 RN 3; MüKo - Hinz, § 1664 RN 1 m.w.N.
[327] Peters, FamRZ 1997, 595, 597 ff.
[328] Peters, FamRZ 1997, 595, 597.

schen beiden Verhältnissen nicht ohne weiters übertragbar sind. Denn zum einen sei eine Belastung der Arbeitgeber, die aus der Tätigkeit ihrer Arbeitnehmer einen Nutzen ziehen, schon nach dem Gesichtspunkt des Betriebsrisikos sachlich angemessen, während dieser Gedanke auf Eltern nicht übertragbar sei. Zum anderen seien Arbeitgeber - im Gegensatz zu Eltern - in der Regel auch wirtschaftlich so leistungsfähig, dass sie dieses Risiko tragen könnten.[329]

Andererseits passe der Gedanke, dass die Haftungserleichterung für Arbeitnehmer der Fürsorgepflicht des Arbeitgebers entspringe, vorzüglich auf das Verhältnis von Eltern zu ihren Kindern.[330] Als weitere Gemeinsamkeit wird angeführt, dass Hauptanwendungsfall der Haftungserleichterung für Arbeitnehmer die Schädigung des Arbeitgebers sei, ebenso wie bei einer deliktischen Handlung des Kindes meist die Rechtsgüter ihrer Eltern verletzt würden. Die selbst geschädigten Eltern würden aber üblicherweise keinen Regress gegen ihre Kinder nehmen.[331]

Weshalb diese Tatsache aber zur Vergleichbarkeit mit der arbeitsrechtlichen Lage führen, und damit den Rückschluss rechtfertigen soll, dass die Eltern nun bei Schädigung eines Dritten die Pflicht haben sollen, ihr Kind von Ersatzansprüchen freizuhalten, bleibt unklar. Denn ein Arbeitgeber würde, gäbe es das Institut der betrieblich veranlassten Tätigkeit nicht, bei eigener Schädigung den Arbeitnehmer wohl in den meisten Fällen in Anspruch nehmen. Dass Eltern dies bei Kindern üblicherweise nicht tun und auch bei der Schädigung Dritter den Schaden anders als ein Arbeitgeber meist freiwillig übernehmen, ohne später Regress zu nehmen, führt eher zu dem Schluss, dass eine Übertragung der arbeitsrechtlichen Grundsätze nicht angebracht ist.

Gegen die analoge Anwendung der arbeitsrechtlichen Grundsätze auf das Verhältnis Eltern/Kind spricht auch die für den Bereich der Arbeitnehmerhaftung von der Rechtsprechung entwickelte Dreiteilung des Fahrlässigkeitsbegriffs, wonach der Arbeitgeber den Schaden nur bei leichtester Fahrlässigkeit des Arbeitnehmers voll übernehmen muss, während bei mittlerer Fahrlässigkeit eine Haftungsteilung und bei grober Fahrlässigkeit bzw. Vorsatz eine volle Haftung des Arbeitnehmers eintritt.[332] Eine Übertragung dieser Grundsätze auf Eltern und Kind würde dem deliktisch haftenden Minderjährigen somit nur bei leichtester Fahrlässigkeit und damit nur in einem geringen Teil der Fälle einen Freistellungsanspruch gegen seine Eltern verschaffen.

---

[329] Peters, FamRZ 1997, 595, 597.
[330] Peters, FamRZ 1997, 595, 597.
[331] Peters, FamRZ 1997, 595, 597.
[332] Vgl. Erman - Hanau, § 611 RN 340.

Eine generelle, dem Verhältnis zwischen Arbeitgeber und Arbeitnehmer nachgebildete Pflicht der Eltern, ihr Kind von Schadensersatzansprüchen Dritter freizuhalten, lässt sich somit nicht statuieren.

2. Pflicht zum Abschluss einer Haftpflichtversicherung

Als weitere Pflicht, die die Eltern eines deliktisch haftenden Minderjährigen verletzt haben können, wird eine elterliche Pflicht zum Abschluss einer Haftpflichtversicherung für das Kind genannt.[333] Fraglich ist, wie eine solche Pflicht hergeleitet werden kann, welcher Haftungsmaßstab bei den Eltern, die diese Pflicht verletzt haben, anzulegen ist, welche Ansprüche dem Minderjährigen aus der Pflichtverletzung erwachsen könnten und schließlich, in welchem Umfang dem Minderjährigen hierdurch Schutz geboten würde.

a.) Herleitung einer elterlichen Pflicht zum Abschluss einer
    Haftpflichtversicherung

Als Ansatz zur Herleitung einer Pflicht der Eltern, für ihr Kind eine Haftpflichtversicherung abzuschließen, kommt hinsichtlich des Abschlusses selbst die Vermögenssorgepflicht aus § 1626 Abs. 1 BGB in Betracht, hinsichtlich der Tragung der Kosten für die Versicherung die Unterhaltspflicht gemäß § 1610 BGB.[334]

aa.) Vermögenssorge gemäß § 1626 Abs. 1 BGB

Die Vermögenssorge der Eltern nach § 1626 Abs. 1 BGB umfasst alle tatsächlichen und rechtlichen Maßnahmen einschließlich der Vertretung, die darauf gerichtet sind, das Kindesvermögen zu erhalten, zu verwerten und zu vermehren.[335] Ob hierzu auch der Abschluss einer Haftpflichtversicherung zugunsten des Unterhaltsberechtigten gehört, wurde vom BGH im Rahmen der - der elterlichen Sorge nachgebildeten[336] - Vermögenssorge eines Vormunds für sein Mündel erörtert.[337] Gegen eine generelle Pflicht von Vormündern und Eltern spreche zunächst die bei der Konkretisierung von Pflichten zu berücksichtigende Verkehrsanschauung, wonach eine solche Maßnahme zwar zumeist objektiv ratsam sei, aber nicht als allgemein anerkannt bezeichnet werden könne.[338] Etwas anderes gelte nur dann, wenn die besonderen Eigenschaften und Verhältnisse des Minderjährigen den Abschluss einer Haftpflichtversicherung erforderten,[339] und

[333] Peters, FamRZ 1997, 595, 598.
[334] Vgl. Peters, FamRZ 1997, 595, 598 f.
[335] Erman - Michalski, § 1626 RN 17; MüKo - Hinz, § 1626 RN 51.
[336] BGHZ 77, 224, 228.
[337] BGHZ 77, 224, 226 ff.
[338] BGHZ 77, 224, 228.
[339] BGHZ 77, 224, 229.

ihn in besonderem Maße der Gefahr aussetzten, sich durch Schädigung Dritter haftpflichtig zu machen.[340]

Gegen die Ausführungen des BGH, dass eine Pflicht zum Abschluss einer Haftpflichtversicherung nicht allgemein anerkannt sei, wendet *Peters* ein, dass Pflichten unabhängig davon bestünden, ob sie allgemein befolgt würden. Auch sei die ständige Weiterentwicklung von Pflichten zu beachten, wobei auch zu berücksichtigen sei, dass seit der Entscheidung des BVerfG von 1986 eine (rechtsgeschäftliche) Überschuldung Minderjähriger nicht mehr als hinnehmbar angesehen werde.[341]

Der BGH fasst in seinem Leitsatz zusammen, dass ein Vormund *„jedenfalls gegenwärtig"* nicht zum Abschluss einer Haftpflichtversicherung für sein Mündel verpflichtet sei.[342] Diese Entscheidung erging 1980. Seit dem hat sich aber die für die Herausarbeitung einer Pflicht wichtige Verkehrsanschauung hinsichtlich der Notwendigkeit eines Überschuldungsschutzes für Minderjährige gewandelt. Seit dem BVerfG-Urteil von 1986[343] und der Entscheidung des OLG Celle im Jahre 1989[344] wurden verfassungsrechtliche Bedenken auch gegen die deliktsrechtliche Verschuldung Minderjähriger laut, was auch in die Konkretisierung bestehender gesetzlicher Pflichten einfließen sollte. Zumindest aus heutiger Sicht kann dem BGH daher nicht mehr gefolgt werden.

Gegen die Begrenzung einer Versicherungspflicht auf besonders „gefährdete" Jugendliche wird eingewandt, dass die Gefahr einer Haftpflicht letztlich jedem Jugendlichen drohe.[345] Dem muss beigepflichtet werden. Denn erkennt man die Notwendigkeit der Vermeidung einer lebenslangen deliktsrechtlichen Verschuldung des Minderjährigen an, gilt diese nicht weniger für normal entwickelte Kinder, die unter Umständen fahrlässig einen erheblichen Schaden verursachen, als für besonders aggressive oder in anderer Weise verhaltensauffällige Kinder, bei denen ein deliktischer Schaden eher zu erwarten ist.[346]

Lässt sich somit aus § 1626 Abs. 1 BGB eine Pflicht der Eltern herleiten, das Vermögen ihres Kindes vor deliktischen Forderungen zu bewahren, indem sie vorsorglich eine Haftpflichtversicherung abschließen, stellt sich weiter die Frage, mit welchen Mitteln die anfallenden Versicherungsprämien zu zahlen sind.

---

[340] BGHZ 77, 224, 230.
[341] Peters, FamRZ 1997, 595, 598.
[342] BGHZ 77, 224.
[343] BVerfG JZ 1986, 632.
[344] OLG Celle VersR 1989, 709.
[345] Peters, FamRZ 1997, 595, 598.
[346] Dementsprechend beurteilt das DIJuF den Abschluss einer Haftpflichtversicherung für Mündel generell als zweckmäßig, DAVorm 2000, 787.

bb.) Unterhaltspflicht gemäß § 1610 BGB

Der BGH hat eine etwaige Pflicht des Vormunds, sein Mündel zu versichern, davon abhängig gemacht, dass in dessen Vermögen ausreichende Mittel hierfür zur Verfügung stünden.[347] Im Gegensatz zu einem Vormund sind Eltern allerdings verpflichtet, ihren Kindern gem. § 1610 BGB Unterhalt zu gewähren, so dass eine Zahlung der Prämien auch ohne eigenes Vermögen des Kindes durch die Eltern erfolgen müsste, wenn sie dieses als "Lebensbedarf" gemäß § 1610 Abs. 2 BGB schuldeten.

Der Abschluss von Versicherungen stellt grundsätzlich eine Art des Vorsorgeunterhalts dar, der für das Verhältnis von geschiedenen / getrennt lebenden Ehegatten in § 1578 Abs. 3 BGB geregelt ist. Diesen Vorsorgeunterhalt sollen aber Verwandte untereinander nicht als Unterhalt nach § 1610 BGB beanspruchen können.[348] Der Grund dafür, dass Versicherungskosten als Unterhalt unter Verwandten gesetzlich nicht geregelt sind, liegt aber nicht darin, dass sich die Frage von Vorsorgeversicherungen gegen Berufs- oder Erwerbsunfähigkeit wegen des Alters bei Kindern nicht stellt,[349] sondern soll vielmehr darin liegen, dass nur unter Ehegatten eine Pflicht zur dauernden Sicherung des künftigen Unterhalts besteht, die sich aus der auf Lebenszeit angelegten ehelichen Gemeinschaft und der Gegenseitigkeit des Anspruchs auf Familienunterhalt ergibt.[350] Die Vorschrift des § 1578 Abs. 3 BGB ist daher nicht verallgemeinerungsfähig.[351]

Für eine Einbeziehung der Haftpflichtversicherungsprämien in den Unterhalt nach § 1610 BGB spricht auf der anderen Seite, dass eine Haftpflichtversicherung anders als zum Beispiel eine Altersversicherung ein Risiko abwenden soll, das sich in der Zeit realisieren kann, während der der Minderjährige noch unterhaltsberechtigt ist. Die Versicherung bezieht sich damit auf eine ganz nahe Zukunft.[352] Zu berücksichtigen ist ferner, dass die Kosten für eine Haftpflichtversicherung, die wirtschaftlich am sinnvollsten direkt für Eltern und mitversichertes Kind abgeschlossen wird, weitaus niedriger sind als die für beispielsweise Altersvorsorge- oder Krankenversicherung[353]. Grundsätzlich belaufen sich die Ko-

---

[347] BGHZ 77, 224, 231.
[348] Strohal in Göppinger/Wax, Unterhaltsrecht, RN 354; Staudinger - Kappe/Engler, § 1610 RN 76 und ausdrücklich bzgl. der Kosten einer Haftpflichtversicherung RN 118; BGB RGRK - Mutschler, § 1610 RN 25; Erman - Holhauer, § 1610 RN 5; a.A. MüKo - Köhler, § 1610 RN 13.
[349] So aber Peters, FamRZ 1997, 595, 599.
[350] Strohal in Göppinger/Wax, Unterhaltsrecht, RN 354.
[351] Malik, Grenzen der elterlichen Vermögenssorge, S. 187.
[352] Vgl. Peters, FamRZ 1997, 595, 599, FN 48, der darauf hinweist, dass auch der Anspruch auf Finanzierung einer Ausbildung letztlich über die Gegenwart hinausgreife.
[353] Die Kosten für eine Krankenversicherung werden ebenfalls vom Unterhaltsanspruch des Kindes umfasst.

sten für eine Haftpflichtversicherung für Eltern und mitversichertes Kind auf nicht mehr als 60 bis 90 € im Jahr.[354]

Eine Pflicht der Eltern, für die Kosten einer Haftpflichtversicherung zugunsten ihres minderjährigen Kindes aufzukommen, lässt sich also aus dem Unterhaltsanspruch des Kindes gemäß § 1610 BGB herleiten.

b.) Verschuldensmaßstab des § 1664 bei elterlicher Pflichtverletzung

Bei allen Pflichtverletzungen der Eltern für Schäden, die auf der Verletzung der Elternpflichten zur Wahrnehmung der Kindesinteressen auf dem Gebiet der Personen- und Vermögenssorge beruhen, haften diese ihren Kindern gegenüber nach dem Maßstab des § 1664 BGB.[355] Danach haben Eltern für Vorsatz und grobe Fahrlässigkeit immer einzustehen. Im Übrigen haften sie nur dann, wenn sie die „eigenübliche Sorgfalt" verletzt haben. Die hier in Rede stehende Pflichtverletzung besteht in dem Unterlassen der Eltern, im Rahmen der Vermögenssorge keine Haftpflichtversicherung zugunsten ihres Kindes abgeschlossen zu haben.

aa.) Verletzung der Sorgfalt in eigenen Angelegenheiten

Nach *Peters* ist bei der Frage nach der Verletzung der eigenüblichen Sorgfalt nicht darauf abzustellen, ob die Eltern für sich selbst Versicherungsschutz für notwendig halten, da an die Vermögenssorge der Eltern für ihre Kinder höhere Anforderungen zu stellen seien, als an die für ihre eigenen Vermögensangelegenheiten.[356]

Diese Sicht verkennt aber, dass § 1664 BGB gerade für Pflichtverletzungen aus dem Bereich der Personen- und Vermögenssorge gilt. Die Anforderungen an die in diesem Rahmen bestehende Haftung der Eltern für eigenübliche Sorgfalt sind individuell bestimmt, so dass bei gewissenhaften Eltern eine Haftung eher zu bejahen ist, als eine Haftung desjenigen, der eigene Angelegenheiten und gleichartige des Kindes oberflächlich zu behandeln pflegt.[357] Das heißt, dass Eltern, die Risiken aus dem eigenen Lebensumfeld grundsätzlich versichern und in diesem Bereich sehr umsichtig Vorsorge treffen, die eigenübliche Sorgfalt durchaus verletzen, wenn sie für ihr Kind nicht für eine entsprechende Risikovorsorge durch Versicherungsschutz sorgen. Auf der anderen Seite lässt sich aber bei Eltern, die nicht allen Risiken vorzubeugen versuchen und auch für sich

---

[354] Sollte auch dieser geringe Betrag nicht von den Eltern aufzubringen sein, erwägt Peters ein Einstehen der Sozialhilfe, aaO., S. 599.
[355] Vgl. OLG Köln NJW-RR 1997, 1436, 1437.
[356] Peters, FamRZ 1997, 595, 599.
[357] MüKo - Hinz, § 1664 RN 9; BGB RGRK - Adelmann, § 1664 RN 6.

74

selbst keine Vorsorge durch eine Versicherung schaffen, kaum eine Verletzung der eigenüblichen Sorgfalt gegenüber ihrem ebenfalls nicht versicherten Kind feststellen.

bb.) Grobe Fahrlässigkeit

Eltern haften immer, wenn ihnen grobe Fahrlässigkeit vorgeworfen werden kann. Grobe Fahrlässigkeit wird als ein Verhalten definiert, durch das die im Verkehr erforderliche Sorgfalt in besonders schwerem, ungewöhnlichem Maße verletzt wird.[358] Nach ständiger Rechtsprechung wird dies dann angenommen, wenn ganz naheliegende Überlegungen nicht angestellt oder beiseite geschoben worden sind und dasjenige unbeachtet geblieben ist, was im gegebenen Fall jedem einleuchten müsste.[359] Zu berücksichtigen sind auch individuelle Umstände, die die Schwere der Pflichtverletzung mildern.[360]

Nach *Peters* gebietet die im Verkehr erforderliche Sorgfalt - in Abgrenzung zu der im Verkehr üblichen Sorgfalt - den Abschluss einer Haftpflichtversicherung, die ja nach dem BGH „zumeist objektiv ratsam" sei.[361] Diese werde in schwerem Maße verletzt, da die Möglichkeit zum Abschluss einer Haftpflichtversicherung jedem bekannt sei, ihre Notwendigkeit auf der Hand liege und jedem einleuchten müsse.[362]

Dem kann nicht zugestimmt werden. Zwar kann zur Bestimmung der erforderlichen Sorgfalt nicht auf das im Verkehr Übliche verwiesen werden. Das „Übliche" kann aber herangezogen werden, um zu bestimmen, ob es sich um eine besonders schwere Sorgfaltsverletzung handelt. Denn von naheliegenden Überlegungen, die jedem einleuchten müssen, kann nicht gesprochen werden, wenn knapp die Hälfte aller Haushalte in Deutschland[363] diese Überlegung nicht durch den Abschluss einer Haftpflichtversicherung nachvollzogen hat. Der Abschluss einer Haftpflichtversicherung setzt auch ein gewisses Informationsniveau voraus, das gerade bei sozial schwächeren Schichten oft nicht gegeben sein wird.[364] Überhaupt wurde die Notwendigkeit eines Überschuldungsschutzes natürlicher Personen erst in jüngerer Zeit erkannt und diskutiert.[365] Da bei der Bestimmung der groben Fahrlässigkeit auch individuelle Umstände berücksichtigt werden müssen, kann eine solche nur dann bejaht werden, wenn die Eltern zumindest

---

[358] Staudinger - Löwisch, § 276 RN 83.
[359] Soergel - Wolf, § 276 RN 122 mit Rspr.-Nachweisen.
[360] Soergel - Wolf, § 276 RN 123.
[361] Peters, FamRZ 1997, 595, 600.
[362] Peters, FamRZ 1997, 595, 600.
[363] Zu dieser Mengenangabe vgl. Peters FamRZ 1997, 595, 598.
[364] Vgl. Canaris, JZ 1990, 679, 680.
[365] Malik, Grenzen der elterlichen Vermögenssorge, S. 189.

ausreichende Kenntnis von der Möglichkeit einer Haftpflichtversicherung haben, sich des Schutzumfangs einer solchen bewusst sind und dennoch von einem Abschluss abgesehen haben.

Das Verschulden von Eltern, die für ihr Kind keine Haftpflichtversicherung abgeschlossen haben, kann somit nicht im Regelfall bejaht werden, sondern ist nur in einem begrenzten Teil der Fälle gegeben.

c.) Umfang des Schutzes

Bejaht man eine Pflicht der Eltern zum Abschluss einer Haftpflichtversicherung zugunsten ihres Kindes, so ist hinsichtlich des Schutzes, den diese Pflicht dem Kind bietet, zu unterscheiden, ob der Schadensfall schon eingetreten ist oder nicht.

Ist er eingetreten und der Minderjährige den Schadensersatzansprüchen des Geschädigten ausgesetzt, so hat das Kind seinerseits gegen die Eltern einen Anspruch auf Freihaltung von den Ansprüchen des Geschädigten, soweit den Eltern ein Verschulden nach dem Maßstab des § 1664 BGB nachgewiesen werden kann. Dieser Anspruch wird dem Minderjährigen in der Praxis aber nur sehr wenig nützen, wenn es sich um sehr hohe Schadenssummen handelt. Sind die Eltern finanziell in der Lage, diese Summe zu begleichen, werden sie dies oft wohl auch tun, ohne dass das Kind hierauf einen rechtlichen Anspruch hat. Sind sie wirtschaftlich nicht imstande, für den Schaden, den das Kind verursacht hat, einzustehen, hilft dem Minderjährigen der Freihaltungsanspruch gegen seine Eltern nicht weiter. Er selbst ist den Ansprüchen des Geschädigten weiter ausgesetzt, der Regress gegen die Eltern ist unergiebig.

Ist der Schadensfall noch nicht eingetreten, besteht das Hauptziel der elterlichen Pflicht darin, vorsorglich zu verhindern, dass es überhaupt zu einer Überschuldung im Schadensfall kommt. Durch die Androhung einer Haftung soll die Einhaltung der Pflicht gesichert werden.[366] Allerdings werden Eltern, die keine Versicherung abgeschlossen haben und sich hierüber unter Umständen auch noch keine Gedanken gemacht haben, kaum in der Lage sein, eine entsprechende Pflicht hierzu aus ihrer Vermögenssorge herzuleiten und sich daher einer solchen Pflicht auch nicht bewusst sein. Hinzu kommt, dass die Erkenntnis des Bestehens einer elterlichen Pflicht zum Abschluss einer Haftpflichtversicherung keineswegs gesichert ist. Die Einhaltung einer Pflicht zum Abschluss einer Haftpflichtversicherung könnte daher wirksam nur durch eine gesetzlich vorgeschriebene und überwachte Haftpflichtversicherung erreicht werden.[367]

---

[366] Peters, FamRZ 1997, 595, 600.
[367] Für eine solche gesetzliche Haftpflichtversicherung: v. Hippel, FamRZ 2001, 748 und VersR 1998, 26.

D. Beschränkte Haftung bei Personenschäden

Hat der Minderjährige durch unerlaubte Handlung eine Person verletzt, ist er zum einen den Ersatzansprüchen für die Krankheitsbehandlung ausgesetzt. Da die Krankheitskosten in der Regel von der Krankenversicherung des Opfers getragen werden, und es sich bei dem Gläubiger damit um eine Krankenversicherung handelt, kann zum Schutze des Minderjährigen die Vorschrift des § 76 Abs. 2 Nr. 3 SGB IV zur Anwendung kommen. Zum anderen ist der Minderjährige häufig hohen Schmerzensgeldforderungen durch das Opfer selbst ausgesetzt. Die Norm des § 253 Abs. 2 BGB sieht hierfür die Berücksichtigung der Umstände des Einzelfalls vor, wobei zu untersuchen bleibt, ob hierzu auch die Notwendigkeit des Schutzes des minderjährigen Täters zählt.

I. Forderungserlass nach § 76 Abs. 2 Nr. 3 SGB IV

Als Weg, den Minderjährigen vor unbegrenzten deliktischen Forderungen seiner Gläubiger zu schützen, kommt in bestimmten Fällen § 76 Abs. 2 Nr. 3 SGB IV in Betracht, auf den in diesem Zusammenhang auch das BVerfG hingewiesen hat.[368]

1. Anwendungsbereich der Norm

a.) Allgemein

Gemäß § 76 Abs. 2 Nr. 3 SGB IV darf ein Sozialversicherungsträger Ansprüche erlassen, wenn deren Einziehung nach Lage des einzelnen Falles unbillig wäre. Die Norm bezieht sich also nur auf Ansprüche, deren Inhaber ein Sozialversicherungsträger, das heißt meist eine gesetzliche Krankenversicherung ist. Bei den Ansprüchen kann es sich auch um deliktische Schadensersatzansprüche handeln, die nach § 116 SGB X auf den Sozialversicherungsträger übergegangen sind.[369]

b.) Anwendung bei deliktisch haftenden Minderjährigen

Ein Minderjähriger, der einem Sozialversicherungsträger gegenüber haftet, könnte somit bei einem Eingreifen des § 76 Abs. 2 Nr. 3 SGB IV vor einer unbeschränkten deliktischen Haftung geschützt werden. Der Schutz, den § 76 Abs. 2 Nr. 3 SGB IV bietet, ist naturgemäß ein begrenzter, da nur in einem Teil der

---

[368] BVerfG, JZ 1999, 251, 252.
[369] BVerfG JZ 1999, 251, 252; BSG VersR 1990, 175, 176; Hauck - SGB IV, K § 76 RN 4 und 6; zweifelnd: LSG Niedersachsen NJW 1989, 1759.

Fälle, in denen Minderjährige existenzvernichtenden Forderungen ausgesetzt sind, ein Sozialversicherungsträger Anspruchsinhaber ist. Dazu kommt es meist dann, wenn der Minderjährige einen anderen - beispielsweise einen Spielkameraden - verletzt, dessen gesetzliche Krankenversicherung für die nötige Behandlung aufkommt und den nach § 116 SGB X auf sie übergegangenen deliktischen Anspruch geltend macht.

Was wie ein Sonderfall der deliktischen Haftung durch Minderjährige anmutet, sollte in seiner praktischen Bedeutung nicht unterschätzt werden. Wie ein Blick in die Rechtsprechung zu § 828 Abs. 3 BGB zeigt, hat ein großer Teil der Fälle, in der es um die Haftung Minderjähriger geht, Personenschäden zum Gegenstand.[370] Für diese tritt in den meisten Fällen deren gesetzliche Krankenversicherung ein.

2. Die materiellen Voraussetzungen des § 76 Abs. 2 Nr. 3 SGB IV

a.) Unbilligkeit der Anspruchseinziehung

Gemäß § 76 Abs. 2 Nr. 3 SGB IV darf der Versicherungsträger Ansprüche nur erlassen, wenn deren Einziehung nach Lage des einzelnen Falles unbillig wäre. § 76 Abs. 2 Nr. 3 SGB IV wurde durch das 2. SGB-Änderungsgesetz vom 13.06.1994 geändert.[371] Nach der alten Fassung war Voraussetzung für einen Erlass noch eine „besondere Härte".

aa.) Deutung der alten Fassung („besondere Härte")

Die zur alten Fassung des § 76 Abs. 2 Nr. 3 SGB IV im sozialrechtlichen Schrifttum vertretene strenge Auslegung orientierte sich zur Konkretisierung der Erlassvoraussetzungen noch an einer vorläufigen Verwaltungsvorschrift des

---

[370] Vgl. BGH VersR 1954, 118 (Schuss in ein Auge mit Luftgewehr); BGH VersR 1961, 812 (Stichverletzung eines Auges mit Brieföffner); BGH VersR 1963, 755 (Augenverletzung durch Wurf mit brennender Wunderkerze); BGH FamRZ 1964, 202 (operative Entfernung eines Auges wegen Schuss mit Hagebutte); BGH FamRZ 1964, 505 (Sehkraftverlust auf einem Auge durch Spiel mit Pfeil und Bogen); BGH VersR 1967, 158 (Entfernung eines Auges wegen Verletzung mit Pfeil); BGH VersR 1967, 567 (Augenverletzung durch Schuss mit Steinschleuder); BGH VersR 1997, 834 (Augenverletzung durch „Herumfuchteln" mit einem Messer); OLG Hamburg, VersR 1980, 1029 (Schädelbruch durch Steinwurf); OLG Zweibrücken, VersR 1981, 660 (Verlust des Augenlichts und Pflegebedürftigkeit wegen Schusses in den Kopf); OLG Köln, VersR 1981, 266 (Sehkraftverlust auf einem Auge durch Stoß mit Luftpumpe); OLG Köln r+s 1990, 15 (Beinbrüche durch „Füßchenstellen"); OLG Köln, VersR 1994, 1248 (einseitige Erblindung durch Verletzung mit Dartpfeil); OLG München ZfS 2002, 170 (Kopfverletzung durch Axtschläge); LG Köln, VersR 1994, 1074 (Verlust mehrerer Zähne durch abgeglittenen Baseballschläger); LG Dessau, VersR 1997, 242 (Schädelfraktur mit schwerwiegenden Gehirnstörungen durch Mopedunfall).
[371] BGBl I, S. 1229.

Bundesfinanzministers zu § 59 BHO.[372] Danach sollte eine besondere Härte nur dann anzunehmen sein, wenn sich der Anspruchsgegner in einer unverschuldeten wirtschaftlichen Notlage befand und die Durchsetzung des Anspruchs zu einer dauerhaften wirtschaftlichen Existenzgefährdung oder gar -vernichtung geführt hätte.[373]

Schon damals wurde eine derart enge Auslegung des § 76 Abs. 2 Nr. 3 SGB IV kritisiert.[374] Eine unverschuldete Notlage sei schon deshalb kein geeignetes Kriterium, weil dann bei Regressfällen mit einem Anspruch aus unerlaubter und daher meist zwangsläufig schuldhafter Handlung der Erlass nahezu ausgeschlossen sei. Auch das Erfordernis einer Existenzgefährdung sei kein taugliches Abgrenzungsmerkmal, da diese erst dann anzunehmen sei, wenn die Vollstreckung der Forderung an den Grenzen des § 850 c ZPO scheitere. In diesem Fall sei aber schon der Anwendungsbereich einer Niederschlagung wegen fehlender Durchsetzbarkeit der Forderung gemäß § 76 Abs. 2 Nr. 2 SGB IV erfüllt.[375] Eine „besondere Härte" solle vielmehr schon dann vorliegen, wenn dem Schuldner durch den Regress eine nachhaltige Veränderung seines Lebensplans zugemutet werde.[376] Letztlich solle § 76 Abs. 2 Nr. 3 SGB IV in dieser weiten Auslegung auch dazu dienen, in eigenständiger Weise die Haftungsergebnisse des Deliktsrechts auf ein sozial gebotenes Maß zurückzuführen.[377]

bb.) Deutung der neuen Fassung („Unbilligkeit")

Zu der seit 1994 geltenden Neufassung des § 76 Abs. 2 Nr. 3 SGB IV ist mittlerweile anerkannt, dass an die nunmehr geforderte „Unbilligkeit" um einiges geringere Anforderungen zu stellen sind als an den früheren Begriff der „besonderen Härte",[378] obwohl auch teilweise noch betont wird, dass an einen Forderungserlass strenge Maßstäbe anzulegen sind.[379]

Bei der nun im Rahmen des § 76 Abs. 2 Nr. 3 SGB IV vorzunehmenden Billigkeitsentscheidung handele es sich um eine Einzelfallentscheidung, bei der die gesamten Umstände des Falls, wie persönliche und wirtschaftliche Verhältnisse

---

[372] GK SGB IV - Gleitze, § 76 RN 15; weitere Nachweise für diese Auffassung bei LSG Niedersachsen, VersR 1991, 903.

[373] Vgl. FN 372.

[374] Ahrens, AcP 189 (1989), 526, 546 ff; dem folgend LSG Niedersachsen, VersR 1991, 903, 904; Hüffer, VersR 1984, 197, 199.

[375] Ahrens, AcP 189 (1989), 526, 549; LSG Niedersachsen, VersR 1991, 903, 904.

[376] Ahrens, AcP 189 (1989), 526, 550; LSG Niedersachsen, VersR 1991, 903, 904.

[377] Ahrens, AcP 189 (1989), 526, 546.

[378] Krauskopf - Baier, SozKV, § 76 SGB IV RN 13; Hauck, SGB IV, K § 76 RN 16; Rolfs, JZ 1999, 233, 236.

[379] KassKomm - Maier, § 76 SGB IV RN 7; Krauskopf - Baier, SozKV, § 76 SGB IV RN 12.

des Schuldners sowie Art und Höhe des Anspruchs zu berücksichtigen seien.[380] Dennoch werden an das Kriterium der „Unbilligkeit" unterschiedlich hohe Ansprüche gestellt. Teilweise wird eine unbillige Forderungseinziehung schon dann bejaht, wenn sich der Schuldner in einer nicht nur kurzfristigen wirtschaftlichen Notlage befindet, auch wenn bei der Verfolgung des Anspruchs keine Existenzgefährdung zu besorgen ist.[381] Teilweise wird aber auch noch gefordert, dass die Einziehung des Anspruchs existenzbedrohend oder zumindest in hohem Maße existenzgefährdend sein soll, wobei die Gefährdung dauerhaft sein müsse.[382] Dieser enge Maßstab ergebe sich daraus, dass der Erlass den Einzelnen endgültig zu Lasten der Versicherungsgemeinschaft und der Beitragspflichtigen begünstige.[383]

cc.) Übertragung der Kriterien auf einen minderjährigen Schuldner

Es stellt sich nun die Frage, ob bei einem Minderjährigen, der einer existenzvernichtend hohen Regressforderung eines Sozialversicherungsträgers ausgesetzt ist, die Kriterien für einen Erlass gemäß § 76 Abs. 2 Nr. 3 SGB IV nach den genannten Auffassungen erfüllt wären.

Die von *Ahrens*[384] aufgestellten Kriterien für einen Erlass nach § 76 Abs. 2 Nr. 3 SGB IV lassen sich wohl problemlos bejahen. Für einen Minderjährigen stellt eine Forderung, die er spätestens ab Eintritt ins Erwachsenenleben über einen langen Zeitraum, wenn nicht sogar lebenslang abtragen muss, zweifellos eine nachhaltige Änderung seines Lebensplans dar. Auch der von *Ahrens* aufgeworfene Aspekt, dass § 76 Abs. 2 Nr. 3 SGB IV zur Angleichung von unerwünschten deliktsrechtlichen Haftungsergebnissen dienen kann, gewinnt hier an Bedeutung.

Bei der Entscheidung über die Unbilligkeit anhand einer Abwägung zwischen den Interessen des Sozialversicherungsträgers und denen des minderjährigen Schuldners fällt zu dessen Gunsten sein geringes Alter, seine beeinträchtigten Zukunftsaussichten und die stark eingeschränkte Lebensplanung, sowie die für den Sozialversicherungsträger angesichts der wirtschaftlichen Situation des Minderjährigen ohnehin nur sehr schwer realisierbare Forderung ins Gewicht. Bei der Abwägung hat der Sozialversicherungsträger als grundrechtsgebundener Träger öffentlicher Gewalt auch die verfassungsrechtlichen Bedenken, die gegen eine übermäßig hohe deliktische Haftung Minderjähriger bestehen, zu beach-

---

[380] Krauskopf - Baier, SozKV, § 76 SGB IV RN 13; Hauck, SGB IV, K § 76 RN 13.

[381] Hauck, SGB IV, K § 76 RN 17.

[382] Krauskopf - Baier, SozKV, § 76 SGB IV RN 14.

[383] Krauskopf - Baier, SozKV, § 76 SGB IV RN 12.

[384] Vgl. FN 376.

ten.[385] Das teilweise geforderte Kriterium einer nicht nur kurzfristigen wirtschaftlichen Notlage[386] kann in den hier behandelten Fällen ebenfalls bejaht werden.

Schwieriger ist die Bejahung der Erlassvoraussetzungen bei denjenigen, die auch an eine „Unbilligkeit" noch strenge Maßstäbe anlegen wollen und eine Existenzbedrohung bzw. dauerhafte Existenzgefährdung verlangen.[387] Bei der Anwendung dieser Maßstäbe ist aber zu beachten, dass mit den genannten Kriterien nicht lediglich eine wirtschaftliche Bedrohung oder Gefährdung der Existenz gemeint sein kann. Denn zum einen ist zur Abwendung einer wirtschaftlich existenzbedrohenden Notlage das Vollstreckunsschutzrecht da, welches dafür zu sorgen hat, dass dem einzelnen immer ausreichende Mittel bleiben, um seinen Lebensunterhalt zu bestreiten. Zum anderen ist die Situation, dass dem Schuldner tatsächlich nur noch ein Einkommen an der Pfändungsfreigrenze zu Verfügung steht, ein typischer Anwendungsbereich für die Niederschlagung des Anspruchs durch den Sozialversicherungsträger gemäß § 76 Abs. 2 Nr. 2 SGB IV, da in diesem Fall eine Einziehung keinen Erfolg hätte.

Eine Existenzbedrohung im weiteren Sinn ergibt sich bei einem minderjährigen Schuldner aber nicht allein daraus, dass er über lange Zeit mit einem Betrag an der Pfändungsfreigrenze auskommen muss. Denn dies wird für einen Minderjährigen, der bei seinen Eltern lebt, ohnehin erst bei Eintritt ins Berufsleben relevant. Die Existenzbedrohung bei Minderjährigen durch extrem hohe deliktische Forderungen ergibt sich auch und vor allem aus der Perspektivlosigkeit, mit der die Jugend des Minderjährigen belastet wird, sowie den Schwierigkeiten, die dieser hat, überhaupt eine Existenz aufzubauen. Angesichts dieser Lage wird man die Einziehung von sehr hohen deliktischen Forderungen gegen Minderjährige auch bei Anlegung strenger Maßstäbe grundsätzlich als unbillig ansehen können. Dies gilt um so mehr, als der Sozialversicherungsträger als Träger öffentlicher Gewalt der Grundrechtsbindung unterliegt[388] und daher bei der Durchsetzung seiner Ansprüche die Grundrechte des Minderjährigen zu beachten hat.

b.) Ermessen des Sozialversicherungsträgers im Rahmen des
§ 76 Abs. 2 Nr. 3 SGB IV

Kann somit die „Unbilligkeit" der Einziehung von existenzvernichtend hohen Forderungen gegen Minderjährige grundsätzlich bejaht werden, stellt sich die Frage, ob der Erlass des Anspruchs nach § 76 Abs. 2 Nr. 3 SGB IV auch bei Vorliegen einer „Unbilligkeit" noch im Ermessen des Sozialversicherungsträ-

---

[385] Vgl. Looschelders, VersR 1999, 141, 146.
[386] Vgl. FN 381.
[387] Vgl. FN 382.
[388] Vgl. Looschelders, VersR 1999, 141, 146.

gers steht, oder ob dieser zum Erlass verpflichtet ist. Der Begriff der „Unbillig-keit" stellt ebenso wie die frühere Formulierung „besondere Härte" einen unbe-stimmten Rechtsbegriff dar, dessen Voraussetzungen gerichtlich voll nachprüf-bar sind.[389] Die Wendung „darf" lässt auf der anderen Seite einen Ermessens-spielraum vermuten.[390]

Beim Zusammentreffen von unbestimmtem Rechtsbegriff und Ermessensent-scheidung spricht man von einem „Kopplungstatbestand", wenn zwischen dem unbestimmten Rechtsbegriff auf der Tatbestandsseite und der Folge „darf" auf der Rechtsfolgenseite eine unlösbare Verbindung in dem Sinne besteht, dass schon bei Anwendung des unbestimmten Rechtsbegriffs alle auch für die Er-messensausübung maßgeblichen Gesichtspunkte zu berücksichtigen sind.[391] Hierzu hat der Gemeinsame Senat der obersten Bundesgerichte für den Fall des § 131 I 1 AO a.F. entschieden, dass der Begriff „unbillig" in den Ermessensbe-reich hinein rage und damit zugleich auch Inhalt und Grenzen der pflichtgemä-ßen Ermessensausübung bestimme,[392] dass also bei Vorliegen der Unbilligkeits-voraussetzungen kein Raum für weitere Ermessensausübung bleibe.

Ob dies auch für § 76 Abs. 2 Nr. 3 SGB IV gilt oder ob dieser nicht dennoch eine Ermessensnorm darstellt, wird in Rechtsprechung und sozialrechtlichem Schrifttum unterschiedlich beurteilt.

aa.) Kein Ermessen

Der BGH[393] und Teile des Schrifttums[394] gehen davon aus, dass der Sozialversi-cherungsträger bei Vorliegen der Voraussetzungen des § 76 Abs. 2 Nr. 3 SGB IV nicht nur berechtigt, sondern auch verpflichtet ist, den Regress entsprechend zu beschränken. Trotz der Gesetzesformulierung „darf" sei für Ermessenserwä-gungen kein Raum.[395] Näher begründet wird diese Auslegung nicht, es wird le-diglich auf die „soziale Komponente" der Erlassnorm hingewiesen.[396]

---

[389] Vgl. Marschner, DB 1995, 2371, 2372 (zu „Unbilligkeit") und GK SGB IV - Gleitze, § 76 RN 17 (zu „besondere Härte").
[390] Vgl. Stern, Verwaltungsprozessuale Probleme, RN 343.
[391] Vgl. Maurer, Allg. VerwR , § 7 RN 48 ff; Ossenbühl in Erichsen, Allg. VerwR, § 10 RN 48.
[392] BVerwGE 39, 355, 363 ff.
[393] BGHZ 88, 296, 300; ebenso LSG Niedersachsen, VersR 1991, 903.
[394] GK SGB IV - Gleitze, § 76 RN 4; Marschner, DB 1995, 2371, 2372; Hüffer, VersR 1984, 197, 200.
[395] LSG Niedersachsen, VersR 1991, 903.
[396] GK SGB IV - Gleitze, § 76 RN 4.

bb.) Ermessen des Sozialversicherungsträgers

Die gegenteilige Auffassung vertritt den Standpunkt, dass dem Sozialversicherungsträger bei der Entscheidung über den Erlass ein - wenn auch gebundenes - Ermessen eingeräumt sei.[397] Danach habe der Schuldner auch bei Vorliegen der Voraussetzungen des § 76 Abs. 2 Nr. 3 SGB IV keinen klagbaren Anspruch auf einen Erlass, sein Anspruch beschränke sich auf eine pflichtgemäße Ausübung des Ermessens.[398] Dem könne auch nicht die Entscheidung des Gemeinsamen Senats der obersten Bundesgerichte entgegengehalten werden, da sich das BSG dieser Rechtsprechung in einer dem § 76 Abs. 2 Nr. 1 und 3 SGB IV ähnlich gelagerten Fallgestaltung (§ 182c S. 3 RVO) nicht angeschlossen habe. Es habe vielmehr zutreffend darauf hingewiesen, dass der Begriff der „besonderen Härte" nicht im Ermessensbereich aufgehe und somit dem Sozialversicherungsträger auch bei deren Vorliegen ein echter Ermessensspielraum verbleibe, aufgrund dessen er seine Leistung versagen könne.[399]

Ein Anspruch des Schuldners auf Erlass der Forderung bestehe somit nach den allgemeinen Grundsätzen nur dann, wenn eine Ermessensreduzierung auf Null vorliege.[400] Dabei wird aber teilweise zugegeben, dass bei Vorliegen einer Unbilligkeit nach § 76 Abs. 2 Nr. 3 SGB IV in den meisten Fällen eine Ermessensreduzierung eintritt.[401]

cc.) Stellungnahme

Nach der Rechtsprechung des Gemeinsamen Senats der obersten Bundesgerichte bleibt bei dem Zusammentreffen des unbestimmten Rechtsbegriffs „Unbilligkeit" und des Begriffs „darf" bei Bejahung der Unbilligkeit kein Raum mehr für darüber hinausgehende Ermessenserwägungen. Für den Fall des § 76 Abs. 2 Nr. 3 SGB IV kann einer Übertragung dieser Rechtsprechung nicht die Entscheidung des BSG zu § 182 c S. 3 RVO entgegengehalten werden, wonach der Behörde auch bei Vorliegen einer „besonderen Härte" noch ein Ermessensspielraum verbleibe.[402] Denn das BSG weist in dieser Entscheidung auch darauf hin, dass es sich bei dem unbestimmten Rechtsbegriff „Unbilligkeit" um einen Ausnahmefall handele.[403] Das Wort „unbillig" spreche den Begriff der Billigkeit an, dem gerade im Bereich der Ermessensentscheidung eine überragende Bedeutung zukomme. Damit werde aber auch deutlich, dass dieser gesamte Beurteilungs-

---

[397] Krauskopf - Baier, SozKV, § 76 SGB IV RN 6; Hauck, SGB IV, K § 76 RN 5; Rolfs, JZ 1999, 233, 235.

[398] Krauskopf - Baier, SozKV, § 76 SGB IV RN 6.

[399] Wannagat - Hassenkamp, SGB, § 76 SGB IV RN 7.

[400] Rolfs, JZ 1999, 233, 235.

[401] Wannagat - Hassenkamp SGB, § 76 SGB IV RN 7.

[402] BSG, NJW 1982, 2631, 2632.

[403] BSG, NJW 1982, 2631, 2632.

spielraum mit der Auslegung des Begriffs „unbillig" bereits ausgeschöpft sei, und der Verwaltung darüber hinaus keine Entscheidungsfreiheit mehr zustehe.[404] Auch im Rahmen des § 76 Abs. 2 Nr. 3 SGB IV hat die Behörde bei der Anwendung des Begriffs „Unbilligkeit" wie oben dargestellt eine umfassende Abwägung zwischen den Interessen des Sozialversicherungsträgers und des Schuldners vorzunehmen. In diese Abwägung fallen bereits alle erdenklichen Erwägungen, die auch im Ermessen berücksichtigt werden könnten.

Kommt der Sozialversicherungsträger somit nach einer Interessenabwägung dazu, dass eine Einziehung seiner Forderung unbillig wäre, steht ihm darüber hinaus kein Ermessen mehr zu, ob er die Forderung erlässt oder nicht.

c.) Vorrang von Stundung oder Teilerlass

Gegen § 76 Abs. 2 Nr. 3 SGB IV als effektive Möglichkeit zum Schutze des Minderjährigen vor deliktischen Forderungen wird angeführt, dass eine vollständige Entlastung des Minderjährigen hiernach schon deswegen nicht in Betracht komme, weil Stundung und Teilerlass in jedem Fall vorrangig seien.[405]

aa.) Stundung gemäß § 76 Abs. 2 Nr. 1 SGB IV

Geht man davon aus, dass dem Sozialversicherungsträger bei Vorliegen der Voraussetzungen einer Unbilligkeit gemäß § 76 Abs. 2 Nr. 3 SGB IV kein Ermessen bezüglich des Erlasses mehr zusteht, kommt eine Stundung gar nicht mehr in Betracht. Vertritt man die Ansicht, dass auch bei Vorliegen der Erlassvoraussetzungen der Sozialversicherungsträger sich im Rahmen seines pflichtgemäßen Ermessen für eine Stundung des Anspruchs entscheiden kann,[406] ist zu berücksichtigen, dass das Ermessen durch die „Unbilligkeit" mitbestimmt wird. Eine pflichtgemäße Ermessensausübung kann daher nach Bejahung der Unbilligkeit nicht mehr so aussehen, dass der Sozialversicherungsträger von einem Erlass völlig absieht und die Forderung lediglich nach § 76 Abs. 2 Nr. 1 SGB IV stundet.

bb.) Teilerlass gemäß § 76 Abs. 2 Nr. 3 SGB IV

Soweit der Sozialversicherungsträger bei Vorliegen der Voraussetzungen des § 76 Abs. 2 Nr. 3 SGB IV nur einen Teilerlass gewähren möchte, muss dieser zumindest so hoch sein, dass die „Unbilligkeit" der Forderungseinziehung ausgeräumt ist. Bei der „Unbilligkeits"-Abwägung müssen die Interessen des Minderjährigen soweit berücksichtigt werden, dass eine Einziehung der Forderung

---

[404] BSG, NJW 1982, 2631, 2632.
[405] Rolfs, JZ 1999, 233, 236.
[406] Hauck, SGB IV, K § 76 RN 17; so wohl auch KassKomm - Maier, § 76 SGB IV RN 7.

zumindest keinen verfassungsrechtlichen Bedenken mehr begegnet. Werden die Interessen des Minderjährigen somit auch durch einen Teilerlass gewahrt, ist gegen eine „billige" Einziehung der Restforderung nichts mehr einzuwenden.

3. Rechtsweg

Im Rahmen der Beurteilung des Schutzes, den § 76 Abs. 2 Nr. 3 SGB IV einem deliktisch haftenden Minderjährigen bietet, stellt sich auch die Frage, ob für die Entscheidung über das Vorliegen der Voraussetzungen eines Erlassanspruchs aus § 76 Abs. 2 Nr. 3 SGB IV die Sozialgerichte zuständig sind, oder ob hierüber nicht das Zivilgericht befinden kann, das auch über den übergegangenen deliktischen Anspruch entscheidet.

Der Unterschied zwischen beiden Rechtswegen ist durchaus bedeutend. Entscheidet das Zivilgericht über einen Erlass, so wird es bei Vorliegen der Voraussetzungen des § 76 Abs. 2 Nr. 3 SGB IV schon das Bestehen eines Anspruchs des Sozialversicherungsträgers verneinen, womit der Minderjährige schon hier von deliktischen Forderungen frei wäre. Entscheidet aber erst das Sozialgericht, muss das Zivilgericht, auch wenn es die Erlassvoraussetzungen als gegeben ansieht, der Regressklage des Sozialversicherungsträgers stattgeben und der Minderjährige wäre zusätzlich auf eine positive Entscheidung des Sozialgerichts angewiesen.

a.) Zuständigkeit der Sozialgerichte

Nach der ganz herrschenden Meinung fällt die Überprüfung der Erlassentscheidung des Sozialversicherungsträgers nach § 76 Abs. 2 Nr. 3 SGB IV auch dann in die Zuständigkeit der Sozialgerichte, wenn sich der Erlass auf einen privatrechtlichen Anspruch bezieht.[407] Diese Ansicht wird darauf gestützt, dass es sich bei der Entscheidung über einen Erlass um eine öffentlich-rechtliche Streitigkeit handele, da § 76 Abs. 2 Nr. 3 SGB eine Norm des öffentlichen Rechts sei.[408] Es könne auch nicht davon ausgegangen werden, dass die Zivilgerichte wegen der Verknüpfung des Forderungserlasses mit dem zugrunde liegenden Anspruch die sachnäheren Gerichte seien. Denn die entscheidende Voraussetzung des § 76 Abs. 2 Nr. 3 SGB IV („grobe Unbilligkeit") finde sich auch an anderen Stellen im Sozialrecht, so dass die Zivilgerichte nicht besser als Sozialgerichte in der Lage seien, diesen Rechtsbegriff auszulegen.[409] Etwas anderes ergebe sich auch

---

[407] BGHZ 88, 296, 301; BSG VersR 1990, 175, 176 f; Krauskopf - Baier, SozKV, § 76 SGB IV, RN 6; Hauck, SGB IV, K § 76 RN 7; Hüffer, VersR 1984, 197, 200; Timme, VersR 1990, 1135, 1136; Ritze, NJW 1983, 18, 19.

[408] BSG VersR 1990, 175, 176; Timme, VersR 1990, 1135, 1136.

[409] Timme, VersR 1990, 1135, 1137, dieser bezieht sich zwar auf die vor 1994 geltende Fassung des § 76 SGB IV, in der für einen Erlass noch eine besondere Härte gefordert wurde.

85

nicht aus Gründen der Verfahrenswirtschaftlichkeit, der bei der Rechtswegbestimmung ohnehin nur eine untergeordnete Bedeutung zukomme, da aufgrund der unterschiedlichen Voraussetzungen von Anspruch und Erlass nicht die Gefahr widersprüchlicher Entscheidungen bestünde.[410]

b.) Zuständigkeit der Zivilgerichte

Nach einer vornehmlich von *Ahrens*[411] vertretenen Auffassung soll das Zivilgericht, das über den Regressanspruch des Sozialversicherungsträgers entscheidet, auch für die Beurteilung der Voraussetzungen des § 76 Abs. 2 Nr. 3 SGB IV zuständig sein. Das Vorliegen einer öffentlich-rechtlichen Streitigkeit sei schon wegen des fehlenden Indizes eines Über- Unterordnungsverhältnisses zwischen Schuldner und Sozialversicherungsträger zweifelhaft. Da für den Erlass einer schuldrechtlichen Forderung eine vertragliche Vereinbarung zwischen Schuldner und Sozialversicherungsträger erforderlich sei, bleibe das zwischen diesen bestehende Rechtsverhältnis vielmehr bürgerlich-rechtlich geprägt.[412] Bedeutung komme auch dem Kriterium der Sachnähe zu. Im Vordergrund der Streitigkeit stünden der Regressanspruch des Sozialversicherungsträgers und seine Befugnis zur Einziehung der Forderung. Zur Entscheidung hierüber seien die Zivilgerichte als sachnächste Gerichte berufen.[413] Eine Zuständigkeit der Sozialgerichte stehe auch im Widerspruch zu der Rechtsprechung zu § 604 Abs. 2 RVO, wonach für die Beurteilung der Verzichtsentscheidung über einen Regressanspruch aus § 640 Abs. 1 RVO wegen des unmittelbaren Sachzusammenhangs zwischen Anspruch und Verzicht ebenfalls die Zivilgerichte als zuständig angesehen würden.[414] Bei einer Rechtswegteilung würde zudem die verfahrensmäßige Abwicklung der Rechtsstreitigkeit verkompliziert.[415]

In der Praxis soll die von *Ahrens* vorgeschlagene Lösung so aussehen, dass das Zivilgericht § 76 Abs. 2 Nr. 3 SGB IV in die Prüfung der Tatbestandsvoraussetzungen des deliktischen Anspruchs mit einbezieht. In dem Umfang, in dem die Voraussetzungen für einen Erlass vorliegen, soll der deliktische Anspruch des Sozialversicherungsträgers dann gar nicht erst bestehen.[416]

Die Argumentation kann aber problemlos auf die aktuelle Fassung übertragen werden, weil auch der Begriff der „Unbilligkeit" häufig im Sozialrecht vorkommt (Beispiele bei Timme, S. 1137).
[410] Timme, VersR 1990, 1135, 1136 f.
[411] Ahrens, NJW 1989, 1704, 1705ff; ders. VersR 1990, 177 f; ders. VersR 1997, 1064; ebenso LSG Niedersachsen, NJW 1989, 1759, 1760.
[412] LSG Niedersachsen, NJW 1989, 1759, 1760.
[413] LSG Niedersachsen, NJW 1989, 1759, 1760.
[414] Ahrens, NJW 1989, 1704, 1705.
[415] Ahrens, NJW 1989, 1704, 1706.
[416] Ahrens, NJW 1989, 1704, 1707.

c.) Stellungnahme

Die von *Ahrens* vorgeschlagene Integration des § 76 Abs. 2 Nr. 3 SGB IV in den Zivilrechtsstreit wäre aus Sicht eines minderjährigen Schuldners durchaus wünschenswert, da er auf diesem Wege nur das Kosten- und Prozessrisiko eines und nicht zweier Verfahren auf sich nehmen müsste. Dennoch ist fraglich, ob diese Auffassung mit der geltenden Rechtslage in Einklang zu bringen ist.

Grundsätzlich ist gemäß § 40 VwGO für alle öffentlich-rechtlichen Streitigkeiten nichtverfassungsrechtlicher Art der Verwaltungsrechtsweg eröffnet. Eine Streitigkeit wird dann als öffentlich-rechtlich qualifiziert, wenn die streitentscheidende Norm öffentlich-rechtlich ist, das heißt wenn sie ausschließlich einen Hoheitsträger berechtigt oder verpflichtet, sogenannte Sonderrechtstheorie[417]. Die hier streitentscheidende Vorschrift des § 76 Abs. 2 Nr. 3 SGB IV verpflichtet bei Vorliegen ihrer Voraussetzungen ausschließlich einen Sozialversicherungsträger, seine Forderung zu erlassen. Die früher vorherrschende Subordinationstheorie, nach der ein Über-Unterordnungsverhältnis zwischen den Beteiligten zu fordern ist, führt nur bei der Eingriffsverwaltung zu sachgerechten Ergebnissen, kann aber Rechtsbeziehungen im Bereich der Leistungsverwaltung nicht ausreichend erklären.[418] Sie kann daher zur Bestimmung der Natur einer Streitigkeit um § 76 Abs. 2 Nr. 3 SGB IV, der dem Bürger ein Recht gewährt, keine Anhaltspunkte liefern. Eine öffentlich-rechtliche Streitigkeit liegt somit trotz fehlendem Über- Unterordnungsverhältnis zwischen Schuldner und Sozialversicherungsträger vor.

Gemäß § 51 SGG sind bei öffentlich-rechtlichen Streitigkeiten in Angelegenheiten der Sozialversicherung die Sozialgerichte als besondere Verwaltungsgerichte zuständig. Eine gesetzliche Sonderzuweisung, aus der sich dennoch eine Zuständigkeit der Zivilgerichte ergeben könnte, ist für den Fall des § 76 Abs. 2 Nr. 3 SGB IV nicht vorhanden. An der gesetzlichen Rechtswegbestimmung kann auch die vorhandene bürgerlich-rechtliche Prägung des Rechtsverhältnisses nichts ändern. Auch das Argument einer größeren Sachnähe der Zivilgerichte, die über den Regressanspruch selbst entscheiden, vermag nicht zu überzeugen, da es bei der Entscheidung um den Erlass um die Auslegung einer sozialrechtlichen Vorschrift geht. Der entscheidende Begriff der „Unbilligkeit" ist auch im öffentlichen Recht zu Hause.

Letztlich kommt man also nicht umhin, für die Entscheidung über den Erlass nach § 76 Abs. 2 Nr. 3 SGB IV den Rechtsweg zu den Sozialgerichten anzuerkennen. Dieses Ergebnis entspricht der Rechtsprechung von BGH und BSG [419],

[417] Siehe Maurer, Allg VerwR, § 3 RN 17 f.
[418] Siehe Maurer, Allg VerwR, § 3 RN 16.
[419] Siehe Nachweise in FN 407.

weswegen es auch in der Praxis in den allermeisten Fällen zu einer Rechtsweg-spaltung kommt. Zur Beurteilung des Schutzumfangs, den § 76 Abs. 2 Nr. 3 SGB IV dem deliktisch haftenden Minderjährigen bietet, bleibt also festzuhal-ten, dass ein etwaiger Erlass durch den Sozialversicherungsträger nicht schon vor dem Zivilgericht, das den deliktischen Anspruch selbst beurteilt, verhandelt werden kann, sondern dass auch das Sozialgericht angerufen werden muss.

4. Berücksichtigung des § 76 Abs. 2 Nr. 3 SGB IV im zivilrechtlichen Verfahren

Nachdem geklärt ist, dass die Entscheidung über einen Erlass nach § 76 Abs. 2 Nr. 3 SGB IV in die Zuständigkeit der Sozialgerichte fällt, stellt sich die Frage, ob und wie ein möglicher Erlassanspruch des Beklagten im zivilgerichtlichen Verfahren berücksichtigt werden kann.

In Betracht kommen drei Möglichkeiten: der Zivilrichter könnte erstens trotz Zuständigkeit der Sozialgerichte eine Anspruchskürzung unter Berücksichtigung des § 76 Abs. 2 Nr. 3 SGB IV im Rahmen des § 242 BGB vornehmen. Zweitens könnte der Zivilrichter das Verfahren über den Regressanspruch bis zur Ent-scheidung der Sozialgerichte gemäß § 148 ZPO aussetzen. Schließlich könnte der Zivilrichter ohne Berücksichtigung des § 76 Abs. 2 Nr. 3 SGB IV über den materiell-rechtlichen Anspruch entscheiden, wobei der Schuldner im anschlie-ßenden Vollstreckungsverfahren Schutz bei den Sozialgerichten suchen müsste.

a.) Kürzung des Anspruchs durch das Zivilgericht gemäß § 242 BGB

Trotz Zuständigkeit der Sozialgerichte wird teilweise die Auffassung vertreten, dass der Zivilrichter den Regressanspruch gemäß § 242 BGB nach dem „dolo-agit-Prinzip" in der Höhe kürzen könne, in welcher der Sozialversicherungsträ-ger nach § 76 Abs. 2 Nr. 3 SGB IV zum Erlass des Anspruchs verpflichtet wä-re.[420] Denn der Sozialversicherungsträger würde rechtsmissbräuchlich handeln, wenn er den Anspruch in voller Höhe gelten machte, obwohl er ihn später ganz oder teilweise erlassen müsste.[421]

Dieser Weg würde sich jedoch nicht mit der Zuständigkeit der Sozialgerichte bei der Prüfung des Erlasses vereinbaren lassen. Denn um den Anspruch des Sozial-versicherungsträgers nach § 242 BGB zu kürzen, müsste das Zivilgericht die Voraussetzungen des § 76 Abs. 2 Nr. 3 SGB IV prüfen, was den Sozialgerichten vorbehalten bleiben soll. Das Zivilgericht könnte den Anspruch auf diese Weise kürzen, obwohl das zuständige Sozialgericht unter Umständen zu dem Ergebnis

---

[420] Looschelders, VersR 1999, 141, 147.
[421] Looschelders, VersR 1999, 141, 147.

gekommen wäre, dass der Sozialversicherungsträger nicht zu einem Erlass verpflichtet ist.

b.) Schutz durch das Sozialgericht im Vollstreckungsverfahren

Teilweise wird vertreten, dass das Zivilgericht ohne Berücksichtigung des § 76 Abs. 2 Nr. 3 SGB IV über das Bestehen des Regressanspruches entscheiden solle, und der Schuldner erst im anschließenden Vollstreckungsverfahren Schutz bei dem Sozialgericht suchen könne, das über die Voraussetzungen des § 76 Abs. 2 Nr. 3 SGB IV befinde.[422] Begründet wird die Außerachtlassung der Erlassmöglichkeit im Zivilrechtsstreit mit dem Eingreifen des Rechtsschutzes, den § 76 Abs. 2 Nr. 3 SGB IV vor den Sozialgerichten bietet. Der Richter, der, sofern keine anderen Reduktionsmöglichkeiten vorliegen, eine Anspruchskürzung allenfalls nach § 242 BGB durchführen könne, sei an den Grundsatz gebunden, dass bei Eingreifen anderweitiger Rechtsschutzmöglichkeiten eine Einrede aus § 242 BGB zu versagen sei. Hierbei wird auf die Rechtsprechung des BGH verwiesen, wonach § 242 BGB dann nicht anwendbar ist, wenn der Schuldner seine Interessen durch andere Ansprüche wie etwa § 812 BGB oder c.i.c. sichern könne.[423]

Gegen eine Durchführung des Zivilrechtsverfahrens über den Regressanspruch des Sozialversicherungsträgers ohne Berücksichtigung der Erlassmöglichkeit des § 76 Abs. 2 Nr. 3 SGB IV spricht zunächst, dass ein Zivilrichter, der die unbeschränkte Haftung als verfassungswidrig einstufen und daher versuchen würde, den Anspruch zum Beispiel durch Anwendung des § 242 BGB zu mildern, der Regressklage in vollem Umfang stattgeben müsste, ohne sicher sein zu können, dass ein Erlass von den Sozialgerichten tatsächlich gewährt wird. Wenn das Sozialgericht später einen Anspruch auf Forderungserlass bejaht, ist ein zivilrechtlicher Titel über die volle Summe im Übrigen nicht sachgerecht, da der Beklagte die volle Summe nur vorläufig und nur aufgrund der Zweigleisigkeit des Verfahrens schuldet.[424]

Wegen dieser Zweigleisigkeit lässt sich auch die von *Goecke*[425] angeführte BGH-Rechtsprechung, die gegen eine Berücksichtigung des § 76 Abs. 2 Nr. 3 SGB IV schon im Zivilrechtsverfahren sprechen soll, nicht ohne weiteres auf die vorliegende Situation übertragen, denn dort ging es um „anderweitige Rechtsschutzmöglichkeiten", deren Beurteilung ebenfalls in die Zuständigkeit des Zivilgerichts fiel. Die mit einer Rechtswegspaltung verbundenen Probleme traten in diesem Zusammenhang gar nicht auf.

---

[422] Goecke, NJW 1999, 2305, 2309; Ritze, NJW 1983, 18, 19.
[423] Goecke, NJW 1999, 2305, 2309.
[424] So auch die Kritik von Hüffer, VersR 1984, 197, 200.
[425] Vgl. FN 422.

Gegen die genannte Auffassung werden zudem vollstreckungsrechtliche Schwierigkeiten angeführt.[426] Denn vollstrecke der Sozialversicherungsträger den ihm vom Zivilgericht zugesprochenen Titel, bevor eine eventuelle Entscheidung des Sozialgerichts vorliege, bleibe dem Schuldner nur der Vollstreckungsschutz nach § 765 a ZPO, der jedoch wesentlich strengere Maßstäbe als § 76 Abs. 2 Nr. 3 SGB IV habe[427]. Es sei daher möglich, dass die Zwangsvollstreckung durchgeführt werde und der Schuldner später, wenn das Sozialgericht entscheide, dass die Erlassvoraussetzungen vorliegen, den Vollstreckungserlös nach § 812 I S. 1 2.Alt. BGB kondizieren müsse. Dies könne niemand ernsthaft als vorteilhaft empfinden.[428]

c.) Aussetzung des zivilgerichtlichen Verfahrens nach § 148 ZPO

Als dritte Möglichkeit zur Lösung der Problematik einer Rechtswegspaltung wird die Aussetzung des zivilgerichtlichen Verfahrens über den Regressanspruch bis zu einer Entscheidung des Sozialgerichts über den Erlass vorgeschlagen.[429] Wenn während des zivilgerichtlichen Verfahrens ein Verwaltungsverfahren bzw. das Sozialgerichtsverfahren anhängig sei, oder wenn das Zivilgericht Anhaltspunkte dafür habe, dass eine Entscheidung nach § 76 SGB IV Abs. 2 Nr. 3 in Betracht komme, sei der Zivilrichter befugt, das Verfahren gemäß § 148 ZPO auszusetzen und eine sozialgerichtliche Entscheidung abzuwarten.[430] Dieser Weg wird zwar teilweise abgelehnt, weil eine Entscheidung des Zivilgerichts nicht „vorgreiflich" im Sinne des § 148 ZPO sei.[431] Die Vorgreiflichkeit soll sich aber daraus ergeben, dass die materiell-rechtliche Frage der Verhältnismäßigkeit davon abhängt, in welcher Höhe der Schuldner in Anspruch genommen wird.[432]

Wenn der Zivilrichter es also für unbillig hält, dass der minderjährige Schuldner in voller Höhe in Anspruch genommen wird, bleibt ihm aber als einzige Möglichkeit zur Begrenzung des Anspruchs die grundsätzlich subsidiäre Anwendung des § 242 BGB, wäre für ihn die Höhe, in der der Minderjährige letztlich in Anspruch genommen wird, durchaus entscheidungsrelevant. Denn würde der Anspruch des Sozialversicherungsträgers ins Leere laufen, weil dieser zu einem Erlass verpflichtet ist, wäre für eine Anwendung des § 242 BGB kein Raum. Sä-

---

[426] Hüffer, VersR 1984, 197, 200.

[427] § 765 a ZPO fordert eine „Härte, die mit den guten Sitten nicht vereinbar ist" (vgl. 2. Teil, 1. Abschnitt, A, I 2), während § 76 Abs. 2 Nr. 3 SGB IV nur eine „unbillige Härte" voraussetzt.

[428] Hüffer, VersR 1984, 197, 201.

[429] Hüffer, VersR 1984, 197, 200; Looschelders, VersR 1999, 141, 147.

[430] Hüffer, VersR 1984, 197, 200; Looschelders, VersR 1999, 141, 147.

[431] Vgl. Nachweise bei Looschelders, VersR 1999, 141, 147 FN 74.

[432] Looschelders, VersR 1999, 141, 147.

he das zuständige Sozialgericht die Erlassvoraussetzungen des § 76 Abs. 2 Nr. 3
SGB IV aber nicht als erfüllt an und könnte der Anspruch somit von dem Sozialversicherungsträger in voller Höhe geltend gemacht werden, hätte der Zivilrichter bei einer Aussetzung des Verfahrens die Möglichkeit, dies in seiner Entscheidung zu berücksichtigen und unter Umständen durch Anwendung des §
242 BGB Abhilfe zu schaffen.

d.) Zwischenergebnis

Das Problem einer Rechtswegspaltung sollte daher durch eine Aussetzung des
Zivilverfahrens nach § 148 ZPO gelöst werden. Denn hierfür spricht zum einen,
dass ein Eingreifen in die Zuständigkeit des Sozialgerichts verhindert wird, und
zum anderen, dass der Zivilrichter die Möglichkeit hat, einen Erlass der Forderung durch den Sozialversicherungsträger in seiner Beurteilung des Anspruchs
zu berücksichtigen.

5. Zusammenfassung zum Schutz des § 76 Abs. 2 Nr. 3 SGB IV

Der Schutz, den ein minderjähriger Schuldner durch die Erlassmöglichkeit nach
§ 76 Abs. 2 Nr. 3 SGB IV erfährt, ist zunächst auf die Fälle beschränkt, in denen
ein Sozialversicherungsträger Gläubiger der deliktischen Forderung ist. Diese
Fallgestaltung tritt aber recht häufig auf.[433] In diesen Fällen bietet § 76 Abs. 2
Nr. 3 SGB IV dem Minderjährigen einen sicheren Schutz vor existenzvernichtend hohen Forderungen. Denn bei der im Rahmen der „Unbilligkeits-Prüfung"
vorzunehmenden Abwägung wiegen die Interessen des Minderjährigen auch
aufgrund der Grundrechtsbeeinträchtigung schwerer als die Interessen des Sozialversicherungsträgers, der sich seinerseits - anders als ein privater Gläubiger -
nicht auf Grundrechte berufen kann, sondern vielmehr verpflichtet ist, die
Grundrechte des minderjährigen Schuldners zu wahren. Da der Sozialversicherungsträger bei Bejahung der Unbilligkeit kein Ermessen mehr hat,[434] wird er in
den allermeisten Fällen grundsätzlich gezwungen sein, die Forderung gegen den
Minderjährigen zu erlassen. Zwar wird dieser theoretisch recht umfassende
Schutz in der Praxis von den Sozialversicherungsträgern kaum nachvollzogen.[435]
Doch ist zu hoffen, dass der § 76 Abs. 2 Nr. 3 SGB IV in Zukunft auch in der
Praxis an Bedeutung gewinnt,[436] zumal der Gesetzgeber durch eine Herabset-
zung der Voraussetzungen den Anwendungsbereich dieser Norm erweitert
hat,[437] und auch das BVerfG auf § 76 Abs. 2 Nr. 3 SGB IV als Möglichkeit zur

[433] Vgl. in diesem Abschnitt, D I 1 b.
[434] Vgl. in diesem Abschnitt, D I 2 b cc.
[435] Vgl. Ahrens, VersR 1997, 1064.
[436] Anders Steffen, VersR 1987, 531, der die Diskussion um § 76 Abs. 2 Nr. 3 SGB IV für
„pure Zeitverschwendung" hält. Die Norm legitimiere jedenfalls keine Systemkorrektur.
[437] 2. SGB-Änderungsgesetz v. 13.06.1994, BGBl I, S. 1229.

Lösung der Problematik deliktisch überschuldeter Minderjähriger hingewiesen hat.[438]

II. Schmerzensgeld, § 253 Abs. 2 BGB n. F.

In den Fällen, in denen ein Minderjähriger durch unerlaubte Handlung eine Person verletzt hat, sieht er sich nicht nur den Ersatzforderungen der gesetzlichen oder privaten Krankenversicherung ausgesetzt. Hinzu kommt in den meisten Fällen noch eine Schmerzensgeldforderung des Opfers nach § 253 Abs. 2 BGB n. F. Dabei handelt es sich oft um ganz erhebliche Beträge. So sind Schmerzensgeldsummen von 20.000,00 bis zu 70.000,00 DM bei minderjährigen Schädigern in der einschlägigen Rechtsprechung keine Seltenheit.[439] Aber auch die häufig zugesprochenen Schmerzensgeldbeträge von mehreren tausend DM[440] können angesichts der Zinslast bis zur Volljährigkeit des Schädigers zu einem beachtlichen Betrag anwachsen.

1. Grundsätze zur Schmerzensgeldbemessung

Anders als bei Schadensersatzansprüchen, für die unabhängig von den Tatumständen und dem Verschuldensgrad das Prinzip der Totalreparation gilt, sieht das Gesetz für die Bemessung des Schmerzensgeldanspruchs in § 253 Abs. 2 BGB eine Ermessensentscheidung des Richters vor. Da die vom Minderjährigen zu zahlende Summe somit schon nach Billigkeitsgesichtspunkten festgesetzt werden kann, reicht die gesetzliche Regelung unter Umständen bereits aus, um den Minderjährigen in diesem Fall vor einer übermäßigen Haftung zu schützen.

---

[438] BVerfG JZ 1999, 251, 252.

[439] OLG Frankfurt/M. MDR 1997, 1028 f: 20.000 DM bei einer Augenverletzung durch einen Luftgewehrschuss; OLG Köln VersR 1987, 1022: 20.000 DM für das Erblinden eines Auges als Folge eines Apfelwurfs; LG Nürnberg-Fürth HV-INFO 1993, 2413: 35.000 DM für den Verlust eines Auges beim Spiel mit Wurfpfeilen; LG Passau ZfS 1994, 198: 70.000 DM für die Verletzung des Auges und der Schädeldecke durch einen als Speer geworfenen Stock; OLG Köln VersR 1994,1248: 70.000 DM bei linksseitiger Erblindung infolge einer Verletzung durch einen Wurfpfeil; OLG Zweibrücken VersR 1981, 660: 85.000 DM bei beidseitiger Erblindung und hirnorganischer Schädigung aufgrund eines fahrlässig abgegebenen Schusses; OLG Schleswig VersR 1998, 640: 300.00 DM bei schweren Schädel- und Hirnverletzung durch einen von einer Minderjährigen fahrlässig herbeigeführten Verkehrsunfall.

[440] z.B. AG Pforzheim NJWE-VHR 1998, 71: 4.000 DM für den Verlust beider Frontzähne; OLG Köln VersR 1996, 588: 5.000 DM für den Verlust einer Augenlinse bei 75%igem Mitverschulden des Opfers; LG Köln VersR 1994, 1074: 6.000 DM bei Verlust und Beschädigung mehrerer Zähne.

Dem Schmerzensgeld kommen nach ständiger Rechtsprechung zwei Funktionen zu.[441] Das Opfer soll zum einen für erlittene Schmerzen und Leiden einen Ausgleich erhalten. Zum anderen soll das Schmerzensgeld dem Verletzten Genugtuung für das verschaffen, was der Schädiger ihm angetan hat.[442] Die Kriterien für die Höhe der nach Billigkeit festzusetzenden Entschädigung richten sich nach dem Einzelfall. Als Bemessungsgrundlagen werden zunächst auf Seiten des Opfers das Ausmaß und die Schwere seiner Verletzungen berücksichtigt, ebenso die Folgen der Tat sowie ein etwaiges Mitverschulden.[443] Berücksichtigung finden aber auch die Umstände auf Seiten des Schädigers. So ist es mittlerweile ständige Rechtsprechung, dass bei der Entscheidung über die Höhe des Schmerzensgeldes auch die wirtschaftliche Leistungsfähigkeit des Schädigers Eingang finden muss.[444] Der Gedanke des Ausgleichs soll nicht dazu führen dürfen, den Schädiger in schwere und nachhaltige Not zu bringen.[445] Gleichzeitig spielt auch der Grad des Verschuldens eine Rolle. Beide Kriterien sind dabei im Zusammenhang zu sehen. So kann in Ansehung der Genugtuungsfunktion ein besonders verwerfliches Verhalten des Schädigers, wie rücksichtsloser Leichtsinn oder Vorsatz den Gedanken weitgehend zurückdrängen, ihn vor wirtschaftlicher Not zu bewahren.[446] Anerkannt ist auch, dass bei der Beurteilung der Leistungsfähigkeit des Schädigers das Bestehen eines Haftpflichtversicherungsschutzes berücksichtigt werden kann.[447]

2. Anwendung auf minderjährige Schädiger

Bei der Anwendung dieser Grundsätze zur Schmerzensgeldbemessung auf minderjährige Schädiger ist zunächst zu berücksichtigen, dass der Genugtuungsfunktion bei einem jugendlichen Schädiger eine noch geringere Bedeutung zukommt als bei einem Erwachsenen.[448] Dies lässt sich mit der Erwägung begründen, dass ein von einem Minderjährigen geschädigtes Opfer selbst bei vorwerfbarem Leichtsinn eine wesentlich geringere Verbitterung empfinden wird als bei einer grob fahrlässigen oder vorsätzlichen Schädigung durch einen Erwachsenen. Die in die Schmerzensgeldbemessung Eingang findende wirtschaftliche Situation des Schädigers wird sich bei einem einkommenslosen minderjährigen Schädiger zumeist so darstellen, dass er durch eine hohe Schmerzensgeldforde-

---

[441] BGHZ 18, 149; 128, 117, 119 ff.

[442] Nach der Schuldrechtsreform soll der Genugtuungsfunktion allerdings nur noch eine geringere Bedeutung beikommen, vgl. Palandt – Heinrichs, § 253 RN 11 m.w.N.

[443] Palandt – Heinrichs, § 253 RN 19.

[444] BGHZ 18, 149, 159 ff; BGH NJW 1993, 1531; OLG Köln VersR 1992, 330; OLG Hamm NJW-RR 1994, 94, 95.

[445] BGHZ 18, 149, 159.

[446] BGHZ 18, 149, 159.

[447] BGHZ 18, 149, 165 f; BGH NJW 1993, 1531, 1532; OLG Köln VersR 1994, 1248.

[448] Vgl. LG Passau ZfS 1994, 198.

rung in schwere wirtschaftliche Not geraten würde. Dabei ist auch die zukünftige Entwicklung zu beachten,[449] so dass ein sehr junger Schädiger ohne Aussicht auf Verdienst in den kommenden Jahren nicht in gleichem Maße in Anspruch genommen werden kann wie etwa ein 17jähriger, der vor dem Abschluss seiner Berufsausbildung steht. Zugunsten des minderjährigen Schädigers wird gegebenenfalls auch der Umstand berücksichtigt, dass es durch kindliches Spiel zu der Verletzungshandlung gekommen ist.[450]

Insgesamt kann bei der Schmerzensgeldbemessung die besondere Situation eines minderjährigen Schädigers, insbesondere seine schlechte wirtschaftliche Lage also in ausreichendem Maße vom Richter berücksichtigt werden, so dass eine nach diesen Verhältnissen angemessene Schmerzensgeldsumme festgesetzt werden kann. In der Praxis werden Minderjährige dementsprechend meist nur dann zu einer außerordentlich hohen Schmerzensgeldsumme verurteilt, wenn eine Haftpflichtversicherung hierfür einsteht.[451]

Im Ergebnis bietet § 253 Abs. 2 BGB den Gerichten eine ausreichende Handhabe, um unbillige Ergebnisse bei der Inanspruchnahme Minderjähriger auf Schmerzensgeldzahlungen zu vermeiden.

III. Zusammenfassung

Haftet ein Minderjähriger wegen einer von ihm herbeigeführten Körperverletzung und ist der Gläubiger eine gesetzliche Krankenversicherung, bietet § 76 Abs. 2 Nr. 3 SGB IV dem Minderjährigen Schutz vor existenzvernichtend hohen Forderungen. Anders ist die Lage, wenn der Geschädigte privat krankenversichert ist. Dann gehen die Ansprüche des Geschädigten auf Ersatz seiner Krankheitskosten auf die Krankenversicherung über, da in diesem Fall § 67 VVG Anwendung findet.[452] Für eine private Krankenversicherung als Gläubigerin gilt § 76 Abs. 2 Nr. 3 SGB IV aber nicht. Bei einem privat krankenversichertem Opfer ist der minderjährige Schädiger vor einer unbeschränkten Haftung daher nicht geschützt.

Wird ein Minderjähriger auf die Zahlung eines Schmerzensgelds nach § 253 Abs. 2 BGB in Anspruch genommen, sieht das Gesetz bereits eine Bemessung

[449] BGB RGRK – Kreft, § 847 RN 34.
[450] BGB RGRK – Kreft, § 847 RN 48; BGH VersR 1957, 103.
[451] Vgl. OLG Schleswig VersR 1998, 640; OLG Köln VersR 1994, 1248; LG Passau ZfS 1994, 198.
[452] Römer/Langheid, VVG, § 67 RN 9; Baumann in Berliner Kommentar zum VVG, § 67 RN 24.

des Schmerzensgelds nach Billigkeitsgesichtspunkten vor, bei denen auch die besonderen Verhältnisse des Minderjährigen Eingang finden.

3. Abschnitt: Reicht der Minderjährigenschutz unter verfassungsrechtlichen Gesichtspunkten?

Vor allem in den Fällen, in denen ein Minderjähriger eine andere Person verletzt hat und in den häufig vorkommenden „Zündelfällen"[453] kann die unbeschränkte deliktische Haftung zu einer außerordentlich hohen Schadensersatzverpflichtung führen. Minderjährige sehen sich plötzlich Schulden ausgesetzt, „dass sie ihres Lebens nicht mehr froh würden"[454]. Angesichts dessen liegt es nahe, in einer nach § 828 Abs. 3 BGB unbegrenzten Haftung Minderjähriger einen ungerechtfertigten Eingriff in dessen Grundrechte zu sehen. Oben wurde bereits auf die in Literatur und Rechtsprechung aufgeworfenen allgemeinen verfassungsrechtlichen Bedenken eingegangen.[455] Nunmehr soll geprüft werden, ob auch unter Berücksichtigung der untersuchten, nach geltendem Recht gegebenen Möglichkeiten der Haftungsmilderung die Haftung nach §§ 823, 828 Abs. 3, 249 BGB gegen die Grundrechte des Minderjährigen aus Art. 1 I GG bzw. Art. 2 I GG i.V. m. Art. 1 Abs. 1 GG verstößt.

A. Haftungssituation nach den bisherigen Ergebnissen

Nach den untersuchten Haftungsbeschränkungsmöglichkeiten im geltenden Recht haftet ein Minderjähriger für von ihm durch unerlaubte Handlung verursachte Sachschäden vollumfänglich. Anders stellt sich die Situation bei Personenschäden dar. Ist hier die gesetzliche Krankenversicherung des Opfers Gläubigerin des Krankheitskostenanspruchs, greift zugunsten des Minderjährigen § 76 Abs. 2 Nr. 3 SGB IV ein. Hiernach kann die vom Minderjährigen zu zahlende Summe unter bestimmten Voraussetzungen reduziert werden. Der Schmerzensgeldanspruch des Opfers nach § 253 Abs. 2 BGB wird ebenfalls bereits nach geltendem Recht nach Billigkeitsgesichtspunkten ermittelt.

Haftet der Minderjährige unbeschränkt, so kann ihm auf der Ebene des Vollstreckungsrechts das Instrument der Verbraucherinsolvenz Hilfe bieten, nach dem der Minderjährige Restschuldbefreiung erlangen kann. Dies setzt aber das

---

[453] Vgl. Scheffen, FS für Steffen S. 393 mit einer Übersicht über die Rechtsprechung zu „Zündelfällen" in den letzten Jahren.
[454] Vgl. Glöckner, FamRZ 2000, 1397, 1405.
[455] 1. Teil, 2. Abschnitt, E.

Durchlaufen einer sechsjährigen Wohlverhaltensphase voraus, die für den Minderjährigen erst nach Eintritt ins Berufsleben beginnen kann.

B. Verstoß gegen Art. 1 Abs. 1 GG, Menschenwürde

Die durch eine existenzvernichtend hohe finanzielle Belastung entstehende Situation wurde teilweise als Eingriff in die Menschenwürde des Jugendlichen, Art. 1 Abs. 1 GG gewertet.[456] Die Jugend eines Menschen werde durch die psychologische Belastung weitgehend zerstört. Die finanzielle Belastung beeinträchtige die Lebensplanung des Minderjährigen so sehr, dass nicht mehr von einer würdevollen und freien Gestaltung gesprochen werden könne.[457] Eine Haftung Minderjähriger sei mit der Menschenwürdegarantie nicht mehr vereinbar, wenn sie den Kern der Selbstbestimmung, bezogen auf ein späteres Leben, antaste.[458] Fraglich ist, ob die Menschenwürdegarantie des Art. 1 Abs. 1 GG tatsächlich so weit geht, dass sie vor hohen finanziellen Belastungen schützt, die Jugendliche in ihrer späteren Lebensplanung und -führung einschränken.

Als Eingriff in die Menschenwürde kann zum einen die Lage des erwachsen gewordenen Schädigers gewertet werden, der aufgrund seiner Schulden unter Umständen über eine sehr lange Zeit hinweg mit dem Existenzminimum auskommen muss und dem damit der Aufbau einer eigenen Existenz und möglicherweise die Gründung einer Familie sehr erschwert wird. Zur Gewährleistung des Art. 1 GG gehört die Sicherung der Mindestvoraussetzungen für ein menschenwürdiges Dasein.[459] Das heißt, dass der Staat dem Einzelnen sein Existenzminimum nicht entziehen darf, und dass er zur Hilfe verpflichtet ist, wenn sich der Einzelne nicht selbst erhalten kann.[460] Die Menschenwürdegarantie schützt also nur davor, dass jemand unter dem Existenzminimum leben muss, nicht aber davor, dass man über längere Zeit hinweg auf Sozialhilfeniveau lebt.

Einen Eingriff in Art. 1 Abs. 1 GG stellt aber möglicherweise auch schon die durch eine unbegrenzte Haftung entstehende Perspektivlosigkeit dar, mit der der Minderjährige angesichts seiner verschuldeten Zukunft aufwächst. Hier stellt sich die Frage, ob von der Menschenwürdegarantie des Art. 1 Abs. 1 GG auch der Anspruch auf eine mehr oder minder sorglose Jugend ohne erdrückende Zukunftsaussichten umfasst wird. Die Menschenwürde ist verletzt, wenn der

---

[456] LG Dessau, VersR 1997, 242, 244; LG Bremen, NJW-RR 1991, 1432, 1434; OLG Celle, VersR 1989, 709, 710.

[457] OLG Celle, VersR 1989, 709, 710.

[458] LG Dessau, VersR 1997, 242, 244.

[459] Vgl. v. Münch/Kunig – Kunig, Art. 1 RN 30.

[460] BVerfGE 82, 60, 85.

96

Mensch zum bloßen Objekt herabgewürdigt wird.[461] Dafür reicht es nicht schon aus, dass der einzelne mehr als Objekt denn als Subjekt in einer Situation steht, vielmehr kann von einer Verletzung der Menschenwürde erst dann die Rede sein, wenn der Verletzungsvorgang final auf die Herabwürdigung des Menschen abzielt.[462] Um einen solchen Eingriff zu umschreiben, wurden Begriffe wie „Diskriminierung, Diffamierung, Erniedrigung, Ächtung, Brandmarkung, Verfolgung" gebraucht.[463] Die Menschenwürdegarantie schützt also nur vor besonders schwerwiegenden Eingriffen durch den Staat.[464] Eine unbegrenzte zivilrechtliche Haftung, die dem Minderjährigen eine perspektivlose Jugend bereitet, erreicht in diesem Kontext aber nicht die Schwere, um von einem Eingriff in die Menschenwürde zu sprechen.

Minderschwere Eingriffe werden nach Maßgabe der anderen Grundrechte, in diesem Zusammenhang insbesondere des allgemeinen Persönlichkeitsrechts (Art. 2 Abs. 1 i.V.m. Art. 1 Abs.1 GG) beurteilt.

C. Verstoß gegen Art. 2 Abs. 1 i.V.m. Art. 1 Abs. 1 GG, allgemeines Persönlichkeitsrecht

I. Inhalt des allgemeinen Persönlichkeitsrechts

Aus der allgemeinen Handlungsfreiheit des Art. 2 Abs. 1 GG hat das BVerfG unter gleichzeitiger Berufung auf Art. 1 Abs. 1 GG richterrechtlich spezielle Grundrechtskonkretisierungen für einzelne Lebensbereiche entwickelt. Aufgabe des so durch Art. 2 Abs. 1 i.V.m. Art. 1 Abs. 1 GG verfassungsrechtlich gewährleisteten allgemeinen Persönlichkeitsrechts ist es, die engere persönliche Lebenssphäre und die Erhaltung ihrer Grundbedingungen zu gewährleisten.[465] Es soll jedem einen autonomen Bereich privater Lebensgestaltung sichern, in dem er seine Individualität entwickeln und wahren kann.[466] Die Basis für die freie Entfaltung der Persönlichkeit soll durch den Schutz des einzelnen in seinem Geltungsanspruch, seiner Individualität und seiner Privatheit gesichert werden.[467] Das geschützte Rechtsgut des Grundrechts lässt sich auch umschreiben als der Geltungsanspruch des Menschen in der sozialen Welt, die ihn prägt und

[461] Sog. Objektformel, BVerfGE 9, 89, 95; E 27, 1, 6; E 45, 187, 228; E 72, 105, 116.
[462] v. Münch/Kunig – Kunig, Art. 2 Rn 37.
[463] BVerfGE 1, 97, 104; BayVerfGH, BayVBl 1982, 47, 50.
[464] Vgl. Pieroth/Schlink, StaatsR II, RN 361.
[465] BVerfGE 54, 148, 153.
[466] BVerfGE 79, 256, 268.
[467] Degenhart, JuS 1992, 361.

die er wiederum auch dadurch prägt, dass er durch sein Handeln von ihr anerkannt werden will.[468] Dieses Recht steht auch Minderjährigen zu. [469]

Da das allgemeine Persönlichkeitsrecht entscheidend von der Rechtsprechung entwickelt wurde, ist es – wie für Richterrecht kennzeichnend- fallspezifisch herausgebildet worden.[470] Grob unterteilt geht der Schutz des Persönlichkeitsrechts zunächst in zwei Richtungen.[471] Zum einen wird die Privatsphäre geschützt, also das Rechts des einzelnen, im weitesten Sinne in Ruhe gelassen zu werden.[472] Zum anderen soll die personale Entfaltung im engeren Sinne geschützt werden, d.h. die zentralen Voraussetzungen für das Tätigwerden des Grundrechtsträgers in Beziehung mit Dritten und in der Öffentlichkeit.[473] Zur letzteren Schutzrichtung lässt sich die Fallgruppe des „Schutzes der Grundbedingungen der Persönlichkeitsentfaltung- und Entwicklung" zählen.[474] Geschützt werden sollen die persönlichen Belange, die letztlich die freie Entwicklung und Entfaltung der persönlichen Identität ausmachen.[475] So gewährleistet das allgemeine Persönlichkeitsrecht die freie Entfaltung der im Menschen angelegten Fähigkeiten und Kräfte.[476] Unter den „Schutz der Grundbedingungen" fällt beispielsweise das Recht Strafgefangener auf Resozialisierung.[477] Denn als Grundrechtsträger muss der verurteilte Straftäter die Chance erhalten, sich nach Verbüßung seiner Strafe wieder in die Gemeinschaft einzuordnen.[478]

In diesem Kontext fällt auch der Entwicklungsschutz des Kindes, der Minderjährigen eine chancengleiche und anlagengerechte Entfaltung ermöglichen soll.[479] Jedes Kind hat das Recht auf Entwicklung zur Persönlichkeit, d.h. darauf „Person zu werden".[480] Hierzu zählt auch die grundsätzliche Selbstbestimmung im wirtschaftlichen Bereich, da deren Einschränkung die freie persönliche Entfaltung in wesentlichen Teilbereichen auf Dauer aufheben kann.[481] Um die persön-

---

[468] Maunz/Dürig – Di Fabio, Art. 2 Abs. 1 RN 127.

[469] BVerfGE 47, 46, 73; E 83, 130, 140; Kuhn, Grundrechte und Minderjährigkeit, S. 22; v. Münch/Kunig – Kunig, Art. 2 RN 39.

[470] Vgl. v. Münch/Kunig – Kunig, Art. 2 RN 31.

[471] Vgl. Jarass/Pieroth – Jarass, Art. 2 Rn 30.

[472] BVerfGE 27, 1, 6; E 44, 197, 203; E 90, 255, 260.

[473] Jarass/Pieroth – Jarass, Art. 2 Rn 30.

[474] Maunz/Dürig – Di Fabio, Art. 2 Abs. 1 RN 148; Jarass/Pieroth – Jarass, Art. 2 Rn 38; Degenhart, JuS 1992, 361, 366.

[475] Maunz/Dürig – Di Fabio, Art. 2 Abs. 1 RN 207; Degenhart, JuS 1992, 361, 367.

[476] Schmidt-Bleibtreu/Klein, Art. 2 RN 3 c.

[477] Maunz/Dürig – Di Fabio, Art. 2 Abs. 1 RN 216 ff; Degenhart, JuS 1992, 361, 367; v. Münch/Kunig – Kunig, Art. 2 RN 36; Jarass/Pieroth – Jarass, Art. 2 Rn 38.

[478] BVerfGE 35, 202, 235 f.

[479] Maunz/Dürig – Di Fabio, Art. 2 Abs. 1 RN 208.

[480] BVerfG NJW 2000, 2191.

[481] Degenhart, JuS 1992, 361, 367.

liche Entwicklung zu sichern, muss auch ein gewisses Maß an wirtschaftlicher Existenzsicherung gewährleistet werden.[482] Als verfassungswidrig wurde daher eingestuft, dass Eltern ihre Kinder im Rahmen der gesetzlichen Vertretungsmacht unbegrenzt verpflichten und somit mit erheblichen Schuldenlasten in die Volljährigkeit entlassen können.[483] Der Gesetzgeber habe dafür zu sorgen, dass den volljährig werdenden Minderjährigen Raum bleibe, um ihr weiteres Leben selbst und ohne unzumutbare Belastungen zu gestalten, die sie nicht zu verantworten hätten.[484]

II. Eingriff in das allgemeine Persönlichkeitsrecht durch §§ 823, 828 Abs. 3, 249 BGB

Wie oben dargestellt, bietet das allgemeine Persönlichkeitsrecht dem Minderjährigen Schutz davor, in seiner wirtschaftlichen Selbstbestimmung soweit eingeschränkt zu werden, dass hierdurch die Grundbedingungen der Entwicklung und Entfaltung zur Persönlichkeit nicht mehr gegeben sind. Haftet ein Minderjähriger bis weit in die Volljährigkeit hinaus für einen als Kind angerichteten Schaden, ist angesichts dieser Schuldenlast und der Perspektivlosigkeit hinsichtlich des Erwachsenenlebens eine anlagengerechte und chancengleiche Entfaltung nicht mehr möglich.[485] Hieran ändert auch die Möglichkeit der Restschuldbefreiung nach der Durchführung eines Verbraucherinsolvenzverfahrens nichts.[486] Denn da nach Eintritt ins Erwerbsleben erst noch eine sechsjährige Wohlverhaltensphase durchlaufen werden muss, ist dem Schädiger die Schaffung einer eigenen Existenz oder die Gründung einer Familie in jüngeren Jahren unmöglich.[487] Die unbeschränkte Haftung des Minderjährigen nach den §§ 823, 828 Abs. 3, 249 BGB stellt daher eine rechtliche Einwirkung in sein nach Art. 2 Abs. 1 i.V.m. Art. 1 Abs. 1 GG gewährleistetes allgemeines Persönlichkeitsrecht dar.

Das allgemeine Persönlichkeitsrecht wird nicht schrankenlos gewährleistet, sondern unterliegt vielmehr der sogenannten Schrankentrias des Art. 2 Abs. 1 2. HS GG.[488] Angesichts der Bedeutung des allgemeinen Persönlichkeitsrechts im Lichte des Art. 1 Abs. 1 GG ist für einen Eingriff grundsätzlich eine formelle gesetzliche Grundlage nötig.[489] Die betreffende Gesetzesgrundlage muss zu-

---

[482] Maunz/Dürig – Di Fabio, Art. 2 Abs. 1 RN 209.

[483] BVerfGE 72, 155, 170.

[484] BVerfGE 72, 155, 173.

[485] 1. Teil, 2. Abschnitt, E.

[486] 2. Teil, 1. Abschnitt, B III.

[487] 2. Teil, 1. Abschnitt, B III.

[488] Vgl. Maunz/Dürig – Di Fabio, Art. 2 Abs. 1 RN 133; Jarass/Pieroth – Jarass, Art. 2 RN 45.

[489] v. Mangoldt/Klein/Starck – Starck, Art. 2 Abs. 1 RN 21; v. Münch/Kunig – Kunig, Art. 2 RN 42.

nächst unter formellen Gesichtspunkten im Einklang mit der Verfassung stehen.[490] Diese Voraussetzungen werden von den in Rede stehenden §§ 823, 828
Abs. 3, 249 BGB erfüllt.

III. Verhältnismäßigkeit des Eingriffs

Materiell werden einer Beschränkung des allgemeinen Persönlichkeitsrechts
Grenzen durch den Grundsatz der Verhältnismäßigkeit gesetzt. Das heißt, ein
Eingriff muss nur dann hingenommen werden, wenn er im Hinblick auf den ver-
folgten Zweck geeignet und erforderlich ist und er in einem angemessenen Verhältnis zu der Bedeutung des Grundrechts steht.[491] Angesichts der Hochrangig-
keit des allgemeinen Persönlichkeitsrechts sind an die Verhältnismäßigkeit sehr
hohe Anforderungen zu stellen, die Prüfung muss strikter ausfallen als im Bereich der allgemeinen Handlungsfreiheit.[492]

Die Geeignetheit eines Eingriffs wird bejaht, wenn mit seiner Hilfe der ge-
wünschte Erfolg gefördert werden kann,[493] dass heißt, wenn zumindest die
Möglichkeit der Zweckerreichung besteht,[494] ohne dass das Mittel das bestmögliche sein muss[495]. Der Zweck des § 823 BGB besteht darin, demjenigen, dem
ein rechtswidrig und schuldhaft verursachter Schaden entstanden ist, einen Ersatzanspruch gegen den Schädiger zuzusprechen. § 249 BGB bezweckt, den Geschädigten so zu stellen, wie er ohne die Schädigung stehen würde, ihm die Folgen der Schädigung also vollumfänglich abzunehmen. § 828 Abs. 3 BGB soll
schließlich gewährleisten, dass Minderjährige in der Haftung den Erwachsenen
nicht gleichgestellt werden, solange sie nicht die erforderliche Einsichtsfähigkeit
besitzen. Durch die Anordnung der unbeschränkten Haftung der nach den Vorgaben des § 828 Abs. 3 BGB deliktsfähigen Minderjährigen wird der Zweck der
genannten Normen erreicht. Die Geeignetheit des Grundrechtseingriffs kann daher bejaht werden.

Nach dem Gebot der Erforderlichkeit darf eine Maßnahme nur so weit gehen,
wie es zur Erreichung ihres Zwecks notwendig ist.[496] Dieses Gebot ist daher
verletzt, wenn das mit der Maßnahme verfolgte Ziel auch durch ein ebenso
wirksames Mittel erreicht werden kann, durch welches das betroffene Grund-

---

[490] v. Münch/Kunig – Kunig, Art. 2 RN 22.
[491] BVerfGE 71, 183, 196 f; E 78, 77, 85; Jarass/Pieroth – Jarass, Art. 2 Rn 46; v. Man-
goldt/Klein/Starck – Starck, Art. 2 Abs. 1 RN 29; Schmidt-Bleibtreu/Klein, Art. 2 RN 8.
[492] v. Münch/Kunig – Kunig, Art. 2 RN 43; Jarass/Pieroth – Jarass, Art. 2 Rn 46.
[493] BVerfGE 33, 171, 187; E 67, 157, 173; E 96, 10, 23.
[494] BVerfGE 67, 157, 175; E 96, 10, 23.
[495] Stern, StaatsR III/2, S. 776 f.
[496] Jarass/Pieroth – Jarass, Art. 20 RN 85.

recht nicht oder weniger beschränkt wird.[497] Das Ziel, einem durch einen deliktsfähigen Minderjährigen schuldhaft Geschädigten vollen Schadensersatz zu gewähren, lässt sich durch ein milderes Mittel nicht erreichen, so dass auch das Gebot der Erforderlichkeit gewahrt ist.

Um verhältnismäßig zu sein, muss der Grundrechtseingriff schließlich auch dem Gebot der Angemessenheit genügen, das heißt, der Eingriff muss in einem angemessenen Verhältnis zu dem Gewicht und der Bedeutung des Grundrechts stehen.[498] Das Maß der den einzelnen Grundrechtsträger treffenden Belastung muss noch in einem vernünftigen Verhältnis zu den der Allgemeinheit erwachsenden Vorteilen stehen.[499] Diese Güterabwägung führt aber nur dann zu einer Korrektur, wenn die betroffenen Interessen des einzelnen ersichtlich wesentlich schwerer wiegen.[500] Eine Abwägung hat hier also stattzufinden zwischen den Rechten des Geschädigten, welche durch die §§ 823, 828 Abs. 3, 249 BGB geschützt werden und dem allgemeinen Persönlichkeitsrecht des Minderjährigen, in das eingegriffen wird. Bei den geschützten Werten des Geschädigten handelt es sich in erster Linie um dessen Eigentum und Vermögen, sowie die allgemeine wirtschaftliche Dispositionsfreiheit. Das Eigentum findet grundrechtlichen Schutz in Art. 14 GG, die wirtschaftliche Verfügungsfreiheit wird durch die allgemeine Handlungsfreiheit, Art. 2 Abs. 1 GG geschützt[501]. Da es also um grundrechtlich geschützte Güter des Geschädigten geht, ist es grundsätzlich unschädlich, dass durch den Eingriff kein Wert der Allgemeinheit geschützt wird, denn dem Gesetzgeber obliegen hinsichtlich der Gewährleistung der Grundrechte Privater Schutzpflichten.[502] Auf Seiten des Minderjährigen fällt ein Eingriff in das allgemeine Persönlichkeitsrecht schwer ins Gewicht. Bei einer Belastung mit den hier in Rede stehenden außerordentlich hohen Haftungssummen sind gravierende Folgen für die Entwicklung des Minderjährigen zum Erwachsenen zu befürchten. Die Aussicht des Minderjährigen, ein Leben lang Schulden abtragen zu müssen und auf unabsehbare Zeit auf Sozialhilfeniveau leben zu müssen, zerstört jegliche Zukunftsperspektive. In Anbetracht dieser Folgen müssen bei einer Güterabwägung die materiellen Interessen des Geschädigten grundsätzlich zurücktreten. Die Angemessenheit der §§ 823, 828 Abs. 3, 249 BGB ist daher jedenfalls in den Fällen zu verneinen, in denen die volle Haftung zu einer so hohen Verschuldung führt, dass eine chancengleiche und anlagengerechte Entwicklung des Minderjährigen angesichts der Schuldenlast nicht mehr möglich erscheint.

---

[497] BVerfGE 53, 135, 145 f; E 68, 193, 218 f; E 92, 262, 273.
[498] BVerfGE 67, 157, 173 u. 178.
[499] BVerfGE 76, 1, 51.
[500] BVerfGE 44, 353, 373.
[501] Jarass/Pieroth – Jarass, Art. 2 RN 4.
[502] Vgl. Maunz/Dürig – Di Fabio, Art. 2 Abs. 1 RN 135.

IV. Vergleich mit dem Urteil des BVerfG v. 13.05.1986 zur vertraglichen Haftung

Zur weiteren Untermauerung des gefundenen Ergebnisses lässt sich auch die Entscheidung des BVerfG vom 13.05.1986 heranziehen.[503] Auch diese Entscheidung beschäftigte sich mit der Frage, ob ein überschuldeter Minderjähriger in seinem Grundrecht aus Art. 2 Abs. 1 i.V.m. Art. 1 Abs. 1 GG beeinträchtigt ist. Sie bezog sich allerdings auf das Vertragsrecht, weshalb zu prüfen bleibt, ob die Begründung hierzu auch auf einen deliktisch haftenden Minderjährigen übertragen werden kann.

1. Die Entscheidung des BVerfG vom 13.5.1986

In seinem Beschluss vom 13.05.1986 hat das BVerfG die Frage entschieden, ob es mit dem Grundgesetz vereinbar ist, dass Eltern ihre Kinder im Rahmen der gesetzlichen Vertretungsmacht finanziell in unbegrenzter Höhe verpflichten können.[504] In dem der Entscheidung zugrunde liegenden Fall ging es um die Zulässigkeit eines Vertragsabschlusses im Namen minderjähriger Kinder durch ihre Eltern bei der Fortführung eines Handelsgeschäfts in Erbengemeinschaft. Durch die eingegangene Verbindlichkeit wären die beiden Minderjährigen bei Eintritt in die Volljährigkeit mit Schulden in Höhe von 750.000 DM belastet gewesen. Das hierzu ergangene Urteil des BGH, in dem eine Haftung der Minderjährigen bejaht wurde, hat das BVerfG wegen Verstoßes gegen das allgemeine Persönlichkeitsrecht der minderjährigen Beschwerdeführerinnen, Art. 2 Abs. 1 i.V.m. Art. 1 Abs.1 GG, für verfassungswidrig erklärt.[505]

Dadurch, dass Eltern ihre minderjährigen Kinder kraft der ihnen zustehenden gesetzlichen Vertretungsmacht finanziell verpflichten könnten, werde das Recht auf individuelle Selbstbestimmung als Schutzgut des allgemeinen Persönlichkeitsrechts berührt. Hierdurch könnten in erheblichem Maße die Grundbedingungen freier Entfaltung und Entwicklung und damit die engere persönliche Lebenssphäre junger Menschen betroffen werden.[506] Solange sich eine Fremdbestimmung der Kinder durch ihre Eltern als Minderjährigenschutz erweise, scheide eine Verletzung des Persönlichkeitsrechts zwar aus. Es sei aber nicht ausgeschlossen, dass Eltern nicht fähig oder bereit seien, den Anforderungen des Elternrechts zu entsprechen. Insoweit habe der Gesetzgeber in Wahrnehmung seines Wächteramtes nach Art 6 Abs. 2 GG Regelungen zu treffen, die verhindern, dass der volljährig Gewordene nicht mehr als nur eine scheinbare Freiheit errei-

[503] BVerfGE 72, 155 ff.
[504] BVerfGE 72, 155 ff.
[505] BVerfGE 72, 155, 175.
[506] BVerfGE 72, 155, 171.

che.[507] Soweit sich die Haftung des Minderjährigen nicht auf schon vorhandenes Vermögen beschränke, müsse der Gesetzgeber dafür sorgen, dass den volljährig werdenden Minderjährigen Raum bleibe, um ihr weiteres Leben selbst und ohne unzumutbare Belastungen zu gestalten, die sie nicht zu verantworten hätten. Dies sei dann nicht mehr möglich, wenn die Minderjährigen mit erheblichen Schulden in die Volljährigkeit entlassen würden.[508]

Der mit dem Urteil des BVerfG verbundene Gesetzgebungsauftrag wurde mit Inkrafttreten des MHbeG vom 25.08.1998 erfüllt, wonach gemäß § 1629 a BGB die Haftung des Minderjährigen für bestimmte vertragliche Schulden nunmehr auf das Vermögen beschränkt werden kann, das bei Eintritt der Volljährigkeit bestand.

2. Übertragbarkeit des Urteils auf die deliktische Haftung

a.) Unterschiede zur vertraglichen Haftung

Der gravierendste Unterschied zwischen der Haftung des Minderjährigen für die von den Eltern eingegangenen vertraglichen Verpflichtungen und der deliktischen Haftung besteht darin, dass der Minderjährige im ersten Fall die finanziellen Belastungen nicht selbst zu verantworten hat, während den deliktisch haftenden Minderjährigen ein eigenes Verschulden trifft.[509] Dieser Unterschied darf jedoch nicht überbewertet werden. Denn zum einen wird das Verschulden des Minderjährigen objektiv nach altersgruppenspezifischen Merkmalen und nicht individuell festgestellt, so dass vor allem zurückgebliebene Kinder unter Umständen haften, ohne dass man ihnen die Tat persönlich vorwerfen kann. Die Zurechenbarkeit steht daher oft in einem krassen Missverhältnis zu den Folgen einer unbegrenzten Haftung.[510] Zum anderen hatte das BVerfG nur das ohnehin schon sehr ausgeprägte Schutzkonzept des Vertragsrechts zu beurteilen, während es sich zu deliktischen selbst verantworteten Verbindlichkeiten nicht äußern musste. Da das BVerfG aber schon die vertragliche Haftung beanstandet hat, erscheint das gesetzliche Schutzkonzept für Minderjährige im Deliktsrecht erst recht als bedenklich.[511]

Ein weiterer Aspekt, der den Minderjährigen im Deliktsrecht trotz seines Verschuldens ähnlich schutzwürdig erscheinen lässt wie im Vertragsrecht, ist der Umstand, dass Minderjährige im Gegensatz zu Erwachsenen nicht in der Lage

---

[507] BVerfGE 72, 155, 173.
[508] BVerfGE 72, 155, 173.
[509] Müller, KTS 2000, 57, 64 f hält das Urteil aus diesem Grund nicht für übertragbar auf die deliktische Haftung.
[510] LG Bremen NJW-RR 1991, 1432, 1434; LG Dessau, VersR 1997, 242, 244.
[511] Vgl. Looschelders, VersR 1999, 141, 148.

sind, sich selbst durch den Abschluss einer Haftpflichtversicherung vor delikti-schen Forderungen zu schützen.[512] Dies erscheint insbesondere deshalb wider-sprüchlich, weil die gleiche Rechtsordnung, die es dem Minderjährigen im Ver-tragsrecht untersagt, selbständig Versicherungen abzuschließen, ihn delikts-rechtlich der vollen Haftung unterwirft, deren Risiko er selbst nicht durch Versi-cherungsschutz abmildern kann. Insoweit wird der Jugendliche deliktsrechtlich einem Erwachsenen nicht nur gleichgestellt, er steht durch die ihm fehlende Möglichkeit, eine eigene Versicherung abzuschließen, sogar schlechter da.

b.) Vergleichbarkeit zwischen deliktischer und vertraglicher Haftung

Für den Bereich der vertraglichen Haftung Minderjähriger hat das BVerfG eine aus Art. 6 GG resultierende Handlungspflicht des Gesetzgebers für den Fall festgestellt, dass die Eltern ihren Schutzpflichten gegenüber dem Kind nicht nachkommen und es über den Eintritt der Volljährigkeit hinaus mit finanziellen Verpflichtungen belasten.[513]

Auch im Deliktsrecht resultiert eine unbegrenzte Haftung und die damit einher-gehende finanzielle Belastung, die der Minderjährige auch später als Erwachse-ner oft noch über lange Zeit zu tragen hat, aus einer Pflichtverletzung der Eltern. Indem diese angesichts der typischen Unachtsamkeit von Kindern und der Wahrscheinlichkeit von „Dummejungenstreichen" mit teilweise weitreichenden Folgen keine Vorsorge in Form einer Privathaftpflichtversicherung getroffen haben, um ihre Kinder vor finanziellen Konsequenzen zu schützen, sind sie ihrer Verantwortung nicht gerecht geworden.[514]

Teilweise wird zwar die Auffassung vertreten, dass diese Pflichtverletzung der Eltern dem Minderjährigen zuzurechnen sei, mit der Folge, dass ein minderjäh-riger Schädiger genauso behandelt werden müsse wie ein Erwachsener, der für sich selbst keine Haftpflichtversicherung abgeschlossen habe.[515] Eine solche Zu-rechnung würde aber im Widerspruch zum Sinn und Zweck des MHbeG stehen. Da hiernach der Minderjährige nach Eintritt in die Volljährigkeit nicht mehr für das rechtsgeschäftliche Handeln der Eltern in seinem Namen haften muss, kann man dem Minderjährigen erst recht nicht das pflichtwidrige rechtsgeschäftliche Unterlassen seiner Eltern anlasten.

---

[512] LG Dessau VersR 1997, 242, 244; Looschelders, VersR 1999, 141, 148; Rolfs, JZ 1999, 233, 236.
[513] BVerfGE 72, 155, 173.
[514] OLG Celle, VersR 1989, 709, 710; LG Bremen, NJW-RR 1991, 1432, 1434 f; vgl. 2. Teil, 2. Abschnitt, C.
[515] Lorenz, VersR 1989, 711, 712.

Die Pflichtverletzung der Eltern, die für ihr Kind keine Haftpflichtversicherung abschließen, ist demnach vergleichbar mit der vom BVerfG festgestellten Pflichtverletzung der Eltern im vertraglichen Bereich.

V. Vergleich mit dem Strafrecht

Zwischen der unbegrenzten zivilrechtlichen Haftung Minderjähriger und den strafrechtlichen Sanktionen, die dieselbe schädigende Handlung nach sich zieht, bestehen erhebliche Diskrepanzen. Auch unter diesem Gesichtspunkt wird vertreten, dass eine unbegrenzte zivilrechtliche Haftung in das allgemeine Persönlichkeitsrecht des Minderjährigen eingreift.[516]

Eine fahrlässige Straftat eines Jugendlichen, die als „Dummer-Jungen-Streich" qualifiziert werden kann, würde strafrechtlich nicht einmal mit der Verhängung einer Jugendstrafe oder eines Jugendarrestes sanktioniert werden, ebensowenig bei einem immens hohen Schaden mit einer Wiedergutmachungsauflage gemäß § 15 Abs. 1 Ziff. 1 JGG. Der Jugendliche hätte allenfalls eine Weisung, § 10 Abs. 1 JGG, bzw. eine Verwarnung, § 14 JGG, zu erwarten, wenn nicht sogar nach § 45 JGG gänzlich von der Verfolgung abgesehen würde.[517] Kinder unter 14 Jahren wären von einer strafrechtlichen Haftung gemäß § 19 StGB schon wegen mangelnder Schuldfähigkeit ausgeschlossen.

Zwischen der unbegrenzten zivilrechtlichen Haftung für einen Schaden in existenzvernichtender Höhe und der unvergleichlich milderen strafrechtlichen Haftung besteht also ein krasses Missverhältnis. Grundsätzlich liegen zwar Unterschiede zwischen dem Strafrecht, das den Blick auf den Täter richtet, und dem Schadensersatzrecht, das zwischen Schädiger- und Opferinteressen einen gerechten Ausgleich zu finden sucht, in der Natur der Sache. Ein derart starkes Ungleichgewicht führt aber dazu, dass der vorrangige Zweck, der mit der milden jugendstrafrechtlichen Haftung verfolgt wird, die Spezialprävention, nicht mehr erreicht werden kann. Das Jugendstrafrecht versucht auf Verfehlungen Jugendlicher so zu reagieren, dass das Risiko einer kriminellen Fehlentwicklung des Jugendlichen minimiert wird.[518] Die zivilrechtliche Haftung verkehrt diese Zielsetzung ins Gegenteil, indem sie dem nunmehr hoch verschuldeten Jugendlichen, den Jahre des Lebens am Existenzminimum erwarten, eher einen Anreiz gibt, seine finanzielle Lage durch kriminelle Aktivitäten aufzubessern.

Eine zivilrechtliche Haftung, die dem jugendstrafrechtlichen Zweck der Spezialprävention derart zuwiderläuft, erscheint als Eingriff in das allgemeine Persön-

---

[516] Kuhlen, JZ 1990, 273, 278.
[517] Kuhlen, JZ 1990, 273.
[518] Kuhlen, JZ 1990, S. 273, 278.

lichkeitsrecht des Minderjährigen.[519] Somit stößt die unbegrenzte deliktsrechtliche Minderjährigenhaftung auch unter diesem Gesichtspunkt auf verfassungsrechtliche Bedenken.[520]

---

[519] LG Dessau, VersR 1997, 242, 244; Kuhlen, JZ 1990, 273, 278, FN 60.
[520] So auch Canaris, JZ 1990, 679, 680 und JZ 1987, 993, 1001, der durch die Disproportionalität zwischen zivilrechtlicher und strafrechtlicher Haftung das verfassungsrechtliche Übermaßverbot verletzt sieht.

3. Teil: Haftungsreduktion nach § 242 BGB

Die bisher geprüften Möglichkeiten des geltenden Rechts zur Einschränkung der deliktischen Haftung von Minderjährigen bieten keinen ausreichenden Schutz, um die verfassungsrechtlichen Bedenken gegen diese Haftung auszuräumen.

Im folgenden Abschnitt soll daher zunächst geprüft werden, ob die unbeschränkte deliktsrechtliche Haftung eines Minderjährigen nicht in besonderen Fällen de lege lata durch Anwendung des § 242 BGB reduziert werden kann und wie genau sich diese Anwendung herleiten lässt (Teil A). Anschließend ist zu untersuchen, bei Vorliegen welcher Kriterien eine Haftungsreduktion nach § 242 BGB vorgenommen werden kann und in welchen Fällen dies vor allem unter Opferschutzgesichtspunkten nicht möglich ist (Teil B). Schließlich soll der Frage nachgegangen werden, in welchem Umfang die Haftung reduziert werden kann (TEIL C). Zuletzt wird auf die Kritik eingegangen, die an einer Billigkeitsreduktion geübt wird (Teil D).

1. Abschnitt: Möglichkeit einer Haftungsreduktion nach Billigkeitsgesichtspunkten im geltenden Recht ?

A. Meinungsstand vor dem BVerfG-Beschluss vom 13.08.1998

I. Möglichkeiten einer Haftungsreduktion allgemein

Bedenken gegen das Festhalten am Prinzip der Totalreparation auch bei krassen Missverhältnissen zwischen Verschulden und Schadensersatzpflicht bestehen schon seit langem.[521] Die Reduktion des Schadensersatzes aus Billigkeitsgründen de lege ferenda war Gegenstand des Referentenentwurfs von 1967, dessen § 255 a die Möglichkeit einer Einschränkung der Ersatzpflicht durch das Gericht vorsah, wenn diese bei einem außergewöhnlich hohen Schaden zu einer schweren Unbilligkeit beim Schädiger führen würde.[522] Eine ähnliche Reduktionsklausel enthielt § 2 Abs. 2 des Entwurfs eines Staatshaftungsgesetzes von 1973.[523] Ein weiterer Entwurf für eine zivilrechtliche Reduktionsklausel wurde 1981 in

---

[521] Die ersten Verbesserungsvorschläge wurden schon auf dem 34. DJT gemacht.
[522] § 255 a RefE abgedruckt bei Deutsch, HaftungsR, RN 629.
[523] Abgedruckt bei Deutsch, HaftungsR, RN 630.

den „Gutachten und Vorschlägen zur Überarbeitung des Schuldrechts" veröffentlicht.[524] Keiner von diesen Entwürfen wurde Gesetz.

Die hier interessierenden Möglichkeiten zur Vermeidung einer unbilligen Haftung im geltenden Recht, vor allem durch Anwendung des § 242 BGB wurden jedoch nur vereinzelt geprüft und bejaht. In der Rechtsprechung hielt das OLG Celle 1973 die Einschränkung einer Schadensersatzpflicht nach § 242 BGB für geboten, wenn das Verlangen nach vollem Schadensersatz zu schlechthin unerträglichen Ergebnissen führen würde. In diesem Fall müsse es hinter dem allgemeinen Gerechtigkeitsgebot zurückstehen.[525] Diese Entscheidung blieb aber soweit ersichtlich ein Einzelfall.

Vornehmlich von Canaris wird seit längerem die Auffassung vertreten, dass schon de lege lata eine schadensersatzrechtliche Reduktionsklausel verwirklicht werden könne.[526] Canaris stützt seinen Ansatz auf das auch im Privatrecht geltende Übermaßverbot als Ausprägung des Verhältnismäßigkeitsprinzips. Soweit Grundrechte eingeschränkt würden, sei auch im Privatrecht das verfassungsrechtliche Übermaßverbot zu beachten.[527] Bei ruinösen Schadensersatzpflichten bestehe regelmäßig ein Eingriff in das allgemeine Persönlichkeitsrecht des Schädigers. Das Verhältnismäßigkeitsprinzip gebiete dabei eine Abwägung zwischen den Auswirkungen auf den Schädiger einerseits und den Bedürfnissen des Geschädigten sowie dem schadensersatzrechtlichen Präventionsgedanken andererseits.[528] De lege lata könne die verfassungsrechtlich notwendige Reduktionsklausel mit Hilfe des § 242 BGB verwirklicht werden.[529] Der hiernach mögliche Rechtsmissbrauchseinwand könne anerkanntermaßen auch auf Verstöße gegen das Verhältnismäßigkeitsprinzip gestützt werden. Auf diese Weise werde der verfassungsrechtlich gebotene Schutz des Schädigers auch im Zivilrecht wirksam.[530]

---

[524] Hohloch in: Gutachten u. Vorschläge zur Überarbeitung des SchuldR I, S. 464.

[525] OLG Celle JZ 1973, 246, 248. In dem dieser Entscheidung zugrunde liegenden Fall wurde ein Schwarzarbeiter von seinem Auftraggeber in Höhe von DM 100.000 wegen eines durch die unsachgemäß ausgeführte Arbeit entstandenen Schadens in Anspruch genommen. Obwohl der Schadensersatzanspruch dem Grunde nach bestand, kürzte das Gericht ihn unter Anwendung des § 242 BGB um 4/5. Dies sei geboten, wenn ein „erheblicher Schaden entstanden sei und es dem Auftraggeber unter Berücksichtigung seiner wirtschaftlichen Lage, insbesondere eines ihm zuteil werdenden Versicherungsschutzes, im Vergleich zu der sozial und wirtschaftlich schwächeren Stellung des Auftragnehmers zugemutet werden kann, einen Teil des Schadens selbst zu tragen."

[526] Canaris, JZ 1987, 993, 1001 f; ders., JZ 1990, 679 ff speziell für die Haftung Minderjähriger.

[527] Canaris, JZ 1987, 993, 1001.

[528] Canaris, JZ 1987, 993, 1001.

[529] Canaris, JZ 1987, 993, 1002.

[530] Canaris, JZ 1987, 993, 1002.

Der Ansicht, dass in Fällen krasser Existenzgefährdung des Schädigers die Berücksichtigung des verfassungsrechtlichen Übermaßverbots im Rahmen des § 242 BGB geboten sei, wurde in der anschließenden Literatur von mehreren Autoren zugestimmt.[531] Teilweise wurde dieser Ansatz auch abgelehnt, [532] wobei sich die Kritik hieran in erster Linie auf Probleme bezog, die allgemein mit einer Aufgabe des Prinzips der Totalreparation einher gehen, wie der Frage nach den Voraussetzungen für das Eingreifen einer Reduktionsklausel.[533]

II. Möglichkeiten einer Haftungsreduktion speziell bei Minderjährigen

In der umfangreichen BGH-Rechtsprechung zur Minderjährigenhaftung nach § 828 Abs. 3 BGB wurden die Möglichkeit und Notwendigkeit einer Haftungsreduktion auch bei besonders krassen Missverhältnissen zwischen der Pflichtverletzung des Minderjährigen und der Höhe des Schadensersatzes - soweit ersichtlich - nie in Erwägung gezogen. Erst das OLG Celle[534] hat 1990 das verfassungsrechtlich begründete Bedürfnis nach einer Schadensreduktion in bestimmten Fällen der Minderjährigenhaftung erkannt und untersucht, inwiefern dieses Bedürfnis im geltenden Recht umgesetzt werden kann. Diese Problematik war auch später Gegenstand der Entscheidungen des LG Bremen[535], des LG Dessau[536] sowie im Jahre 2001 erneut des OLG Celle[537].

In dem vom LG Bremen zu entscheidenden Fall hatten zwei neun und zehn Jahre alte Jungen brennende Streichhölzer durch ein Loch in der Wand einer Lagerhalle geworfen und eine Handvoll Heu hinterhergeworfen. Es entzündete sich ein Brand, wodurch an den in der Halle eingelagerten Gegenständen ein Schaden von insgesamt mehr als 250.000 € entstand. Als einziges Gericht hat das LG Bremen, der Ansicht von Canaris folgend, unter Berufung auf die Grundrechte der Minderjährigen eine Schadensersatzreduktion vorgenommen, indem es die Voraussetzungen des Rechtsmissbrauchseinwandes nach § 242 BGB bejaht hat. Eine solche Reduktion sei in jedem Fall dann verfassungsrechtlich geboten und über die Anwendung des § 242 BGB zu begründen, wenn ein Minderjähriger fahrlässig einen Großschaden verursacht habe und der Geschädigte durch eine bestehende Versicherung schadlos gehalten werde.[538] Dies gelte unabhängig da-

---

[531] MüKo - Mertens, vor §§ 823-853 RN 72 und 77; Deutsch, HaftungsR, RN 633; Bydlinski, SAE 1994, 93, 98.
[532] Medicus, AcP 192 (1992), 35, 66 ff; Ramm, JZ 1988, 489, 491 ff.
[533] Medicus, AcP 192 (1992), 35, 67.
[534] OLG Celle, VersR 1989, 709 ff.
[535] LG Bremen, NJW-RR 1991, 1432 ff.
[536] LG Dessau, VersR 1997, 242 ff.
[537] OLG Celle VersR 2002, 241.
[538] LG Bremen, NJW-RR 1991, 1432, 1433 f.

von, ob § 828 Abs. 3 BGB nach- oder vorkonstitutionell sei und auch unabhängig von seiner Verfassungsmäßigkeit.[539]

Das OLG Celle hatte über einen Fall zu entscheiden, in dem zwei fünfzehn und sechzehn Jahre alte Jugendliche einen Brand verursachten, indem sie in einer Halle mit Holzfußboden ein Telefonbuch anzündeten und das Feuer nicht sorgfältig genug ausgetreten hatten. Die Halle brannte ab, wodurch ein Schaden von rund 165.000 € entstand. Im Fall des LG Dessau hatte ein Sechzehnjähriger, der keine Fahrerlaubnis besaß, eine Dreizehnjährige auf dem Soziussitz eines Mopeds mitgenommen. Das Mädchen trug keinen Helm. Als der Fahrer des Mopeds an einer Kreuzung mit einem die Vorfahrtsstraße befahrenden LKW zusammenstieß stürzte das Mädchen und erlitt schwere Schädelverletzungen. Die Krankenversicherung nahm den jugendlichen Fahrer auf Zahlung von rund 75.000 € nebst Zinsen in Anspruch. Beide Gerichte haben eine richterliche Schadensreduktion de lege lata nicht für möglich gehalten.[540] Das verfassungsrechtlich gebotene Ergebnis - die Reduktion der Haftung eines fahrlässig handelnden Minderjährigen für existenzvernichtend hohe Schäden, wenn der Geschädigte von dritter Seite befriedigt wird - sei durch verfassungskonforme Auslegung des § 828 Abs. 3 BGB nicht erreichbar, da dies dem Wortlaut der Norm und dem erkennbaren Willen des Gesetzgebers widerspreche.[541] Auch der Versuch, der uneingeschränkten Haftung durch die Anwendung des Einwands der unzulässigen Rechtsausübung entgegenzutreten, sei mit dem gesetzgeberischen Willen unvereinbar. Zwar biete sich § 242 BGB zur Herbeiführung verfassungskonformer Lösungen an und finde auch bei Verstößen gegen das Verhältnismäßigkeitsprinzip Anwendung. Es gebe jedoch keinen allgemeinen Rechtsgrundsatz, dass die Rechtsfolgen einer Pflichtverletzung in einem angemessenen Verhältnis zu deren Schwere stehen müsse.[542] Da die uneingeschränkte Haftung des Minderjährigen in den oben genannten Fällen aber gegen dessen Grundrechte verstoße und damit verfassungswidrig sei, und es sich bei § 828 BGB um eine nachkonstitutionelle Norm handele, legten beide Gerichte dem BVerfG die Frage nach der Verfassungsmäßigkeit des § 828 Abs. 3 BGB vor. Während es im Verfahren vor dem OLG Celle zu einem Vergleich kam, und der Rechtsstreit damit erledigt wurde,[543] führte die Vorlage des LG Dessau zu dem Beschluss des BVerfG vom 13.08.1998[544].

In einer späteren Entscheidung ließ das OLG Celle die Möglichkeit einer Haftungsreduktion gem. § 242 BGB in besonders gelagerten Fällen offen. Das Vor-

---

[539] LG Bremen, NJW-RR 1991, 1432, 1433.
[540] OLG Celle, VersR 1989, 709, 711; LG Dessau, VersR 1997, 242, 245.
[541] OLG Celle, VersR 1989, 709, 711; LG Dessau, VersR 1997, 242, 245.
[542] LG Dessau, VersR 1997, 242, 245.
[543] Vgl. Scheffen, ZRP 1991, 458, 459.
[544] BVerfG, JZ 1999, 251 f.

liegen eines solchen Falles lehnte es aber bei der Verletzung eines ebenfalls minderjährigen Geschädigten ab, der durch erhebliches Verschulden des Schädigers ein Auge verlor.[545]

B. Der Beschluss des BVerfG 1998 und nachfolgende Stimmen

Das BVerfG erklärte in seinem Beschluss vom 13.08.1998 die Vorlage des LG Dessau für unzulässig, da § 828 Abs. 2 BGB a. F. vorkonstitutionell sei und damit nicht Gegenstand der konkreten Normenkontrolle nach Art. 100 Abs. 1 GG.[546] Dies hieß in erster Konsequenz, dass den einfachen Gerichten die Prüfungs- und Verwerfungskompetenz bezüglich des § 828 Abs. 2 BGB a. F. zustehen sollte. Hält ein Fachgericht diese Norm für unvereinbar mit der Verfassung, so kann es sie selbst als verfassungswidrig verwerfen. Darüber hinaus stellte das BVerfG fest, dass die Richtervorlage des LG Dessau auch die Begründungsanforderungen des § 80 Abs. 2 BVerfGG nicht erfülle. Das Gericht habe zwar plausibel ausgeführt, dass die unbegrenzte Haftung Minderjähriger im Hinblick auf Art. 1 Abs. 1 i.V.m. Art. 2 Abs. 1 GG verfassungsrechtlichen Bedenken begegne. Es habe sich aber nicht ausreichend mit der Frage beschäftigt, welche einfachrechtlichen Möglichkeiten zur Korrektur der Minderjährigenhaftung zur Verfügung stünden. Neben den Hinweisen auf einen möglichen Forderungserlass nach § 76 Abs. 2 Nr. 3 SGB IV[547] und den möglichen Auswirkungen der Insolvenzordnung auf die Überschuldung[548] betont das BVerfG, dass auch eine Anpassung des § 828 Abs. 2 a. F. an geänderte Verhältnisse durch verfassungskonforme Auslegung der Norm geboten sein könne. Somit stünden aus verfassungsrechtlicher Sicht weder der Wille des vorkonstitutionellen Gesetzgebers noch der Wortlaut des § 828 Abs. 2 BGB a. F. einer Einschränkung der Minderjährigenhaftung aus Billigkeitsgründen zwingend entgegen. Ob diese nach § 242 BGB im konkreten Fall geboten sei, habe das zuständige Zivilgericht zu entscheiden.[549] Damit hat das BVerfG den Zivilgerichten die Befugnis zuerkannt, deliktische Schadensersatzansprüche entgegen dem Wortlaut des § 828 Abs. 2 BGB a. F. unter Anwendung des § 242 BGB aus Billigkeitsgesichtspunkten zu reduzieren.

Der Beschluss des BVerfG und die den Fachgerichten zugesprochene Befugnis, die Probleme einer übermäßigen Haftung Minderjähriger mit Hilfe des § 242

---

[545] OLG Celle, VersR 2002, 241: Verurteilung des damals 14jährigen Schädigers zu 75.000 DM Schmerzensgeld.

[546] BVerfG, JZ 1999, 251 f.

[547] Vgl. 2. Teil, 2. Abschnitt, D I.

[548] Vgl. 2. Teil, 1. Abschnitt, B.

[549] BVerfG, JZ 1999, 251, 252.

BGB zu lösen, wurde in der Literatur grundsätzlich positiv aufgenommen.[550] Mit seinen Erwägungen habe das BVerfG den verbreiteten Einwand entkräftet, dass eine Lösung der vorliegenden Problematik dem Gesetzgeber überlassen bleiben müsse. Den Zivilgerichten stehe nun die Möglichkeit offen, das Problem unter Berücksichtigung der grundsätzlichen Eigenarten des Zivilrechts in eigener Verantwortung zu lösen.[551]

Auf der anderen Seite werden gegen die vom BVerfG für zulässig erklärte Anwendung des § 242 BGB auch methodische Bedenken geltend gemacht.[552] Aus § 242 BGB lasse es sich nicht herleiten, dem Gläubiger einen Verzicht auf die Durchsetzung seiner Ansprüche zuzumuten. Denn damit würde contra legem von dem in § 249 S. 1 BGB eindeutig niedergelegten Prinzip der Totalreparation abgewichen. Die gesetzliche Wertung des § 828 Abs. 3 BGB - die Verantwortlichkeit des einsichtsfähigen Heranwachsenden - dürfe nicht mittels § 242 BGB überspielt werden.[553]

C. Untersuchung der Möglichkeit einer Haftungsreduktion nach § 242 BGB

Näher zu erläutern bleibt, wie sich eine Befugnis der Gerichte zur Kürzung der Haftung nach § 242 BGB genau herleiten und begründen lässt.

I. Verwerfung des § 828 Abs. 3 BGB ?

Das BVerfG hat § 828 Abs. 2 BGB a. F., entgegen der vorherigen Einschätzung des LG Dessau und des OLG Celle,[554] als vorkonstitutionelle Norm qualifiziert.[555] Damit wurde den Fachgerichten die Befugnis zugesprochen, diese Norm selbst zu verwerfen, soweit sie sie für verfassungswidrig halten.

Unabhängig davon, ob § 828 Abs. 3 BGB nach der Neufassung des § 828 BGB noch als vorkonstitutionell eingestuft werden kann, darf einem Gesetz aber wegen Verfassungswidrigkeit die Gültigkeit nur versagt werden, wenn und soweit es dem Verfassungsprinzip schlechthin widerstreitet, was auch für vorkonstitu-

---

[550] Looschelders, VersR 1999, 141, 142 ff; Rolfs, JZ 1999, 233, 237 ff; Goecke, NJW 1999, 2305 ff.

[551] Looschelders, VersR 1999, 141, 142.

[552] Müller, KTS 2000, 57, 64 ff.

[553] Müller, KTS 2000, 57, 64.

[554] OLG Celle, VersR 1989, 709, 711; LG Dessau, VersR 1997, 242, 245 f.

[555] BVerfG, JZ 1999, 251, 252.

tionelles Recht gilt.[556] Das heißt, die Verwerfung einer Norm als verfassungswidrig ist erst dann gerechtfertigt, wenn das geltende Recht es nicht zulässt, das verfassungswidrige Ergebnis durch Auslegung und Fortbildung der einschlägigen Rechtsnormen zu vermeiden.[557]

Vor einer etwaigen Verwerfung des § 828 Abs. 3 BGB ist somit zunächst zu untersuchen, ob diese Norm so ausgelegt werden kann, dass sie nicht zu verfassungswidrigen Ergebnissen führt. Ist eine solche Auslegung nicht möglich, bleibt noch zu prüfen, ob der Richter auch außerhalb der Grenzen der Auslegung, aber im Rahmen einer ihm möglichen Rechtsfortbildung, zu einem verfassungsmäßigen Ergebnis kommen kann. Auf diesem Wege wird auch eine erneut zu füllende Lücke vermieden, die mit der Verwerfung des § 828 Abs. 3 BGB durch das Gericht entstehen würde.

II. Verfassungskonforme Auslegung

Nach der Rechtsprechung des BVerfG ist eine Bestimmung nur dann verfassungswidrig und deshalb ungültig, wenn sie nicht verfassungskonform ausgelegt werden kann.[558] Dabei ist bei mehreren möglichen Auslegungen immer diejenige geboten, die mit dem Grundgesetz in Einklang steht.[559] § 828 Abs. 3 BGB wäre jedenfalls dann nicht verfassungswidrig, wenn es möglich wäre, durch Auslegung zu dem Ergebnis zu gelangen, dass die Haftung eines Minderjährigen in den Fällen vom Zivilrichter reduziert werden kann, in denen sie unverhältnismäßig und damit verfassungsrechtlich bedenklich erscheint. Fraglich ist, ob ein solches Ergebnis nicht die Grenzen einer möglichen Auslegung des § 828 Abs. 3 BGB überschreitet.

1. Wortlaut des § 828 Abs. 3 BGB

Den Ausgangspunkt und zugleich die Grenze der Auslegung einer Norm bildet der Wortsinn.[560] Die Auslegung einer Norm darf nicht mit dem Wortlaut und dem klar erkennbaren Willen des Gesetzgebers in Widerspruch treten.[561] Nach dem klaren Wortlaut des § 828 BGB ist ein Minderjähriger dann deliktisch verantwortlich, wenn er das Alter von sieben Jahren überschritten hat und die in § 828 Abs. 3 BGB geforderte Einsichtsfähigkeit besitzt. Kann nach diesen Voraussetzungen die Deliktsfähigkeit des Minderjährigen bejaht werden, haftet er

[556] Larenz, Methodenlehre, S. 341.
[557] Vgl. Looschelders, VersR 1999, 141, 142.
[558] BVerfGE 33, 52, 65; 48, 40, 45; 49, 148, 157; 69, 1, 55.
[559] BVerfG E 49, 148, 157; 88, 145, 166; 69, 1, 55; 86, 288, 320; 95, 64, 93.
[560] Larenz, Methodenlehre, S. 343.
[561] BVerfGE 71, 81, 105; 67, 382, 390; 86, 288, 320; 95, 64, 93.

für eine unerlaubte Handlung wegen dem in § 249 S. 1 BGB niedergelegten Prinzip der Totalreparation in vollem Umfang.

a.) Auslegung der „Einsichtsfähigkeit"

Wie oben dargestellt,[562] legt der BGH die „Einsichtsfähigkeit" so aus, dass sie schon dann bejaht wird, wenn der Minderjährige die Einsicht in die allgemeine Gefährlichkeit seines Tuns hatte. Denkbar und im Rahmen des Wortlauts des § 828 Abs. 3 BGB auch möglich, ist aber ebenso das Abstellen auf die konkrete Gefahrenerkenntnis des Minderjährigen, wie es früher vom RG und auch heute noch von Teilen des Schrifttums vertreten wird.[563] Fragwürdig ist jedoch der Umfang des Schutzes, der auf diese Weise einem Minderjährigen zuteil würde. Denn auf den Unterschied zwischen abstrakter und konkreter Gefahrenerkenntnis kommt es letztlich nur in sehr wenigen Fallgruppen an, so dass mit dieser geänderten Auslegung nur ein Bruchteil der betroffenen Kinder und Jugendlichen von der deliktischen Haftung ausgenommen würde.[564] Dies reicht jedoch keineswegs aus, um den oben genannten verfassungsrechtlichen Bedenken zu begegnen.

Weiterhin könnte man erwägen, die Steuerungsfähigkeit, welche herkömmlicherweise altersgruppenspezifisch als Voraussetzung des Verschuldens geprüft wird, schon im Rahmen des § 828 Abs. 3 BGB zu berücksichtigen. Dass dieses Merkmal jedoch nicht in § 828 Abs. 3 BGB hinein gelesen werden kann und auch eine analoge Anwendung der §§ 20 StGB, 3 JGG nicht möglich ist, wurde schon oben dargelegt.[565] Der Wortlaut des § 828 Abs. 3 BGB lässt somit keinen Raum für eine Auslegung, die einsichtsfähige Minderjährige von der deliktischen Haftung freistellt.

Auch eine erweiterte Auslegung des neugefassten § 828 Abs. 2 BGB, die auch Kinder ab zehn Jahren bzw. Minderjährige außerhalb des Straßenverkehrs einschließen würde, ist nicht möglich. Das gleiche gilt für eine analoge Anwendung des § 828 Abs. 2 BGB auf diese Fälle.[566]

b.) Haftungsumfang, § 249 S. 1 BGB

Kann somit die Haftung selbst durch eine geänderte Auslegung des § 828 Abs. 3 BGB nicht verhindert werden, stellt sich die Frage, ob durch Auslegung der Umfang der Haftung reduziert werden könnte. In welchem Maße der deliktsfähige

---

[562] Vgl. 1. Teil, 1. Abschnitt, B I.
[563] Vgl. 1. Teil, 1. Abschnitt, C I 1.
[564] Vgl. 1. Teil, 1. Abschnitt, C I 3.
[565] Vgl. 1. Teil, 1. Abschnitt, C II 3.
[566] Vgl. 1. Teil, 1. Abschnitt D.

Minderjährige haftet, ist nicht in § 828 Abs. 3 BGB bestimmt, sondern richtet sich allgemein nach § 249 S. 1 BGB. Der Wortlaut des § 249 S. 1 BGB bestimmt, dass der Schadensersatzpflichtige den Zustand herzustellen hat, der ohne die schädigende Handlung bestehen würde. Hierin ist das Prinzip der Totalreparation niedergelegt, wonach der Schädiger auch bei leichtester Fahrlässigkeit den gesamten Schaden zu ersetzen hat, selbst wenn die Schadenshöhe die Grenzen seiner Leistungsfähigkeit bei weitem überschreitet.[567] Eine Auslegung des § 249 S. 1 BGB, nach der der Schädiger wegen eines Missverhältnisses von Schuld und Schadensumfang den Schaden nur teilweise ersetzen muss, wäre mit dem Wortlaut der Norm unvereinbar. Denn einem nach Wortlaut und Sinn eindeutigen Gesetz darf nicht im Wege der Auslegung ein entgegengesetzter Sinn verliehen werden.[568]

2. Regelungsabsicht des Gesetzgebers, Zweck der Norm

Die Absichten des Gesetzgebers bei Erlass der Norm und der Zweck der Norm spielen für deren Auslegung grundsätzlich erst dann eine Rolle, wenn der Wortlaut des Gesetzes und sein Kontext Raum für verschiedene Auslegungen lassen.[569] Dies ist, wie oben gezeigt, bei § 828 Abs. 3 i.V.m. § 249 S. 1 BGB nicht der Fall.

Der Vollständigkeit halber soll angemerkt werden, dass man auch bei der Berücksichtigung dieser Auslegungskriterien zu keinem anderen Ergebnis gelangen würde. Der Gesetzgeber hat bei Erlass des § 828 Abs. 3 BGB bezweckt, dass einsichtsfähige Minderjährige ab dem siebten Lebensjahr der deliktischen Haftung unterfallen. Dass die Haftung entgegen § 249 S. 1 BGB bei Minderjährigen abzumildern sein könnte, war nicht vorgesehen. Obwohl die volle Haftung Minderjähriger nach § 828 Abs. 3 BGB schon kurz nach Erlass des BGB kritisiert wurde[570] und obwohl der Gesetzgeber mit der Änderung der entsprechenden strafrechtlichen Normen 1923 auf dem Gebiet des Strafrechts auf Kritik und neue Erkenntnisse reagiert hat, wurde § 828 Abs. 3 BGB damals nicht geändert. Die Neufassung des § 828 Abs. 2 BGB zur Verbesserung der Haftungssituation jüngerer Kinder im Straßenverkehr lässt erkennen, dass eine Begrenzung der deliktischen Haftung Minderjähriger außerhalb dieses Bereichs nicht beabsichtigt ist. Die Regelungsabsicht des Gesetzgebers stimmte daher mit dem klaren Wortlaut des § 828 Abs. 3 BGB überein und gibt keinen Anlass, eine abweichende Auslegung zu erwägen.

---

[567] Vgl. Palandt - Heinrichs, Vorbem v § 249 RN 6.
[568] BVerfGE 54, 277, 299.
[569] Larenz, Methodenlehre, S. 344.
[570] Vgl. Dölle, Verh. des 34. DJT 1926, Bd. I, S. 98, 118 und Reichel, ebenda, S. 136, 168.

3. „Verfassungskonforme" Auslegung

Es wird stets betont, dass den rechtsethischen Prinzipien von Verfassungsrang für die Auslegung besondere Bedeutung zukomme.[571] Lässt eine Norm daher nach Wortsinn und Kontext mehrere Deutungen zu, von denen nur eine zu einem verfassungsmäßigen Ergebnis führt, so ist diejenige Auslegung geboten, die mit dem Grundgesetz in Einklang steht.[572] Wie schon erläutert, lässt der Wortsinn der §§ 828 Abs. 3 BGB, 249 S. 1 BGB aber keine mögliche Auslegung zu, die mit der Verfassung in Einklang zu bringen ist.

4. Ergebnis

§ 828 Abs. 3 BGB kann nicht so ausgelegt werden, dass die hiernach eintretende deliktische Haftung Minderjähriger verfassungsrechtlich unbedenklich ist, weil Grenze der Auslegung im engeren Sinne die des möglichen Wortsinns ist. Es stellt sich daher die Frage, welche weiter gehenden Möglichkeiten dem Richter zur Verfügung stehen, um ein verfassungswidriges Ergebnis bei Anwendung des § 828 Abs. 3 BGB zu vermeiden.

Führt die Auslegung einer Norm nicht zu einem verfassungsmäßigen Ergebnis, bleibt dem Richter in engen Grenzen die Möglichkeit zu einer „Rechtsfortbildung". Methodisch geleitete Rechtsfortbildung über die Grenze der Auslegung hinaus, aber noch im Rahmen des ursprünglichen Plans wäre Lückenfüllung, bei einer Rechtsfortbildung noch über diese Grenze hinaus würde es sich um eine gesetzesübersteigende Rechtsfortbildung handeln.[573]

III. Haftungsreduktion im Rahmen des § 242 BGB

1. Allgemeines zur Rechtsfortbildung im Rahmen des § 242 BGB

Die Haftung von Minderjährigen soll in bestimmten, verfassungsrechtlich bedenklichen Fällen eingeschränkt werden können. Da die Entstehung des Anspruchs selbst nicht durch eine entsprechende Auslegung der §§ 828 Abs. 3 , 249 S. 1 BGB beeinflusst werden kann, stellt sich die Frage, ob nicht die Durchsetzung des Anspruchs verhindert werden kann. In Betracht käme hier, mangels anderer gesetzlicher Einwendungen, die Anwendung des Grundsatzes von Treu und Glauben nach § 242 BGB.

---

[571] Larenz, Methodenlehre, S. 344.
[572] BVerfGE 49, 148, 157; E 69, 1, 55; E 86, 288, 320 f; E 88, 145, 166; E 95, 64, 93.
[573] Larenz, Methodenlehre, S. 366.

a.) Funktionskreise des § 242 BGB

Das Prinzip von Treu und Glauben kommt nicht nur in Vertragsverhältnissen sondern auch allgemein als oberstes Prinzip in Betracht, wenn es darum geht, unbillige, unverhältnismäßige und verfassungswidrige Ergebnisse im Zivilrecht zu vermeiden.[574] § 242 BGB ist damit aber keine Grundlage für Billigkeitsjustiz. Er gibt dem Richter nicht die Befugnis, die sich aus dem Gesetz ergebenden Rechtsfolgen im Einzelfall durch vermeintlich „billigere" oder „angemessene" zu ersetzen.[575] Es müssen vielmehr bestimmte Voraussetzungen vorliegen, damit ein Richter von einem gesetzlich vorgegebenen Ergebnis (hier: §§ 249, 828 BGB) abweichen kann. Die Anwendung des § 242 BGB hat sich an den Rechtsinstituten zu orientieren, die Rechtsprechung und Lehre auf der Grundlage des § 242 BGB herausgebildet haben.[576]

Nach ganz herrschender Auffassung gibt es verschiedene „Funktionskreise" in denen § 242 BGB zur Anwendung gelangt.[577] Die Einordnung einer Fragestellung in einen der Funktionskreise bzw. in eine hierzu entwickelte Fallgruppe hilft, die Voraussetzungen für die Anwendung des § 242 BGB sowie ihre Rechtsfolgen im Einzelfall zu klären. Die Aufteilung der Funktionskreise des § 242 BGB und ihre Benennung wird nicht ganz einheitlich vorgenommen. Im Grunde kann aber gesagt werden, dass dem § 242 BGB drei Hauptfunktionen zukommen.[578] Dabei handelt es sich zunächst um die Ergänzungsfunktion, bei der es um die Begründung von Nebenpflichten in Ergänzung und Konkretisierung der Hauptpflichten eines bestehenden Rechtsverhältnisses geht. Des weiteren hat § 242 BGB eine Schrankenfunktion, bei der es um die Versagung bzw. Einschränkung oder umgekehrt Begründung bzw. Erweiterung von Rechten und Pflichten geht. Als dritte Funktion besteht eine Korrekturfunktion, die die Korrektur von Gesetzesrecht mit Hilfe des § 242 BGB ermöglicht.

b.) Einordnung in die Schrankenfunktion

In den hier interessierenden Fällen geht es darum, eine nach §§ 828 Abs. 3, 249 S. 1 BGB bestehende unbeschränkte Haftung eines Minderjährigen dann zu reduzieren oder ganz auszuschließen, wenn die Haftung unverhältnismäßig wäre

---

[574] RGZ 85, 108, 117; BGHZ 58, 146, 147; Larenz, SchuldR AT, § 10 I, S. 119 f m.w.N.; gegen die Verwendung des § 242 BGB zur einschränkenden Auslegung gesetzlicher Pflichten: Fikentscher, SchuldR., RN 199.

[575] Palandt - Heinrichs, § 242 RN 2; Soergel - Teichmann, § 242 RN 9; Brox/Walker, Allg. Schuldrecht, § 7 RN 2.

[576] Vgl. Palandt - Heinrichs, § 242 RN 2.

[577] Medicus, SchuldR I, RN 132 ff; MüKo - Roth, § 242 RN 119 ff; Soergel - Teichmann, § 242 RN 58; Palandt - Heinrichs, § 242 RN 13; Erman - Werner, § 242 RN 44.

[578] Vgl. Medicus, SchuldR I, RN 132 ff; MüKo - Roth, § 242 RN 119 ff; Palandt - Heinrichs, § 242 RN 13.

118

und unter Umständen auch gegen Grundrechte des Minderjährigen verstoßen würde. Gefragt ist damit die Schrankenfunktion des § 242 BGB. Denn es soll versucht werden, einen grundsätzlich bestehenden deliktischen Anspruch des Gläubigers gegen den Minderjährigen aufgrund eines Verstoßes gegen Treu und Glauben einzuschränken. Im Rahmen der Schrankenfunktion geht es vor allem um die Anwendungsfälle der unzulässigen Rechtsausübung; die Geltendmachung von Rechten ist unzulässig, wenn sie gegen Treu und Glauben verstößt. Vor diesem Hintergrund heben sich vor allem zwei anerkannte Fallgruppen des Rechtsmissbrauchs ab, der individuelle und der institutionelle Missbrauch. Bei der ersten Fallgruppe geht es darum, dass die Ausübung eines individuellen Rechts als treuwidrig und unzulässig beanstandet wird, das Unwerturteil resultiert aus dem individuellen Verhalten einer Partei.[579] Im Fall des institutionellen Rechtsmissbrauchs wird eine mehr oder minder generalisierende Interessenabwägung in bezug auf bestimmte Rechtsnormen oder Rechtsinstitute vorgenommen. Es geht darum, dass die sich aus geltendem Recht ergebenden Rechtsfolgen unter Umständen zurücktreten müssen, wenn sie zu einem mit Treu und Glauben unvereinbaren, schlechthin untragbaren Ergebnis führen.[580] Einschlägig ist für den Fall der Haftungsreduktion bei Minderjährigen die zweite Fallgruppe, denn die Beschränkung des deliktischen Anspruchs folgt nicht aus einem in irgendeiner Weise schuldhaften oder gar arglistigen Verhalten des Geschädigten. Ausgangspunkt für eine Haftungsbeschränkung ist nur die unbillige und unverhältnismäßige Rechtsfolge, die an die Handlung des Minderjährigen geknüpft wird.

2. Fallgruppen des institutionellen Rechtsmissbrauchs, Voraussetzungen

Nach den Grundsätzen des institutionellen Rechtsmissbrauchs ist die Ausübung eines Rechts unzulässig, wenn im Einzelfall der Begünstigte keine schutzwürdigen Interessen verfolgt bzw. überwiegende Interessen eines anderen Beteiligten entgegenstehen. Hierbei ist aber zu beachten, dass nicht jedes Interessenungleichgewicht eine Beschränkung der Rechte der weniger schutzwürdigen Partei bzw. eine Aufwertung der Rechtsposition der schutzwürdigeren Seite herbeiführt. Vielmehr nimmt die Rechtsprechung nur ausnahmsweise dann einen korrigierenden Eingriff in gesetzlich begründete Rechte vor, wenn eine als grob und unerträglich empfundene Unbilligkeit bejaht werden kann.[581]

a.) Verhältnismäßigkeitsprinzip

Im Rahmen dieser Grundsätze hat sich die Anwendung des Verhältnismäßigkeitsprinzips bzw. des Übermaßverbots herausgebildet. Danach ist die Aus-

---

[579] Vgl. Palandt - Heinrichs, § 242 RN 40.
[580] Palandt - Heinrichs, § 242 RN 40.
[581] MüKo - Roth, § 242 RN 537.

übung eines Rechts dann unzulässig, wenn sie der Gegenseite unverhältnismäßig große Nachteile zufügt und die Interessen des Berechtigten auch mit der Wahl eines weniger einschneidenden Sanktionsmittels gewahrt bleiben würden.[582] Das Verhältnismäßigkeitsprinzip gebietet in diesem Sinne zwar eine angemessene Reaktion auf das Fehlverhalten des Gegners. Es statuiert aber keinen allgemeinen Rechtsgrundsatz, dass die Rechtsfolgen einer Pflichtverletzung in einem angemessenen Verhältnis zu deren Schwere stehen müssen. Sind weniger einschneidende Mittel, die dem Berechtigten zu seinem Recht verhelfen, nicht gegeben, soll es daher dabei bleiben, dass auch geringfügige Fahrlässigkeit eine Schadensersatzpflicht in existenzvernichtender Höhe begründen kann.[583]

Für die Begrenzung der deliktischen Haftung Minderjähriger lässt sich das so verstandene Verhältnismäßigkeitsprinzip nicht nutzbar machen. Denn für den Geschädigten gibt es kein milderes Mittel, sich schadlos zu halten, als den Minderjährigen in Anspruch zu nehmen. Als weniger einschneidendes Mittel kommt auch nicht die Inanspruchnahme einer Versicherung des Geschädigten in Betracht. Hiermit ist dem Schädiger nicht geholfen, da die Ansprüche des versicherten Opfers auf die Versicherung übergehen. Der Geltendmachung dieser Ansprüche durch den Versicherer lässt sich das Verhältnismäßigkeitsprinzip mangels anderer Mittel zur Schadloshaltung nicht mehr entgegenhalten.

b.) Überwiegende Interessen des Nichtberechtigten

Eng im Zusammenhang mit dem Verhältnismäßigkeitsprinzip steht die Fallgruppe der Inhaltsbeschränkung wegen überwiegender Interessen des Nichtberechtigten.[584] Hierbei führt die negative Bewertung der Benachteiligung des Nichtberechtigten dazu, dass auch die entsprechende Befugnis des Berechtigten negativ bewertet wird, weshalb ihm diese Befugnis aberkannt wird.[585] Auch in dieser Fallgruppe hat jedoch nicht schon jedes Ungleichgewicht oder jede übermäßige wirtschaftliche Belastung des Nichtberechtigten die Unzulässigkeit der Rechtsausübung zur Folge. Diese soll aber in den Ausnahmefällen einer „grob unbilligen, mit der Gerechtigkeit nicht zu vereinbarenden Benachteiligung" eintreten.[586] Der Grundsatz von Treu und Glauben in seiner Funktion der Begrenzung von Rechten in Fällen unzulässiger Rechtsausübung verbiete es, dass jemand aus einer formalen Rechtsstellung Rechte herleite, deren Verwirklichung unter Berücksichtigung der besonderen Interessenlage von Gläubiger und

---

[582] MüKo - Roth, § 242 RN 546; Soergel - Teichmann, § 242 RN 306; Staudinger - Schmidt, § 242 RN 779 ff; Medicus, SchuldR I RN 133; Palandt - Heinrichs, § 242 RN 54.

[583] Palandt - Heinrichs, § 242 RN 54.

[584] zu dieser Fallgruppe: MüKo - Roth, § 242 RN 574 ff; Staudinger - Schmidt, § 242 RN 800 ff.

[585] Staudinger - Schmidt, § 242 RN 800.

[586] BGH LM Nr. 48 zu § 387.

Schuldner zu einer groben, unerträglichen Unbilligkeit führen würde.[587] Würden bei einer bloß formaljuristischen Beurteilung untragbare Ergebnisse erzielt, sei es daher geboten, einen billigen Interessenausgleich herbeizuführen.[588]

Erkennt man diese Fallgruppe an,[589] kommt man zu einer Einwendung aus § 242 BGB, wenn die deliktische Haftung des Minderjährigen die entsprechenden Kriterien im Einzelfall erfüllt. Der Weg wäre somit frei für eine Abwägung zwischen den Rechten des Geschädigten und denen des minderjährigen Schädigers. Ergibt diese, dass die Durchsetzung der deliktischen Ansprüche zu einer grob unbilligen, ungerechten Benachteiligung des Minderjährigen führt, kann dem Opfer die Durchsetzung seiner Ansprüche nach § 242 BGB verwehrt werden.

3. Unzulässige Rechtsfortbildung contra legem?

Eine auf § 242 BGB gestützte Interessenabwägung im Rahmen der deliktischen Haftung Minderjähriger setzt sich aber immer noch der Kritik aus, dass hiermit contra legem von dem in § 249 S. 1 BGB eindeutig niedergelegten Prinzip der Totalreparation abgewichen würde, welches für jeden nach § 828 Abs. 3 BGB verantwortlichen Heranwachsenden gilt.[590]

Eine Rechtsfortbildung contra legem würde von der Schrankenfunktion des § 242 BGB in der Tat nicht mehr umfasst. Hier wäre vielmehr als nächste Stufe die „korrektorische Funktion" des § 242 BGB gefragt, an die sehr hohe Anforderungen gestellt werden.[591] Wäre nach diesen Anforderungen aber auch eine Rechtsfortbildung contra legem in den Fällen der deliktischen Minderjährigenhaftung gerechtfertigt, könnte das Bestehen einer Einrede aus § 242 BGB innerhalb der oben genannten Fallgruppe der groben Unbilligkeit nicht mehr verneint werden.

a.) Allgemeine Voraussetzungen für eine Gesetzeskorrektur durch § 242 BGB

Im Rahmen der „korrektorischen Funktion" des § 242 BGB soll ein Richter dann von einer im Gesetz gegebenen Regel abweichen dürfen, wenn der Fall von den durch die Norm geregelten „Normalfällen" soweit abweicht, dass die Nichtberücksichtigung der besonderen Situation sachwidrig oder in hohem Maße unbillig wäre.[592] Eine richterliche Rechtsfindung contra legem findet ihre

[587] OLG Köln NJW 1980, 2817, 2818.
[588] BGH WM 1987, 1558, 1560, vgl. auch BGH NJW 1977, 1234, 1235.
[589] anders Staudinger - Schmidt, § 242 RN 802: „man sollte auf diese Regelungsgruppe verzichten".
[590] Müller, KTS 2000, 57, 64.
[591] Vgl. Medicus, SchuldR I, RN 134, Larenz, SchuldR AT, § 10 I S. 120.
[592] Larenz, SchuldR AT, S. 120; vgl. auch BGH NJW 1977, 1234, 1235.

Grenze aber dort, wo die Antwort auf eine Rechtsfrage nicht mit spezifisch rechtlichen Erwägungen gefunden werden kann und eine detaillierte Regelung erforderlich wäre, die der Gestaltungsfreiheit des Gesetzgebers unterliegt.[593] Diese Grenze ergibt sich zwingend aus der Funktionsteilung zwischen Gesetzgebung und Rechtsprechung.[594] Über diese Grenze hinaus ist der Rechtsprechung eine gesetzesübersteigende Rechtsfortbildung allenfalls dann gestattet, wenn infolge dauernden Versagens des Gesetzgebers ein echter Rechtsnotstand entstanden ist.[595]

Fraglich ist, ob diese hohen Voraussetzungen bei einer Haftungsreduktion entgegen den §§ 828 Abs. 3, 249 S. 1 BGB vorliegen würden.

b.) Vergleich mit der Rechtsprechung zu § 253 BGB

Für die Frage, ob zugunsten einer einzelfallgerechten Beurteilung der deliktischen Haftung eines Minderjährigen von den gesetzlichen Regeln der §§ 828 Abs. 3, 249 S. 1 BGB abgewichen werden darf, lässt sich vergleichsweise die BGH-Rechtsprechung zu einem Schmerzensgeld wegen Ehrverletzungen entgegen der insoweit eindeutigen Norm des § 253 BGB heranziehen.

aa.) Rechtsprechung des BGH und BVerfG zu § 253 BGB

Nach dieser gefestigten und mittlerweile zu Gewohnheitsrecht erstarkten[596] Rechtsprechung kann bei schuldhafter Verletzung des Persönlichkeitsrechts dem Betroffenen eine Genugtuung zugebilligt werden, obwohl nach § 253 BGB eine Geldentschädigung für ideellen Schaden nur in den durch das Gesetz ausdrücklich bestimmten Fällen gefordert werden kann.[597] Denn bei Erlass dieser Norm habe der hohe Wert des Rechtsschutzes der menschlichen Persönlichkeit noch nicht die Anerkennung erfahren, die ihm nach Art. 1 und Art. 2 Abs. 1 GG zukomme. Die unter dem Einfluss der Wertentscheidung des Grundgesetzes durch die Rechtsprechung erfolgte Ausbildung des zivilrechtlichen Persönlichkeitsschutzes wäre aber lückenhaft und unzureichend, wenn eine Verletzung des Persönlichkeitsrechts keine der ideellen Beeinträchtigung adäquate Sanktion auslösen würde. Eine Einengung des ideellen Schadensersatzes dahin, dass er nur bei Verletzung einzeln aufgeführter Rechtsgüter zugebilligt werde, werde dem Wertsystem des Grundgesetzes nicht mehr gerecht.[598] Dies gelte besonders an-

[593] Larenz, Methodenlehre, S. 427 f.
[594] Larenz, Methodenlehre, S. 427;
[595] Medicus, SchuldR I, RN 134; Larenz, Methodenlehre, S. 427.
[596] Larenz, Methodenlehre, S. 426; Staudinger - Schiemann, § 253 RN 5; Soergel - Mertens, § 253 RN 7.
[597] BGHZ 26, 349, 354 ff; 35, 363, 366 ff; 39, 124, 130 ff.
[598] BGHZ 35, 363, 367.

gesichts der tiefgreifenden technischen und sozialen Entwicklung, die sich seit 1900 vollzogen habe und für die Schöpfer des Bürgerlichen Gesetzbuchs schlechthin unvorhersehbare Möglichkeiten einer nachhaltig wirkenden Verletzung von Persönlichkeitsgütern geschaffen habe.[599]

Diese eindeutig contra legem erfolgte Rechtsfortbildung wurde vom BVerfG als verfassungskonform bestätigt.[600] Der Richter sei nach dem Grundgesetz nicht darauf verwiesen, gesetzgeberische Weisungen in den Grenzen des möglichen Wortsinns auf den Einzelfall anzuwenden. Die Aufgabe der Rechtsprechung könne es vielmehr erfordern, Wertvorstellungen, die der verfassungsmäßigen Rechtsordnung immanent, aber in den Texten der geschriebenen Gesetze nicht zum Ausdruck gelangt seien, ans Licht zu bringen und in Entscheidungen zu realisieren. Erfülle das Gesetz seine Funktion, ein Rechtsproblem gerecht zu lösen, nicht, schließe die richterliche Entscheidung diese Lücke dann nach den Maßstäben der praktischen Vernunft und den fundierten allgemeinen Gerechtigkeitsvorstellungen der Gemeinschaft.[601] Fraglich könnten nur die Grenzen sein, die einer solchen Rechtsfindung mit Rücksicht auf die Gesetzesbindung der Rechtsprechung gezogen werden müssten. Hier sei zu berücksichtigen, dass das BGB schon seit 1900 in Kraft sei und mit dem Altern der Kodifikation und somit zunehmendem zeitlichen Abstand zwischen Gesetzesbefehl und richterlicher Einzelfallentscheidung notwendig die Freiheit der Richters zur schöpferischen Fortbildung des Rechts wachse. Dem möglichen Konflikt einer Norm mit den materiellen Gerechtigkeitsvorstellungen einer gewandelten Gesellschaft könne sich der Richter nicht mit dem Hinweis auf den unverändert gebliebenen Gesetzeswortlaut entziehen; er sei zu freierer Handhabung der Rechtsnormen gezwungen. Im Hinblick auf § 253 BGB weist das BVerfG darauf hin, dass mit dem Schutz des Persönlichkeitsrechts ein Problem nach einer Lösung verlangte, dessen Bedeutung zur Entstehungszeit des BGB noch nicht absehbar gewesen sei. Die Dringlichkeit einer Lösung ließe sich an der anhaltenden Kritik des rechtswissenschaftlichen Schrifttums an der Gesetzeslage sowie an den Begründungen eines Gesetzesentwurfs zur Änderung des zivilrechtlichen Persönlichkeitsschutzes erkennen.[602] Da Gesetzesentwürfe bereits in den Anfängen des Gesetzgebungsverfahrens scheiterten und ein Eingreifen des Gesetzgebers ungewiss sei, habe der unter Entscheidungszwang stehende Richter keine formale Gesetzestreue um den Preis einer erheblichen Gerechtigkeitseinbuße üben müssen. Methodisch habe sich der BGH von § 253 BGB nur in dem im konkreten Fall unerlässlichen Maße entfernt ohne die Norm im ganzen als verfassungswid-

---

[599] BGHZ 39, 124, 131.
[600] BVerfG, JZ 1973, 662, 663 ff.
[601] BVerfG JZ 1973, 662, 665.
[602] BVerfG JZ 1973, 662, 666.

123

rig zu kennzeichnen, was ihm angesichts des vorkonstitutionellen Charakters der Norm offengestanden hätte.[603]

bb.) Vergleichbarkeit

Diese Erwägungen zur Zulässigkeit einer Rechtsfindung contra § 253 BGB lassen sich auf die Frage der Zulässigkeit einer richterlichen Billigkeitsentscheidung entgegen den §§ 828 Abs. 3, 249 S. 1 BGB übertragen.

Auch bei der Problematik deliktisch haftender Minderjähriger ergibt sich die Notwendigkeit einer vom Gesetz abweichenden Rechtsfolge aus den Wertungen des Grundgesetzes, nämlich Art. 2 Abs. 1 i. V. m. Art. 1 Abs. 1 GG. Zur Rechtfertigung einer Entscheidung entgegen § 828 Abs. 3 BGB lässt sich zunächst ebenfalls vorbringen, dass der große zeitliche Abstand seit Erlass der Norm bewirkt, dass die veränderten tatsächlichen Umstände sich im Gesetz nicht widerspiegeln. Mag es 1900 noch der allgemeinen Anschauung entsprochen haben, ein siebenjähriges Kind in seiner deliktischen Verantwortlichkeit einem Erwachsenen fast gleichzustellen, so ist diese Sicht angesichts der gewandelten tatsächlichen Verhältnisse, in denen Kinder mittlerweile aufwachsen sowie den mittlerweile gewonnenen jugendpsychologischen Erkenntnissen auf die heutige Zeit nicht mehr übertragbar.[604] Angesichts dieses Missverhältnisses zwischen gesetzlich vorgesehener und nach Lage der gewandelten Umstände angemessener Haftung Minderjähriger wurde schon lange Kritik an der Gesetzeslage geübt, verbunden mit verschiedenen Verbesserungsvorschlägen, die auch in den Gesetzesentwurf zur Änderung und Ergänzung schadensrechtlicher Vorschriften von 1967 aufgenommen wurden. Ein wichtiger Schritt zur Verbesserung des Minderjährigenschutzes wurde zwar mit der Neufassung des § 828 Abs. 2 BGB getan, die zumindest für den Bereich des Straßenverkehrs den Schutz jüngerer Minderjähriger erheblich erweitert. Der Schutz auch älterer Kinder, bzw. Kinder außerhalb des Straßenverkehrs vor deliktischer Haftung bleibt aber weiterhin mangelhaft.[605] Auch für die Zukunft ist nicht ersichtlich, dass der Gesetzgeber für diesen Bereich eine weitergehende Änderung vorgesehen hat.

Insoweit lässt sich für eine Entscheidung entgegen §§ 828 Abs. 3, 249 S. 1 BGB der gleiche Schluss ziehen, den das BVerfG für eine Rechtsprechung entgegen § 253 BGB gezogen hat, nämlich dass es dem Richter angesichts einer solchen Gesetzeslage offensteht, ohne „formale Gesetzestreue" eine gerechte Entscheidung zu treffen.

---

[603] BVerfG JZ 1973, 662, 667.
[604] Vgl. 1. Teil, 2. Abschnitt, B u. C.
[605] Vgl. 1. Teil 2. Abschnitt.

cc.) Kritik und Würdigung

Die Rechtsprechung zum Ersatz immaterieller Schäden bei Verletzung des allgemeinen Persönlichkeitsrechts wird allerdings bis heute von Teilen des Schrifttums kritisiert.[606] Dabei ergeben sich die Bedenken gegen diese Rechtsprechung weniger aus dem gefundenen Ergebnis,[607] als vielmehr aus der Methode der Rechtsfindung. Die Gewährung eines Schmerzensgeldes bei Verletzungen des allgemeinen Persönlichkeitsrechts widerspreche eindeutig dem Hauptanliegen des § 253 BGB, Geldersatz für Ehrverletzungen auszuschließen und damit eine „Kommerzialisierung der Ehre" zu verhindern.[608] Der Ersatz eines immateriellen Schadens in diesen Fällen sei auch nicht zwingend durch Art. 1 und 2 GG geboten, vor allem, weil das Persönlichkeitsrecht auch auf andere Weise als durch Schmerzensgeld geschützt werden könne.[609] Um sich über die Wertungen des damaligen Gesetzgebers hinwegzusetzen, hätte es daher einer neuen gesetzgeberischen Entscheidung bedurft.[610]

Die an der Rechtsprechung zu § 253 BGB geübte Kritik würde auf eine Rechtsprechung entgegen §§ 828 Abs. 2, 249 S. 1 BGB allerdings so nicht zutreffen. Zunächst fällt die Legitimation der Gewährung von Schmerzensgeld entgegen § 253 BGB schwerer, weil diese dem Willen des historischen Gesetzgebers ganz eindeutig zuwiderläuft. Dagegen stand der Gesetzgeber dem Gedanken des Minderjährigenschutzes im Deliktsrecht nicht prinzipiell ablehnend gegenüber,[611] was sich auch in der Neufassung des § 828 Abs. 2 BGB zeigt. Auch die Kritik, dass eine angemessene Berücksichtigung der Grundrechte auch ohne Verstoß gegen § 253 BGB möglich sei, lässt sich auf die Situation bei deliktisch haftenden Minderjährigen nicht übertragen. Zum Schutze des allgemeinen Persönlichkeitsrechts mögen durchaus andere Möglichkeiten als die Gewährung eines Schmerzensgeldes möglich sein. Dass ein ausreichender Schutz der Grundrechte des Minderjährigen aufgrund der bestehenden Rechtslage ohne eine Haftungsreduktion nach Billigkeitsgesichtspunkten aber nicht gewährleistet werden kann, wurde bereits ausführlich dargelegt.[612]

Die gegen die Rechtsprechung zu § 253 BGB geäußerten Bedenken würden somit für den Fall einer Entscheidung entgegen §§ 828 Abs. 3, 249 S. 1 BGB nicht durchgreifen.

---

[606] Larenz, Methodenlehre, S. 426; Staudinger - Schiemann, § 253 RN 4; MüKo - Grunsky, 3. Aufl., § 253 RN 6.
[607] Dieses wird de lege ferenda teilweise begrüßt, vgl. MüKo - Grunsky, 3. Aufl., § 253 RN 6.
[608] Larenz, Methodenlehre, S. 426.
[609] Staudinger - Schiemann, § 253 RN 4; MüKo - Grunsky, 3. Aufl., § 253 RN 6.
[610] Larenz, Methodenlehre, S. 426.
[611] Vgl. Looschelders, VersR 1999, 141, 150.
[612] 2. Teil, 1. und 2. Abschnitt.

c.) Ergebnis zur Zulässigkeit einer Rechtsfindung contra legem

Ist somit die Rechtsfindung entgegen §§ 828 Abs. 3, 249 S. 1 BGB vergleichbar mit der Rechtsfindung entgegen § 253 BGB und greift die hiergegen geäußerte Kritik im Fall der §§ 828 Abs. 3, 249 S. 1 BGB nicht ein, muss anerkannt werden, dass diese Rechtsfindung contra legem erst recht zulässig ist.

IV. Zwischenergebnis: Möglichkeit einer Haftungsreduktion nach Billigkeitsgesichtspunkten über § 242 BGB

Bei der deliktischen Haftung Minderjähriger ist folglich im Rahmen des § 242 BGB eine Billigkeitsentscheidung trotz der insoweit entgegenstehenden zivilrechtlichen Normen grundsätzlich möglich. Zu prüfen bleibt, welche Kriterien bei einer solchen Entscheidung berücksichtigt werden müssen und in welchen konkreten Fällen letztlich zugunsten des Minderjährigen gegen die gesetzliche Wertung entschieden werden muss.

2. Abschnitt: Kriterien für eine Haftungsreduktion nach § 242 BGB

Wie oben erläutert[613] ergibt sich aus § 242 BGB eine Einwendung des Minderjährigen gegen den vom Geschädigten geltend gemachten Anspruch im Rahmen der Fallgruppe des institutionellen Rechtsmissbrauchs dann, wenn die Durchsetzung der deliktischen Ansprüche zu einer grob unbilligen, ungerechten Benachteiligung des Minderjährigen führen würde. Ob diese Voraussetzung vorliegt, muss durch eine Abwägung zwischen den Rechten des Geschädigten und denen des minderjährigen Schädigers im Einzelfall herausgefunden werden. Hiernach beantwortet sich die Frage, ob eine Haftungsreduktion durch den Richter geboten ist oder ob eine Haftung des Minderjährigen noch vertretbar erscheint.

A. Grundsätze für die Interessenabwägung

I.   Voraussetzung der „groben Unbilligkeit"

Bei einer Interessenabwägung im Rahmen des § 242 BGB geht es bei der unzulässigen Rechtsausübung ganz allgemein darum, die zwischen den Parteien bestehende Interessenlage umfassend zu würdigen und die im Hinblick darauf an-

---

[613] Vgl. 1. Abschnitt, C III 2 b.

gemessene Rechtsfolge zu finden.[614] Es muss also gefragt werden, welche Umstände bei einer Abwägung für und welche gegen den erweiterten Schutz des Minderjährigen sprechen und welche Umstände auf der anderen Seite für eine höhere Schutzbedürftigkeit des Opfers sprechen. Bei der allgemeinen Interessenabwägung bleiben aber immer die Grenzen einer Billigkeitsjustiz zu beachten: nicht jede Unbilligkeit und jede Verschiebung der Gewichte in der Interessenlage rechtfertigt ein Abweichen in den Rechtsfolgen.[615] Angesichts der gesetzlichen Wertung, dass ein einsichtsfähig und schuldhaft handelnder Minderjähriger für den von ihm verursachten Schaden voll einstehen muss, reicht es daher nicht aus, dass eine Interessenabwägung ein Überwiegen der Interessen des Minderjährigen ergibt. Eine Entscheidung entgegen der gesetzlich vorgesehenen Rechtsfolge setzt darüber hinaus eine „grobe Unbilligkeit" voraus.

Für den weiteren Gang der Untersuchung bedeutet dies, dass zunächst geklärt werden muss, wann genau auf Seiten des Minderjährigen Umstände vorliegen, die eine Haftung grob unbillig erscheinen lassen. Anschließend muss geprüft werden, ob die entgegenstehenden Interessen des Opfers so gewichtig sind, dass die Entscheidung dennoch zu Ungunsten des Minderjährigen ausfallen muss.

II. Bedeutung der Grundrechte

Die Frage, wann eine unzulässige Rechtsausübung wegen „grob unbilliger Benachteiligung" der Gegenseite bejaht werden kann, hängt auch zusammen mit der Frage, wann eine Grundrechtsbeeinträchtigung vorliegt. Denn Rechte dürfen gemäß § 242 BGB auch dann nicht durchgesetzt werden, wenn sie mit Interessen anderer kollidieren, denen Grundrechtsrang zuerkannt ist.[616] Ist die Beeinträchtigung der Interessen des Minderjährigen so intensiv, dass hierdurch in sein allgemeines Persönlichkeitsrecht nach Art. 2 Abs. 1 i. V. m. Art. 1 Abs. 1 GG eingegriffen wird,[617] wird die Interessenabwägung grundsätzlich so stark zu Gunsten des Minderjährigen ausfallen, dass eine hiergegen durchgesetzte Forderung grob unbillig und damit unzulässig wäre. Etwas anderes kann sich aber dann ergeben, wenn durch eine Versagung oder Kürzung der deliktischen Ansprüche auch in die Grundrechte des Opfers eingegriffen würde.

Auch zwischen den Grundrechten der Betroffenen hat eine Abwägung stattzufinden. Bei der Gewichtung der Grundrechte ist dabei zu beachten, dass keine Rangordnung innerhalb der Grundrechte aufgestellt werden kann, wonach verletzte Persönlichkeitsrechte höher bewertet werden als die verletzte Vermögens-

[614] Vgl. MüKo - Roth, § 242 RN 339.
[615] MüKo - Roth, § 242 RN 344.
[616] MüKo - Roth, § 242 RN 578.
[617] Vgl. 2. Teil, 3. Abschnitt, C.

sphäre, denn im Schuldrecht geht es ja schwerpunktmäßig um den Austausch von Vermögensleistungen.[618] Eine Entscheidung sollte vielmehr auf die Intensität der verletzten Grundrechte abstellen.[619] Daher müsste bei einer Abwägung der Grundrechte von Minderjährigem und Geschädigtem zunächst geprüft werden, ob die deliktische Forderung so hoch ist, dass hierdurch in das allgemeine Persönlichkeitsrecht des Minderjährigen eingegriffen wird. Anschließend wäre zu prüfen, ob der Grundrechtseingriff beim Geschädigten intensiver ist und mithin eine Abwägung trotz Grundrechtsverletzung beim Minderjährigen zugunsten des Geschädigten ausfallen muss. Letztlich hat also auch unter Berücksichtigung der Grundrechte der Betroffenen eine umfassende Güter- und Interessenabwägung im Einzelfall stattzufinden.[620] Diese folgt grundsätzlich den gleichen Prinzipien wie die Abwägung zur Bejahung einer „groben Unbilligkeit".

B. Vorgeschlagene Kriterien für eine Billigkeitsentscheidung

Das OLG Celle hat in seiner Entscheidung vom 26.05.1989 drei Kriterien genannt, bei deren Vorliegen die unbegrenzte Haftung eines Minderjährigen mit der Verfassung unvereinbar sei.[621] Danach sollte § 828 Abs. 2 BGB a. F. jedenfalls dann verfassungswidrig sein, wenn erstens seitens des Minderjährigen nur leichte Fahrlässigkeit vorliege, zweitens die uneingeschränkte Haftung des Minderjährigen zu einer wirtschaftlichen Existenzvernichtung führen würde und drittens das Opfer von dritter Seite, zum Beispiel durch eine Versicherung, befriedigt werde. Diese Kriterien wurden auch in den nachfolgenden Entscheidungen des LG Bremen[622] und des LG Dessau[623] übernommen.

Looschelders hat zur Konkretisierung einer Haftungsreduktion nach Billigkeitsgesichtspunkten gemäß § 242 BGB eine „umgekehrte" Analogie des § 829 BGB in Betracht gezogen.[624] Kehrt man den Wortlaut des § 829 BGB dementsprechend um, hätte ein Minderjähriger „*obwohl* er nach den §§ 827, 828 BGB verantwortlich ist, den Schaden insoweit *nicht* zu ersetzen, als die Billigkeit nach den Umständen, insbesondere nach den Verhältnissen der Beteiligten eine Schadloshaltung *nicht* erfordert". Dieser Wortlaut ähnelt der nach dem Referentenentwurf 1967 vorgesehenen Änderung des § 828 Abs. 2 BGB, wonach bei einem Minderjährigen, der die Einsichtsfähigkeit in geringerem Maße als ein

---

[618] Soergel - Teichmann, § 242 RN 47.
[619] Soergel - Teichmann, § 242 RN 47.
[620] Vgl. Soergel - Teichmann, § 242 RN 46.
[621] OLG Celle VersR 1989, 709 ff.
[622] LG Bremen NJW-RR 1991, 1432.
[623] LG Dessau VersR 1997, 242.
[624] Looschelders, VersR 1999, 141, 151.

Erwachsener besitzt, „das Gericht die Ersatzpflicht einschränken kann, soweit dies nach den Umständen, insbesondere nach den Verhältnissen der Beteiligten der Billigkeit entspricht"[625]. Zur Konkretisierung des Maßstabs der „Verhältnisse der Beteiligten" ließen sich die im Rahmen des § 829 BGB entwickelten Grundsätze heranziehen.

Im Laufe der folgenden Ausführungen soll untersucht werden, ob und inwieweit diese vorgeschlagenen Kriterien für eine Interessenabwägung im Rahmen des § 242 BGB nutzbar gemacht werden können und müssen und ob unter Umständen auch weitere Kriterien Berücksichtigung zu finden haben.

C. Untersuchung konkreter Kriterien für eine „Unbilligkeit"

I. Kriterium für „grobe Unbilligkeit" auf Seiten des Minderjährigen: Existenzvernichtend hohe Forderung

1. Schwelle der „existenzvernichtend hohen Forderung"

Zunächst ist festzuhalten, dass eine bestimmte Höhe der gegen den Minderjährigen geltend gemachten deliktischen Forderung Voraussetzung für die Eröffnung der Interessenabwägung ist und nicht lediglich eine Komponente, die im Rahmen dieser Interessenabwägung zugunsten des Minderjährigen ins Gewicht fällt. Dies ergibt sich im Hinblick auf die Berücksichtigung der Grundrechte des Minderjährigen im Rahmen des § 242 BGB daraus, dass zunächst überhaupt ein Eingriff in das allgemeine Persönlichkeitsrecht des Jugendlichen vorliegen muss, bevor geprüft wird, ob ebenso in Rechte des Opfers eingegriffen wird. Im Rahmen der Interessenabwägung wegen überwiegender Interessen des Nichtberechtigten ergibt sich dies aus der Schwelle der „groben Unbilligkeit". Denn die existenzvernichtende Belastung des Schädigers durch die unbegrenzte Haftung ist der tragende Grund für den Versuch, überhaupt zu einer Haftungsbegrenzung zu gelangen, während alle weiteren Kriterien nur der Einschränkung der Haftungsmilderung im Hinblick auf die Interessen des Opfers dienen.[626] Somit stellt sich die Frage, wann genau die Durchsetzung einer Forderung als „existenzvernichtend" in die Grundrechte des Minderjährigen eingreift, bzw. ihm gegenüber eine „grobe Unbilligkeit" darstellt. Es ist also zu klären, wie hoch eine Forderung sein muss, um eine Interessenabwägung durch den Richter und somit eine Haftung nach Billigkeitsgesichtspunkten überhaupt zuzulassen.

---

[625] Abgedruckt bei MüKo - Mertens, § 828 RN 15.
[626] Vgl. Kuhlen, JZ 1990, 273, 278.

Die verfassungsrechtlichen Bedenken gegen eine unbegrenzte Haftung Minderjähriger entspringen den Folgen, die die Überschuldung eines jungen Menschen mit sich bringt. Wie bereits oben erläutert, [627] kann ein Eingriff in das allgemeine Persönlichkeitsrecht eines Minderjährigen dann bejaht werden, wenn die Schuldenlast den Jugendlichen in seiner späteren Lebensplanung als junger Erwachsener so stark einschränkt, dass angesichts dieser Perspektivlosigkeit die freie Entwicklung und Entfaltung des Minderjährigen gestört wird. Um eine konkrete Voraussetzung für die Billigkeitshaftung herauszubilden, muss also geklärt werden, welche Höhe eine Forderung haben muss, um diese Auswirkungen auf einen minderjährigen Täter zu haben.

a.) Vorgeschlagene Grenzen für eine „existenzvernichtend" hohe Forderung

Nach *Rolfs*[628] ist zur Bestimmung der Verfassungswidrigkeit einer Forderung gegen einen Minderjährigen § 1629 a BGB in der Form des Minderjährigenhaftungsbeschränkungsgesetzes heranzuziehen. Hiernach solle der volljährig Gewordene schuldenfrei in die Volljährigkeit starten können. Übertragen auf die deliktische Haftung bedeute dies, dass eine Haftung nur dann nicht „existenzvernichtend" und damit verfassungswidrig sei, wenn der Minderjährige bei gewöhnlichem Verlauf der Dinge zur Tilgung der Forderung bis zu seiner Volljährigkeit in der Lage sein werde. Insoweit sei die Haftung summenmäßig zu reduzieren.

Dagegen soll nach *Canaris*[629] eine Haftungsreduktion erst dann verfassungsrechtlich geboten sein, wenn die volle Befriedigung der Forderung für den Schädiger ruinös oder zumindest katastrophal wäre. Ein „ruinöser" Schaden sei dann gegeben, wenn die Befriedigung den Schädiger bis zum Ende seines Lebens auf das pfändungsfreie Minimum beschränke, ein „katastrophaler" Schaden liege vor, wenn die Ersatzpflicht das gesamte, in Jahrzehnten erworbene Vermögen des Schädigers aufzehre.

In den Gerichtsentscheidungen, die die unbeschränkte Haftung Minderjähriger als verfassungswidrig beurteilt haben,[630] wird eine grundsätzliche Grenze, ab der eine Forderung als existenzvernichtend angesehen wird, nicht genannt. Die als existenzvernichtend eingestuften Schadenssummen waren jedoch in den Fällen des OLG Celle und des LG Dessau jeweils so hoch, dass ein junger Erwachsener bei einem unterstellten Berufseintritt im Alter von 20 Jahren und einem angenommenen anfänglichen Nettolohn von 1.000 € nicht in der Lage gewesen wäre,

[627] Vgl. 2. Teil, 3. Abschnitt, C II.
[628] Rolfs, JZ 1999, 233, 241.
[629] Canaris JZ 1987, 993, 1002 und JZ 1990, 679, 680.
[630] OLG Celle, VersR 1989, 709; LG Bremen NJW-RR 1991, 1432; LG Dessau VersR 1997, 242.

von dem pfändungsfreien Teil seines Einkommens auch nur die monatliche Zinslast zu tragen. Eine Abtragung der Schuldenlast wäre auch über Jahrzehnte hinweg gar nicht möglich gewesen. Das LG Bremen hat es für verfassungsrechtlich bedenklich gehalten, einen 10jährigen für eine Forderung von 50.000 DM bzw. von 100.000 DM haften zu lassen, da dies bei Einrechnung der Zinslast bis zum Berufseintritt des Jugendlichen zur Folge hätte, dass der junge Erwachsene acht bzw. sechzehn Jahre vom pfändungsfreien Teil seines Einkommens zu leben hätte.[631]

b.) Eigene Wertung

Zunächst kann festgehalten werden, dass die Grenze, ab der Forderungen „existenzvernichtend" sein können, nicht summenmäßig bestimmt werden kann.[632] Würde man beispielsweise grundsätzlich eine Forderung ab 25.000 € gegen einen Minderjährigen als existenzvernichtend werten, würden zum einen besonders junge deliktische Täter benachteiligt, deren Schuldenlast aufgrund der Zinsen bis zum Eintritt in das Berufsleben wesentlich stärker anwächst, als die eines Jugendlichen, der für eine kurz vor der Volljährigkeit begangene unerlaubte Handlung haftet. Zum anderen würden die Jugendlichen bevorzugt, die entweder bereits Vermögen haben oder aber einen Beruf ergreifen können, bei dem sie überdurchschnittlich viel verdienen. Daher sollte als Ausgangspunkt zur Bestimmung der existenzvernichtenden Höhe die Zeitspanne herangezogen werden, die ein junger Erwachsener nach Eintritt ins Berufsleben bräuchte, um die Schulden abzutragen.

Zu fragen ist also, wie viele Jahre ein junger Erwachsener von dem pfändungsfreien Teil seines Einkommens leben kann, ohne dass die Abtragung der Schulden oder die Aussicht hierauf während der Jugendzeit in sein allgemeines Persönlichkeitsrecht eingreift.

aa.) Beurteilung der vorgeschlagenen Grenzen

Es ist in jedem Fall zu hoch gegriffen, eine Forderung erst dann als existenzvernichtend anzusehen, wenn der Jugendliche gar keine Aussichten hat, diese jemals zu tilgen, er also lebenslang oder zumindest über Jahrzehnte hinweg am Existenzminimum leben müsste. Dies gilt schon allein aus den Gründen, mit denen bereits im Rahmen der Restschuldbefreiung eine Verweisung auf das pfändungsfreie Einkommen für einen Zeitraum über sechs Jahren nach Eintritt ins Berufsleben abgelehnt wurde.[633]

---

[631] LG Bremen NJW-RR 1991, 1432, 1433.
[632] Vgl. auch Bydlinski, JBl 1968, 330, 332 zu der Voraussetzung des „außergewöhnlich hohen Schadens" in § 255 a RefE.
[633] Vgl. 2. Teil, 1. Abschnitt, B III.

Die Möglichkeit einer Haftungsreduktion schon dann zu bejahen, wenn der Minderjährige bei Eintritt in die Volljährigkeit überhaupt noch Verbindlichkeiten ausgesetzt ist, erscheint aber ebenfalls bedenklich. Ein Eingriff in das allgemeine Persönlichkeitsrecht eines Jugendlichen liegt nicht schon immer dann vor, wenn der volljährig Gewordene Schulden abzutragen hat. Denn eine Last von beispielsweise wenigen Tausend Euro könnte unter Umständen in etwa einem Jahr abgetragen werden, ohne dass der Schuldner hierdurch in seiner Selbstbestimmung hinsichtlich seiner späteren Lebensplanung gravierend eingeschränkt würde.

Selbst für den vertraglichen Bereich hat das BVerfG zur Vermeidung eines Grundrechtseingriffs nur die Schaffung solcher Regelungen gefordert, die es verhindern, den Minderjährigen als Folge der gesetzlichen Vertretungsmacht seiner Eltern mit *erheblichen* Schulden in die Volljährigkeit zu entlassen.[634] Auch der aufgrund dieser Entscheidung neu erlassene § 1629 a BGB, der über die Vorgaben des BVerfG noch deutlich hinausgeht,[635] sieht in seinem Absatz 2 Ausnahmen von der grundsätzlichen Haftungsbeschränkung vor. Denn sie gilt nicht für Verbindlichkeiten, die allein der Befriedigung persönlicher Bedürfnisse des Minderjährigen dienen. Nehmen Eltern daher beispielsweise für ihr Kind einen Kredit zur Finanzierung der Ausbildung auf, muss dieses den Kredit nach Eintritt in die Volljährigkeit vollständig abbezahlen.[636]

bb.) Bildung einer Grenze für einen „existenzvernichtend hohen" Schaden

Die zeitliche Schwelle für die Bejahung einer verfassungsrechtlich bedenklichen Forderung liegt damit nicht erst bei sechs Jahren, was der Wohlverhaltensphase im Rahmen der Restschuldbefreiung entsprechen würde. Sie ist allerdings auch nicht schon dann erreicht, wenn der Minderjährige bei Eintritt in die Volljährigkeit überhaupt noch Schulden hat.

Einen Anhaltspunkt für die Bestimmung einer Grenze bietet das OLG Celle mit der Aussage, dass es eine teilweise Inanspruchnahme des Beklagten beispielsweise in Höhe von 20.000 DM nebst Zinsen noch nicht für verfassungswidrig halte und selbst eine Haftung von 24.500 DM zumindest vertretbar erscheine.[637] Bildet man hieraus eine zeitliche Grenze, ergibt sich, dass der Beklagte, der die Schädigung 1984 begangen hat, zum Zeitpunkt der Verurteilung 1989 unter Einrechnung der beantragten 8 % Zinsen insgesamt 28.000 DM bzw. 34.300 DM zahlen müsste. Geht man wie das OLG Celle davon aus, dass der nunmehr 20jährige Beklagte keine Rücklagen hat und 2.000 DM netto verdient, stünden

[634] BVerfGE 72, 155, 173.
[635] Vgl. Habersack, FamRZ 1999, 1.
[636] Vgl. Dauner-Lieb, ZIP 1996, 1818, 1819.
[637] OLG Celle, VersR 1989, 709, 711.

ihm nach Abzug des 1989 gültigen Pfändungsfreibetrages nach § 850c ZPO monatlich 872,20 DM zur Abtragung der Schulden zur Verfügung. Davon hätte er monatlich allein 133 DM bzw. 163 DM zur Begleichung der fälligen Zinsen zu zahlen. Er bräuchte 38 Monate (bei einer Verurteilung zu 20.000 DM zzgl. Zinsen) bzw. 48 Monate (bei einer Verurteilung zu 24.500 DM zzgl. Zinsen) um mit dem restlichen pfändbaren Einkommen die Forderung als solche abzube-zahlen. Somit wäre nach Auffassung des OLG Celle die Verweisung eines voll-jährig Gewordenen auf das Existenzminimum für drei bis vier Jahre nach Eintritt in das Berufsleben verfassungsrechtlich noch vertretbar.

Bei der Bestimmung einer Mindestgrenze muss auch bedacht werden, dass diese schon deswegen nicht zu hoch angesetzt werden darf, weil sie, wie oben erläu-tert, Voraussetzung ist, um eine Interessenabwägung zu eröffnen. Außerdem entspricht die Summe, ab der eine Forderung als existenzvernichtend eingestuft wird, ja dann auch dem Betrag, den der Minderjährige, auch wenn die Interes-senabwägung ansonsten zu seinen Gunsten ausfällt, in jedem Fall tragen muss.[638]

Noch angemessen erscheint danach eine Zahlungspflicht für etwa drei Jahre ab dem Eintritt ins Berufsleben. Der Minderjährige kann zwar bei einer solchen Haftung noch nicht unmittelbar ab dem Zeitpunkt, ab dem er sein eigenes Geld verdient, eine Existenz gründen. Ein Zeitraum von etwa drei Jahren ist aber auch für einen jungen Erwachsenen so überschaubar, dass ein Ende der Schuldentil-gung absehbar ist, und eine hieran anschließende Existenzgründung schon kon-kret geplant werden kann. Eine Schuldenabtragung von drei Jahren erschwert auch nicht unmäßig die Familiengründung des volljährig Gewordenen. Denn mit der Gründung einer Familie, also einer Heirat und der Planung von Nachwuchs, wird ein gerade ins Berufsleben Eingetretener meist nicht in den allerersten Jah-ren beginnen.

c.) Ergebnis

Um eine existenzvernichtende Forderung zu bejahen und damit die Interessen-abwägung zu eröffnen, muss die gegen den Minderjährigen gerichtete Forderung einschließlich Zinsen mindestens so hoch sein, dass dieser nach Eintritt in das Berufsleben drei Jahre auf das pfändungsfreie Einkommen verwiesen werden müsste um seine Schulden vollständig zu begleichen.

2. Ausschluss einer Existenzvernichtung

Selbst wenn die gegen den Minderjährigen gerichtete Forderung summenmäßig den oben dargestellten Anforderungen entspricht, ist die Voraussetzung der Exi-

---

[638] Dazu später 3. Abschnitt A.

stenzvernichtung dennoch zweifelhaft, soweit der Ausgleich dieser Forderung für den Minderjährigen von dritter Seite übernommen wird.

a.) Haftpflichtversicherung des Minderjährigen

Ist der minderjährige Schädiger haftpflichtversichert, und tritt seine Versicherung in vollem Umfang für den verursachten Schaden ein, bestehen gegen die Haftung des Minderjährigen trotz der existenzvernichtend hohen Forderung des Geschädigten grundsätzlich weder aus verfassungsrechtlichen noch aus Billigkeitsgesichtspunkten Bedenken, da der Minderjährige selbst keine Nachteile erleidet. Eine Existenzvernichtung des Minderjährigen als Voraussetzung einer Interessenabwägung ist nicht gegeben.

Die Berücksichtigung einer Haftpflichtversicherung des Minderjährigen bei der Frage einer Billigkeitshaftung wird jedoch teilweise wegen eines möglichen Verstoßes gegen das versicherungsrechtliche Trennungsprinzip für bedenklich gehalten.[639] Die insbesondere aus der Diskussion zu § 829 BGB bekannte Ansicht, dass der versicherte Schädiger strenger hafte als der nichtversicherte, weise der privaten Haftpflichtversicherung eine auch den Geschädigten schützende, also „altruistische" Funktion zu.[640]

Das Trennungsprinzip besagt, dass die Eintrittpflicht des Versicherers dem Anspruch zwischen Versicherungsnehmer und Geschädigtem folgt und nicht umgekehrt. Das Bestehen von Versicherungsschutz kann danach nicht einen Haftungsanspruch begründen, der dann wiederum die Eintrittpflicht auslöst.[641] Die Berücksichtigung einer Haftpflichtversicherung des minderjährigen Schädigers bei der Frage, ob dieser aus Billigkeitsgesichtspunkten unter Umständen nicht oder nur reduziert haftet, stellt aber im Grunde keinen Verstoß gegen diese Grundsätze dar. Denn der Versicherungsschutz begründet nicht erst den Haftungsanspruch des Geschädigten. Dieser Anspruch besteht unabhängig hiervon nach den allgemeinen gesetzlichen Vorschriften. Der versicherte Schädiger haftet nicht strenger als dies ohne Billigkeitserwägungen der Fall wäre. Er kommt wegen seines Versicherungsschutzes nur nicht in den Genuss einer Haftungsreduktion, da diese bei einem versicherten Schädiger lediglich eine Entlastung der Haftpflichtversicherung zur Folge hätte. Für die Entlastung einer Versicherung, die für den Schadensfall vom Schädiger zuvor Prämien eingezogen hat, besteht aber keine Veranlassung.

Auch der Vergleich mit den zu § 829 BGB entwickelten Grundsätzen lässt nicht auf einen möglichen Verstoß gegen das Trennungsprinzips schließen. Überträgt

---

[639] Lorenz, VersR 1989, 711, 712; Goecke, NJW 1999, 2305, 2309.
[640] Lorenz, VersR 1989, 711, 712.
[641] Vgl. Staudinger - Oechsler, § 829 RN 52.

man die hier in Rede stehende Problematik auf die Situation des § 829 BGB, entspricht die Frage, ob die Versicherung eines Minderjährigen berücksichtigt werden darf, der nach § 828 BGB grundsätzlich haften müsste, dies aber aus Billigkeitsgründen unter Umständen nicht muss, nicht der Frage, ob die Versicherung eines Minderjährigen Anrechnung finden darf, der nach §§ 827, 828 BGB grundsätzlich nicht haftet, dies aber aus Billigkeitsgesichtspunkten unter Umständen muss. Der Vergleich zwischen einer Haftungsreduktion im Rahmen des § 828 Abs. 3 BGB und einer Haftungserweiterung im Rahmen des § 829 BGB muss vielmehr zwischen den aus Billigkeitsgesichtspunkten ausnahmsweise bevorteilten Parteien erfolgen. Dies wäre im Rahmen des § 828 Abs. 3 BGB der bei einer Haftungsreduktion gegenüber dem Geschädigten bevorzugte Minderjährige und im Rahmen des § 829 BGB der wegen einer Haftungserweiterung bevorzugte Geschädigte. Bei der Übertragung der zu § 829 BGB entwickelten Grundsätze ist daher nicht zu fragen, ob dort bei einer Billigkeitsabwägung die Haftpflichtversicherung des ausnahmsweise haftenden Schädigers berücksichtigt werden darf,[642] sondern ob eine Schadensversicherung des ausnahmsweise zu entschädigenden Opfers Anrechnung findet. Im Rahmen des § 829 BGB ist aber unstreitig anerkannt, dass Versicherungsschutz in der Person des Geschädigten für die Billigkeitshaftung beachtlich ist.[643] Eine ausnahmsweise Haftung des minderjährigen Schädigers nach § 829 BGB würde hier anderenfalls im Ergebnis lediglich zur Entlastung des Versicherers führen, welche kein Gebot der Billigkeit sei.[644]

Gegen eine Berücksichtigung der Haftpflichtversicherung des Minderjährigen spricht somit nicht das versicherungsrechtliche Trennungsprinzip. Droht dem Minderjährigen daher wegen einer bestehenden Haftpflichtversicherung durch die gegen ihn gerichtete Forderung keine Existenzvernichtung, kommt eine Haftungsreduktion aus Billigkeitsgründen nicht in Betracht. Dieses Ergebnis entkräftet auch das von *Deutsch* gegen eine Reduktionsklausel ins Feld geführte Argument, eine Haftung nur nach Billigkeitsgesichtspunkten begünstige hauptsächlich den Haftpflichtversicherer.[645]

b.) Haftung liquider Eltern

Ebenso wie beim Bestehen einer Haftpflichtversicherung wäre eine Existenzvernichtung des Minderjährigen trotz entsprechend hoher Forderung dann nicht zu befürchten, wenn die Eltern des Minderjährigen herangezogen werden könnten, um die gegen ihr Kind gerichtete Forderung zu erfüllen.

---

[642] So aber offensichtlich Lorenz, 1989, 711, 712.
[643] BGB RGRK - Steffen, § 829 RN 15; MüKo - Mertens, § 829 RN 22; Larenz/Canaris, SchuldR II/2 § 84 VII 1 b; Deutsch, HaftungsR, RN 488; Fuchs, AcP 191 (1991), 318, 324.
[644] Larenz/Canaris, SchuldR II/2 § 84 VII 1 b.
[645] Deutsch, HaftungsR, RN 455.

Dies würde zunächst eine rechtlich begründete Pflicht der Eltern, für die Schulden ihres Kindes einzustehen, voraussetzen. Eine solche Pflicht ließe sich, wie oben dargelegt,[646] aus einem Freihaltungsanspruch des Minderjährigen herleiten, der darauf gründet, dass die Eltern die ihnen obliegenden Vermögenssorgepflichten verletzt haben, indem sie es unterlassen haben, für ihr Kind eine Haftpflichtversicherung abzuschließen. Der Freihaltungsanspruch ist aber nicht schon immer dann gegeben, wenn ein Minderjähriger für eine Forderung einsteht, die bei Abschluss eines Versicherungsvertrages von der Haftpflichtversicherung übernommen worden wäre. Er setzt vielmehr voraus, dass den Eltern ein Verschulden nach dem Maßstab des § 1664 BGB vorgeworfen werden kann, was oft nicht der Fall sein wird.[647]

Auch bei Bestehen eines Freihaltungsanspruchs ist eine Existenzvernichtung des Minderjährigen durch die gegen ihn gerichtete Forderung nur dann ausgeschlossen, wenn die Eltern diesen Anspruch erfüllen können, dem Minderjährigen also kein Gläubiger mehr gegenübersteht. Eine dementsprechende Liquidität der Eltern setzt voraus, dass diese die Forderung begleichen können, ohne sich ihrerseits verschulden zu müssen und ohne die Unterhaltsansprüche des Kindes zu gefährden. Da die Voraussetzung für eine Existenzvernichtung aber nicht schon erfüllt ist, wenn der Minderjährige überhaupt noch Schulden ausgesetzt ist, reicht es genau genommen auch aus, wenn die Liquidität der Eltern soweit reicht, dass der Restbetrag, den der Minderjährige noch zahlen müsste, die Kriterien der „existenzvernichtenden Höhe" noch nicht erfüllt.

In der Praxis wird eine Existenzvernichtung des Minderjährigen wegen des Freihaltungsanspruchs gegen seine Eltern wohl nur in seltenen Fällen ausgeschlossen sein, hängt sie doch von zwei unsicheren Faktoren ab: den Eltern muss ein Verschulden im Sinne des § 1664 BGB hinsichtlich des Nichtabschlusses einer Versicherung vorgeworfen werden können, gleichzeitig müssen sie finanziell in der Lage sein, eine existenzvernichtend hohe Forderung auf ein für einen Minderjährigen in absehbarer Zeit abtragbares Maß zu reduzieren.

3. Kriterien für schützenswerte Gegeninteressen des Opfers

Ist die Interessenabwägung wegen einer existenzvernichtend hohen Forderung eröffnet, ist zu prüfen, welche Interessen des Opfers gegenüber der drohenden Existenzgefährdung des Minderjährigen ins Gewicht fallen können, und in welchen Fällen diese Interessen so schwer wiegen, dass trotz einer Existenzgefährdung des minderjährigen Schädigers eine Abwägung zu dessen Gunsten nicht mehr möglich ist, eine Haftungsreduktion mithin ausscheidet.

---

[646] Vgl. 2. Teil, 2. Abschnitt, C II 2 a.
[647] Vgl. 2. Teil, 2. Abschnitt, C II 2 b.

4. Kein Verschulden des Geschädigten

Zugunsten des Geschädigten könnte bei einer Bewertung der beiderseitigen Interessen zunächst ins Gewicht fallen, dass diesem selbst, soweit kein Mitverschulden vorliegt, kein eigenes Verschulden an dem Schaden zur Last gelegt werden kann. Fraglich ist, ob das Nichtverschulden des Geschädigten bei einer Interessenabwägung zu dessen Gunsten berücksichtigt werden muss.

Im Rahmen des § 242 BGB ist anerkannt, dass ein Verschulden einer Partei nicht Voraussetzung ist, um eine Interessenwertung zu ihren Lasten vorzunehmen.[648] Das Verschulden spielt bei der Interessenabwägung vielmehr insoweit eine Rolle, als ein Verschulden der Partei, deren Pflichten reduziert werden sollen, zu ihren Lasten ins Gewicht fallen kann,[649] was aber nicht heißt, dass eine Interessenabwägung zugunsten der schuldhaft handelnden Partei notwendig ausgeschlossen ist.[650]

Auch dem Deliktsrecht lässt sich nicht entnehmen, dass, wer an einem ihm entstandenen Schaden keine Schuld trägt, immer Ersatz erhält. Vielmehr geht die Rechtsordnung davon aus, dass grundsätzlich jeder Schaden von demjenigen, der ihn erlitten hat, selbst getragen werden muss, und dass dem Geschädigten ein Anspruch auf Schadensausgleich nur dann zusteht, wenn dafür besondere Gründe bestehen.[651] Ein solcher besonderer Grund ist im Deliktsrecht nur dort gegeben, wo für den Schaden ein bestimmter anderer verantwortlich gemacht werden kann. Kann dem Schadensverursacher kein rechtswidriges schuldhaftes Handeln vorgeworfen werden, so muss dieser den Schaden, obwohl er ihm „näher steht" als der Geschädigte, nicht begleichen. Es greift der Grundsatz „casum sentit dominus" ein, wonach der Geschädigte die Folgen des schädigenden Ereignisses selbst tragen muss, da sie in seinen Risikobereich fallen. Das Nichtverschulden des Geschädigten wird also grundsätzlich nicht zu seinen Gunsten berücksichtigt, es liegt der Deliktshaftung vielmehr als Normalfall zugrunde. Der Aspekt des Verschuldens auf Seiten des Geschädigten fällt allenfalls im Rahmen des Mitverschuldens zu seinen Lasten ins Gewicht. Die Tatsache, dass der Geschädigte an dem ihm entstandenen Schaden keine Schuld trägt, kann daher nie so stark wiegen, dass eine Interessenabwägung allein deshalb zu seinen Gunsten ausfällt und dem Minderjährigen eine Haftungsreduktion verwehrt wird.

---

[648] MüKo - Roth, § 242 RN 49; Palandt - Heinrichs, § 242 RN 5; Soergel - Teichmann, § 242 RN 62; Erman - Werner, § 242 RN 46; Siebert, Verwirkung, S. 121.
[649] Vgl. Soergel - Teichmann, § 242 RN 62.
[650] MüKo - Roth, § 242 RN 49; Palandt - Heinrichs, § 242 RN 5.
[651] Vgl. Kötz, Deliktsrecht, RN 5.

5. Verschulden des Minderjährigen

Überträgt man das oben gesagte auf die Bedeutung des Verschuldens des Minderjährigen im Rahmen der Interessenabwägung nach § 242 BGB, ergibt sich, dass ein Verschulden des Minderjährigen zwar zu seinen Lasten ins Gewicht fallen kann, eine Interessenabwägung zu seinen Gunsten aber nicht notwendig ausgeschlossen ist. Für die Entwicklung eines Kriteriums als Voraussetzung für eine Haftungsreduktion stellt sich demnach die Frage, ab welchem Grad des Verschuldens des Minderjährigen die Interessenabwägung so stark zu seinen Lasten und damit so stark zu Gunsten des Geschädigten ausfällt, dass eine Haftungsreduktion wegen überwiegender Interessen des Gläubigers ausgeschlossen sein muss und welcher Grad des Verschuldens umgekehrt eine Haftungsreduktion noch zulässt.

a.) Vorgeschlagene Kriterien

aa.) Rechtsprechung: Haftungsreduktion nur bei leichter Fahrlässigkeit

Von den Gerichten, die sich mit der Verfassungswidrigkeit der unbeschränkten Deliktshaftung Minderjähriger beschäftigt haben, wurde eine Haftung dann für verfassungswidrig gehalten, wenn der Minderjährige nur leicht fahrlässig[652] bzw. fahrlässig[653] gehandelt hat. Danach wäre eine Haftungsreduktion in jedem Fall dann nicht mehr angebracht, wenn der Minderjährige grob fahrlässig oder vorsätzlich gehandelt hat. Diese Beschränkung der Haftungsreduktion auf Fahrlässigkeitstaten wird teilweise mit dem Argument unterstützt, dass die Einschränkung der Haftung für leichte Fahrlässigkeit in der Rechtsordnung auch sonst vorkomme, etwa im Rahmen der Haftung des Arbeitnehmers bei gefahrgeneigter Arbeit.[654]

bb.) Literatur: Haftungsreduktion auch bei Vorsatz hinsichtlich der Rechtsgutverletzung

In der Literatur wird die Auffassung vertreten, die Beschränkung einer möglichen Haftungsreduktion auf Fahrlässigkeitstaten greife zu kurz, vertretbar sei der Ausschluss einer Haftungsreduktion nur bei Vorsatztaten des Minderjährigen.[655] Und auch im Rahmen der Vorsatztaten solle eine Einrede aus § 242 BGB nur bei absichtlicher Schädigung, nicht schon bei vorsätzlicher Rechtsgutverlet-

---

[652] OLG Celle, VersR 1989, 709, 710; LG Bremen, NJW-RR 1991, 1432, 1433.

[653] LG Dessau, VersR 1997, 242, 243.

[654] Lorenz, VersR 1989, 711.

[655] Rolfs, JZ 1999, 233, 240 f; Goecke, NJW 1999, 2305, 2307; Canaris, JZ 1987, 993, 1001; ders., JZ 1990, 679, 681; Kuhlen, JZ 1990, 273, 279.

zung zu versagen sein.[656] Begründet wird dies damit, dass eine Reduktionsklausel einem Minderjährigen, dem es nicht vorgeworfen werden könne, keine Haftpflichtversicherung abgeschlossen zu haben, soweit zugute kommen müsse, wie der Deckungsschutz einer Haftpflichtversicherung reichen würde.[657] § 152 VVG ordne diesbezüglich an, dass der Versicherer nur bei vorsätzlicher und widerrechtlicher Schadenszufügung nicht hafte, wofür nach ständiger Rechtsprechung nicht nur die Rechtsgutverletzung sondern auch die Schadensfolgen bewusst und gewollt herbeigeführt worden sein müssten. Dies entspreche auch der Rechtsprechung des BAG zum innerbetrieblichen Schadensausgleich, wo eine Haftungsmilderung auch bei grober Fahrlässigkeit nicht ausgeschlossen sei und ein zur uneingeschränkten Haftung führender Vorsatz nur dann zu bejahen sei, wenn er auch hinsichtlich der haftungsausfüllenden Kausalität vorliege.[658] Die Befürwortung einer Haftungsreduktion selbst bei vorsätzlicher Rechtsgutverletzung durch den Minderjährigen wird weiter damit begründet, dass auch vorsätzliche Bagatelltaten katastrophale Schadensersatzpflichten heraufbeschwören könnten, etwa dann, wenn ein vorsätzlich ausgeführter leichter Faustschlag einen unglücklichen Sturz des Opfers verursache, aufgrund dessen es eine Gehirnblutung oder dergleichen erleide.[659]

Canaris geht sogar so weit zu fordern, dass bei einem exorbitanten Missverhältnis zwischen Verschulden und Haftungsfolgen sowie einer vollständigen Disproportion zwischen Haftungsfolge und den in Betracht kommenden strafrechtlichen Sanktionen selbst im Falle vorsätzlicher Schädigung nicht immer mit einer uneingeschränkten Haftung Ernst gemacht werden sollte.[660]

b.) Eigene Lösung

aa.) Beschränkung der Haftungsreduktion auf leichte bis normale Fahrlässigkeit?

Gegen die von der Rechtsprechung vorgeschlagene Beschränkung einer Haftungsreduktion auf Fälle, in denen der Minderjährige nur leicht oder normal fahrlässig gehandelt hat, sprechen mehrere Gründe.

---

[656] Rolfs, JZ 1999, 233, 240f; Goecke, NJW 1999, 2305, 2307; Canaris, JZ 1987, 993, 1001.
[657] Rolfs, JZ 1999, 233, 240.
[658] Rolfs, JZ 1999, 233, 240.
[659] Canaris, JZ 1990, 679, 681.
[660] Canaris, JZ 1987, 993, 1001; ähnlich Kuhlen, JZ 1990, 273, 279.

Zunächst geben die für eine Abwägung im Rahmen des § 242 BGB entwickelten Grundsätze nichts dafür her, dass die Interessenabwägung immer nur dann zugunsten einer schuldhaft handelnden Partei ausfallen kann, wenn deren Verschulden nur in leichter oder normaler Fahrlässigkeit besteht, während sie immer zu Lasten einer Partei geht, der grobe Fahrlässigkeit oder Vorsatz vorgeworfen werden kann. Im Rahmen des § 242 BGB ist vielmehr anerkannt, dass das Verschulden einer Partei einer Interessenwertung zu ihren Gunsten nicht entgegensteht.[661] Und gerade bei der hier einschlägigen Fallgruppe der unzulässigen Rechtsausübung wegen überwiegender Interessen der Gegenpartei geht es um eine objektive Interessenabwägung, bei der subjektive Momente keine besonders hervorgehobene Rolle spielen, so dass Vorhandensein und Schwere des Verschuldens nur als einer unter mehreren Gesichtspunkten in die umfassende Interessenabwägung mit eingehen.[662] Dies spricht dagegen, hier die Interessenabwägung schon immer dann zugunsten des Gläubigers ausfallen zu lassen, und dementsprechend eine Haftungsreduktion auszuschließen, wenn dem Minderjährigen grobe Fahrlässigkeit vorgeworfen werden kann.

Auch in anderen Bereichen, in denen das Interesse zweier Parteien berücksichtigt wird, ist es der Rechtsordnung fremd, eine Abwägung grundsätzlich zuungunsten einer grob fahrlässig handelnden Partei ausfallen zu lassen. So ist zum Beispiel im Bereich der Haftung des Arbeitnehmers für die Schädigung des Arbeitgebers anerkannt, dass Haftungsmilderungen auch bei grober Fahrlässigkeit nicht ausgeschlossen sind.[663] Und auch nach dem Referentenentwurf von 1967, der in § 255a eine allgemeine Reduktionsklausel auch für die Haftung Erwachsener vorsah, sollte die Haftungsreduktion bei grober Fahrlässigkeit und Vorsatz des Schädigers nur dann nicht eingreifen, wenn sich das Verschulden auf den Schaden bezog, während es bei grober Fahrlässigkeit und Vorsatz hinsichtlich des Rechtsgutverletzung bei der Anwendung der Reduktionsklausel bleiben sollte.[664] Dieser grundsätzlichen Einbeziehung der groben Fahrlässigkeit wurde damals mit dem Argument zugestimmt, dass im Wegfall der Reduktionsmöglichkeit schon bei grob fahrlässiger Rechtsgutverletzung zuviel Buße oder Strafe stecke.[665]

Neben den allgemeinen zu Interessenabwägungen entwickelten Grundsätzen spricht aber vor allem auch der Gedanke des Minderjährigenschutzes gegen die von der Rechtsprechung vorgenommene Differenzierung zwischen grober Fahrlässigkeit und normaler Fahrlässigkeit, mit der Folge, dass eine Haftungsreduktion bei ersterer ausgeschlossen sein soll. Grobe Fahrlässigkeit wird als ein Ver-

---

[661] Siehe oben, II 1.
[662] Vgl. MüKo - Roth, § 242 RN 348.
[663] BGH NJW 1996, 1532; Palandt - Putzo, § 611 RN 157.
[664] § 255 a RefE abgedruckt bei Deutsch, HaftungsR, RN 629.
[665] Deutsch, HaftungsR, RN 631 FN 227.

halten definiert, das die erforderliche Sorgfalt in ungewöhnlich hohem Maß verletzt. Dies ist zu bejahen, wenn unbeachtet bleibt, was im gegebenen Fall jedem einleuchten musste.[666] Grobe Fahrlässigkeit setzt meist ein Bewusstsein der Gefährlichkeit voraus, kann aber auch schon dann zu bejahen sein, wenn der Handelnde die Gefährlichkeit seines Tuns leichtfertig nicht erkennt.[667] Der Vorwurf, nach diesen Kriterien grob fahrlässig gehandelt zu haben, wird Minderjährigen häufiger gemacht werden können als Erwachsenen. Zum einen verhalten sich Minderjährige wesentlich weniger vernunftgesteuert. Zum anderen verleiten der bei Kindern stark ausgeprägte Forschungsdrang sowie Neugier und Abenteuerlust dazu, Dinge auszuprobieren, die nicht erlaubt sind und denen eine gewisse Gefährlichkeit anhaftet. Gerade die Fälle, in denen Minderjährige einen außerordentlich hohen Schaden verursachen, basieren oft auf grob fahrlässigem Verhalten, ohne dass sie dabei ihren Charakter als „Dummerjungenstreich" verlieren. Dies gilt vor allem für die praktisch relevanten Zündelfälle, da den meisten Minderjährigen bewusst sein wird, dass das Spielen mit Feuer besonders gefährlich ist. Und auch in den Fällen, in denen Spielgenossen zum Beispiel bei Raufereien verletzt werden, wird dem Minderjährigen meist ein grob unachtsames Verhalten vorgeworfen werden können.

Eine Beschränkung einer Haftungsreduktion auf Fälle, in denen der Minderjährige leicht oder normal fahrlässig gehandelt hat, widerspricht daher nicht nur den allgemeinen Prinzipien der Berücksichtigung des Verschuldens im Rahmen einer Interessenabwägung nach Billigkeitsgesichtspunkten. Sie lässt sich auch nicht mit dem Gedanken des Minderjährigenschutzes vereinbaren.

bb.) Beschränkung der Haftungsreduktion auf alle Arten von Fahrlässigkeit?

Mit ähnlichen Gründen lässt sich auch die Erstreckung einer Haftungsreduktion auf vorsätzliche Handlungen vertreten, solange sich der Vorsatz des Minderjährigen nur auf die Rechtsgutverletzung, nicht aber auf den Schaden selbst erstreckt.

Außerhalb des Deliktsrechts wird die Unterscheidung zwischen dem Vorsatz hinsichtlich der zum Schadensersatz verpflichtenden Handlung und dem Vorsatz hinsichtlich des Schadens in vielen Bereichen getroffen. Zum Vergleich kann insbesondere das Recht der Haftpflichtversicherung herangezogen werden. Denn der Minderjährige ist gerade deshalb als besonders schutzwürdig anzusehen, weil er selbst nicht in der Lage ist, sich mit dem Abschluss einer Haftpflichtversicherung gegen deliktsrechtliche Forderungen zu schützen.[668] Kann man ihm aber wegen des fehlenden Versicherungsschutzes keinen Vorwurf machen,

[666] Palandt - Heinrichs, § 277 RN 5.
[667] Palandt - Heinrichs, § 277 RN 5.
[668] Vgl. 2. Teil, 3. Abschnitt, C IV 2 b.

dürfte man auch eine Haftungsreduktion nur insoweit wegen seines Verschuldens ausschließen, als auch eine Haftpflichtversicherung nicht mehr gezahlt hätte. Für diese ordnet der gemäß § 4 Abs. 2 Nr.1 AHB für die Haftpflichtversicherung übernommene § 152 VVG an, dass der Versicherer dann nicht haftet, wenn der Versicherte den Schaden vorsätzlich herbeigeführt hat. Dabei ist anerkannt, dass der Vorsatz nicht nur die schädigende Handlung sondern auch deren Handlungserfolg mit umfassen muss.[669] Diese Differenzierung wird im Versicherungsrecht auch an anderen Stellen durchgeführt. Im Rahmen des § 67 Abs. 2 VVG, der den gesetzlichen Forderungsübergang dann ausschließt, wenn sich der Ersatzanspruch des Versicherten gegen einen mit ihm in häuslicher Gemeinschaft lebenden Familienangehörigen richtet, ist eine Ausnahme dann vorgesehen, wenn der Angehörige den Schaden vorsätzlich verursacht hat. Auch hier muss der Vorsatz den Schaden selbst umfassen, sich also auch auf die Schadensfolgen erstrecken.[670]

Auch bei der Berücksichtigung des Verschuldensmaßes im Rahmen der Feststellung eines Mitverschuldens des Geschädigten nach § 254 BGB wird bei Vorsatztaten unterschieden. Bei Vorsatz des Schädigers hinsichtlich des Schadens wird der Ersatzanspruch des Verletzten durch fahrlässige Mitverursachung nicht gekürzt, wohingegen die Fahrlässigkeit des Geschädigten dann als relevant angesehen wird, wenn der Vorsatz des Schädigers nur die Pflichtverletzung umfasst.[671]

Schließlich sah auch der Referentenentwurf von 1967 in § 255 a RefE einen Ausschluss von der Haftungsreduktion nur dann vor, wenn der Schaden vorsätzlich oder grob fahrlässig herbeigeführt wurde. Diese Grenzziehung wurde damals als fortschrittlich begrüßt[672] und mit dem Argument unterstützt, dass ohne sie Fälle sehr geringfügiger Vorwerfbarkeit von der Haftungsminderung ausgeschlossen sein könnten.[673] Vor allem dieses Argument ist in den Fällen der Schädigung durch Minderjährige besonders zutreffend. Denn gerade bei Minderjährigen sind vorsätzliche deliktische Handlungen denkbar, deren Vorwerfbarkeit zu gering ist, um den Ausschluss von einer Haftungsreduktion zu rechtfertigen. Dies gilt zum einen für die meisten Schäden, die durch Raufereien zwischen Kindern entstehen und die der Schädiger nicht vorhergesehen und beabsichtigt hat, wie zum Beispiel schwere Kopfverletzungen aufgrund eines vorsätzlich ausgeführten Schlags. Auch in den Fällen, in den ein Kind vorsätzlich „zündelt", wird ein eintretender Großschaden meist nicht vom Vorsatz umfasst sein.

---

[669] BGH NJW 1971, 1456, 1457; BGHZ 77, 224, 230; Langheid in Römer/Langheid, VVG, § 152 RN 4; Voit in Prölss/Martin, VVG, § 152 RN 5.
[670] BGH VersR 1986, 233, 235; Prölss in Prölss/Martin, VVG, § 67 RN 41.
[671] MüKo - Oetker, § 254 RN 112.
[672] Deutsch, HaftungsR, RN 631.
[673] Bydlinski, JBl 1968, 330, 332.

Gegen den Ausschluss einer Haftungsreduktion in den Fällen, in denen der Minderjährige nur die schädigende Handlung vorsätzlich begangen hat, spricht schließlich, dass dieser Ausschluss über die Haftungsreduktion hinaus sehr weitreichende Folgen hätte, da für den haftenden Minderjährigen auch eine spätere Restschuldbefreiung nach der Insolvenzordnung ausgeschlossen wäre. Denn der Ausschlusstatbestand des § 302 I Nr. 1 InsO stellt nur darauf ab, ob der Schuldner eine unerlaubte Handlung vorsätzlich begangen hat und unterscheidet damit, wie im Deliktsrecht üblich, nicht zwischen Vorsatz hinsichtlich der Rechtsgutverletzung und Vorsatz hinsichtlich des Schadens. Das heißt, der Minderjährige hätte nicht einmal mehr die Aussicht, sich innerhalb von sechs Jahren nach Eintritt ins Berufsleben von seinen Schulden zu befreien, sondern wäre im schlimmsten Fall tatsächlich lebenslang auf sein pfändungsfreies Einkommen angewiesen. Diese einschneidenden Folgen wären aber bei einer unter Umständen nur gering vorwerfbaren vorsätzlichen Rechtsgutverletzung nicht zu rechtfertigen.

Auch ein Vorsatz des deliktisch haftenden Minderjährigen wiegt somit dann nicht so schwer, dass eine Haftungsreduktion ausgeschlossen ist, solange er sich nur auf die Handlung bezog.

cc.) Beschränkung der Haftungsreduktion auf Vorsatz hinsichtlich der Rechtsgutverletzung

Zu weit gegriffen erscheint es aber, die Möglichkeit einer Haftungsreduktion auch dann zu fordern, wenn der Minderjährige auch hinsichtlich der Schädigung vorsätzlich handelt.

Hierzu muss zunächst noch einmal festgehalten werden, dass auch bei vorsätzlich handelnden Minderjährigen der Schädigungsvorsatz in einem großen Teil der Fälle verneint wird. Dies gilt vor allem in den praktisch relevanten Fällen von Raufereien unter Kindern. Hier muss der Vorsatz auf den Eintritt einer ernsthaften und dauerhaften Verletzung gerichtet sein, die über die den körperlichen Auseinandersetzungen eigene, vorübergehende Schmerzzufügung hinausgeht.[674] Ein solcher Vorsatz liegt bei normalen Raufereien unter Kindern aber gerade nicht vor. Nur in extremen Verletzungssituationen wird ein Schädigungsvorsatz bejaht.[675]

---

[674] BGH NJW 1980, 996, 997; OLG Hamm ZfS 1988, 134, 135; LG Hamburg r+s 1996, 357, 358.

[675] OLG Hamburg, ZfS 1988, 53, 54: ein Jugendlicher schlägt mit einem Hammer auf einen Heiminsassen ein und verletzt ihn erheblich am Kopf; OLG Koblenz NJW-RR 1307, 1308: ein 13jähriger packt einen Mitschüler grundlos im Genick und schlägt ihn mit dem Gesicht brutal gegen einen Laternenpfahl.

Bei einem vorsätzlich schädigenden Minderjährigen entfällt das für die besondere Schutzwürdigkeit haftender Minderjähriger angeführte Argument, dieser könne sich im Gegensatz zum Erwachsenen nicht durch Abschluss einer Haftpflichtversicherung selbst schützen. Denn selbst bei Bestehen einer Haftpflichtversicherung würde diese bei vorsätzlicher Schädigung wegen § 152 VVG für den entstandenen Schaden nicht einstehen. Die Zulassung vorsätzlicher Schädiger zu einer Haftungsreduktion hätte somit auch die Einbeziehung der wesentlich weniger schützenswerten weil grundsätzlich haftpflichtversicherten Schädiger zur Folge.

Auch die Betrachtung der Opferinteressen lässt eine Haftungsreduktion in diesen Fällen nicht mehr zu. In dessen Rechtsgüter ist bei einer vorsätzlichen Schädigung außerordentlich schwer und mit einer besonderen Unrechtsqualität eingegriffen worden. Wägt man die Interessen von Opfer und Schädiger ab, so stellt die Belastung eines vorsätzlich schädigenden Minderjährigen keine grobe Unbilligkeit mehr dar, seine Entlastung würde vielmehr eine nicht mehr zu rechtfertigende Vernachlässigung der Opferinteressen bedeuten.

Zwar führt *Canaris* für eine Haftungsreduktion selbst bei vorsätzlicher Schadenszufügung als Beispiel einen jungen Menschen an, der vorsätzlich ein der öffentlichen Hand oder einem vielfachen Millionär gehörendes Kunstwerk vernichtet hat, dessen Wert ihm unbekannt war.[676] Aber auch die Fallkonstellation, dass der Schädiger sich des konkreten wirtschaftlichen Ausmaßes des von ihm vorsätzlich herbeigeführten Schadens nicht bewusst gewesen ist, führt zu keiner anderen Bewertung. Denn auch in diesem Fall bleibt die Unrechtsqualität zu hoch, um eine Interessenabwägung zugunsten des Minderjährigen ausfallen zu lassen. Die Grenze für die Berücksichtigung der Interessen des Minderjährigen muss daher in jedem Fall dort gezogen werden, wo der Minderjährige den Schaden vorsätzlich herbeigeführt hat. Hier muss eine Haftungsreduktion wegen überwiegender Interessen des Geschädigten ausgeschlossen sein.

6. Finanzielle Situation des Opfers

Ist die gegen den Minderjährigen gerichtete Forderung existenzvernichtend hoch und fällt eine Interessenabwägung nicht schon deswegen zuungunsten des Minderjährigen aus, weil dieser den Schaden vorsätzlich herbeigeführt hat, muss als weiteres Kriterium der Abwägung die finanzielle Situation des Opfers berücksichtigt werden. Es ist also zu prüfen, bei welcher Vermögenslage dem Geschädigten sein Ersatzanspruch versagt werden und ihm zugemutet werden kann, den Schaden allein zu tragen, und umgekehrt, welche finanzielle Situation des Opfers es gebietet, den Minderjährigen in existenzvernichtender Höhe haften zu

---

[676] Canaris, JZ 1987, 993, 1001.

lassen. Insbesondere stellt sich hierbei die Frage, ob und inwieweit ein vorhandener Versicherungsschutz des Opfers bei der Beurteilung seiner Vermögenslage berücksichtigt werden kann und muss.

a.) Vorgeschlagene Kriterien

aa.) Haftungsreduktion bei Versicherung des Opfers

In der zu dieser Thematik einschlägigen Rechtsprechung und Literatur wird nahezu einhellig die Auffassung vertreten, dass eine Interessenabwägung in jedem Fall dann zu Gunsten des Minderjährigen ausfällt, wenn der entstandene Schaden von einer Versicherung des Opfers getragen wird.[677] Da dem Restitutionsinteresse des Geschädigten schon durch seine eigene Versicherung Genüge getan werde, stehe dem Interesse des Minderjährigen lediglich das Interesse der Versichertengemeinschaft gegenüber. Deren wirtschaftliches Interesse, die notwendigen Aufwendungen für die in ihrem Risikobereich eingetretenen Schäden nicht nur durch Versicherungsprämien, sondern auch durch die Verfolgung der auf sie kraft Gesetzes übergegangenen Schadensersatzansprüche des Geschädigten zu finanzieren, wiege aber schon deshalb geringer, weil es das einzelne Mitglied der Versichertengemeinschaft viel geringer belaste als den uneingeschränkt haftenden minderjährigen Schädiger. Dies gelte vor allem in Anbetracht der Überlegung, dass die Versicherungen auch schon bisher einkalkuliert hätten, dass der Rückgriff bei einem minderjährigen Schädiger nur in sehr eingeschränktem Maße durchsetzbar sei und davon auszugehen sei, dass sie dieses Ausfallrisiko bei ihrer Prämienkalkulation berücksichtigt hätten.[678]

Gegen eine Haftungsreduktion in den Fällen, in denen die Versicherung des Geschädigten für den Schaden aufkommt, spricht sich *Lorenz* aus. Werde dem Versicherer des Geschädigten der Regress verwehrt, komme die erhöhte Belastung des Versicherers nicht ihren Versicherungsnehmern (den Geschädigten) sondern nicht bei ihnen versicherten Dritten (den Schädigern) zugute.[679]

bb.) Haftungsreduktion auch bei besserer finanzieller Situation des Opfers

Nach dem Großteil der Literatur soll die Interessenabwägung aber nicht nur dann zugunsten des Minderjährigen ausfallen, wenn das Opfer von dritter Seite

---

[677] OLG Celle, VersR 1989, 709; LG Dessau, VersR 1997, 242, 245; LG Bremen, NJW-RR 1991, 1432, 1435; Canaris, JZ 1987, 993, 1002 und JZ 1990, 679, 681; Looschelders, VersR 1999, 141, 149; Rolfs, JZ 1999, 233, 241; Goecke, NJW 1999, 2305, 2309; a. A.: Lorenz, VersR 1989, 711, 712.
[678] LG Dessau, VersR 1997, 242, 245; LG Bremen, NJW-RR 1991, 1432, 1435.
[679] Lorenz, VersR 1989, 711, 712.

entschädigt wird. Eine Haftungsreduktion soll vielmehr auch dann angebracht sein, wenn der Geschädigte sich generell in einer besseren finanziellen Lage befindet als der Minderjährige. Wie genau die Vermögenssituation des Geschädigten beschaffen sein muss, um seine Interessen hinter denen des Minderjährigen zurückstehen zu lassen, wird im einzelnen unterschiedlich beurteilt.

Teilweise wird hierfür verlangt, dass der Geschädigte auf die Entschädigung nicht angewiesen sei, weil er über ausreichendes eigenes Vermögen verfüge, bzw. sein Vermögen das des Minderjährigen bei weitem übersteige.[680]

Das OLG Celle will eine Haftungsreduktion wegen überwiegender Grundrechte des Opfers wohl nur dann ausschließen, wenn sich die finanzielle Situation des Täters und des Opfers entsprechen, der Schaden also bei einem nichtversicherten und auch sonst finanziell schlecht gestellten, - zum Beispiel arbeitsunfähigen und/oder kranken Opfer - zur Existenzvernichtung führen würde.[681] Erst in der drohenden Existenzgefährdung des Geschädigten sieht auch *Goecke* einen Grund, um eine Interessenabwägung zu dessen Gunsten ausfallen zu lassen.[682] Nach dieser Auffassung käme eine Haftungsreduktion also auch dann in Betracht, wenn das Opfer zwar nicht über ausreichendes Vermögen verfügt, um seinen Schaden selbst auszugleichen, der Schaden aber auch nicht zu seiner Existenzvernichtung führt.

Handelt es sich bei dem Geschädigten um eine juristische Person oder Gesellschaft soll es nach *Canaris* für die Frage der überwiegenden Interessen darauf ankommen, welche Auswirkungen sich für ihre Mitglieder und ihre Arbeitnehmer ergeben.[683] Würden diese nicht ruinös oder katastrophal betroffen, werde man in der Regel auch einen Konkurs der juristischen Person oder Gesellschaft in Kauf zu nehmen haben. Denn es sei immer noch besser, dass Aktionäre, GmbH-Gesellschaften oder Kommanditisten ihre Anteile verlieren und Arbeitnehmer sich einen neuen Arbeitsplatz suchen müssten, als dass ein Mensch lebenslang in den Ruin getrieben werde.[684]

Kuhlen schließlich lehnt es ab, eine Haftungsbeschränkung überhaupt von einer Entschädigung des Opfers von dritter Seite bzw. seiner finanziellen Situation abhängig zu machen.[685] Mache man mit einer gewissen „Strafrechtskonkordanz" der zivilrechtlichen Deliktshaftung ernst, sei eine solche Einschränkung aus

---

[680] Canaris, JZ 1990, 679, 681; Looschelders, VersR 1999, 141, 149; Rolfs, JZ 1999, 233, 241.
[681] OLG Celle, VersR 1989, 709, 710.
[682] Goecke, NJW 1999, 2305, 2309.
[683] Canaris, JZ 1987, 993, 1002.
[684] Canaris, JZ 1987, 993, 1002.
[685] Kuhlen, JZ 1990, 273, 279.

strafrechtlicher Sicht völlig unplausibel. Zwar verblieben die Kosten ohne eine Versicherung zumindest partiell beim Geschädigten. Ohne eine Kostenverlagerung auf andere als den Schädiger sei aber überhaupt keine Haftungsbegrenzung möglich, denn diese sei nicht umsonst zu haben.[686]

b.) Eigene Lösung

aa.) Haftungsreduktion bei Versicherung des Opfers

Hat der Gläubiger eine private Schadensversicherung abgeschlossen, die den ihm entstandenen Schaden in vollem Umfang ersetzt, so geht der deliktische Anspruch des Gläubigers gegen den Schädiger gemäß § 67 Abs. 1 VVG auf die Versicherung über. Diese kann gegen den minderjährigen Schädiger vollen Regress nehmen. Ein solcher Anspruchsübergang ist gemäß § 178 a Abs. 2 S.1 VVG, der auf § 67 VVG verweist, auch bei Eintreten einer privaten Krankenversicherung des Opfers vorgesehen. Es findet also ein Gläubigerwechsel statt, ohne dass sich an der Identität des gegen den Minderjährigen gerichteten Anspruchs etwas ändert. Eine Abwägung hat demnach in diesen Fällen zwischen den Interessen bzw. den Grundrechten des Minderjährigen und denen des Versicherers stattzufinden.

Dabei erscheint es grundsätzlich billiger, ein Kollektiv den existenzvernichtenden Schaden endgültig tragen zu lassen, anstatt diesen einem Einzelnen aufzubürden. Denn während die Belastung des Schädigers in der Tragung des vollen Schadens besteht, finanziert ein Versicherer das Einstandsrisiko für Schäden grundsätzlich über Prämien. Das mehr oder weniger zufällige Bestehen eines Regressanspruches spielt für die Finanzierung der Schadenstragung nur eine völlig untergeordnete Rolle.[687] Oft wird ein Regressanspruch auch schon deswegen nicht durchgesetzt werden, weil er nur schwer realisierbar und die Rechtsverfolgung unwirtschaftlich ist. Darüber hinaus ist der Ausfall von Regressforderungen entweder schon in den Prämien einkalkuliert oder er führt mittelbar zu allenfalls geringfügigen Prämienanhebungen,[688] die für das einzelne Mitglied der Versichertengemeinschaft kaum spürbar sind und im Rahmen einer Interessenabwägung jedenfalls als hinnehmbar eingestuft werden können.

---

[686] Kuhlen, JZ 1990, 273, 279.
[687] Vgl. Krause, Risiko des Straßenverkehrsunfalls, S. 62 f; Gärtner, JZ 1988, 579, 581.
[688] Selbst der völlige Wegfall der Regressmöglichkeiten einer Versicherung bspw. nach § 1542 RVO würde nur zu einer geschätzten Erhöhung der Sozialversicherungsbeiträge um 0,6-5 % führen, vgl. Krause, Risiko des Straßenverkehrsunfalls, S.62.

147

(1) Widerspruch zum Sinn und Zweck des § 67 Abs. 1 VVG?

Der Einbeziehung der Versicherung auf Gläubigerseite bei einer Interessenabwägung könnte aber unter Umständen der Sinn und Zweck des Forderungsübergangs nach § 67 Abs. 1 VVG entgegenstehen. Dieser soll verhindern, dass der Schädiger durch das Eintreten einer Versicherung bessergestellt wird.[689] Grundsätzlich erfährt der minderjährige Schädiger durch das Bestehen einer Schadensversicherung aber insoweit einen Vorteil, als ihm im Rahmen der Abwägung anstelle eines unter Umständen vermögenslosen Gläubigers ein finanzstarkes Kollektiv gegenübersteht, welches eine Interessen- bzw. Grundrechtsabwägung grundsätzlich zugunsten des Minderjährigen ausfallen lässt.

Der Vorteil, den § 67 Abs. 1 VVG dem Schädiger verwehren will, kann aber nur darin bestehen, dass der Schädiger wegen der Versicherung von seiner Ersatzpflicht befreit wird. Die Vorschrift soll verhindern, dass bei der Schadensberechnung berücksichtigt wird, dass der Verletzte den Schaden im Endeffekt nicht selbst tragen muss.[690] Es soll aber wohl nicht verhindert werden, dass der Schädiger in sonstiger Weise einen Nutzen daraus zieht, dass sein Gläubiger nunmehr eine Versicherungsgemeinschaft anstelle einer geschädigten Einzelperson ist. Somit spricht der Sinn und Zweck des § 67 Abs. 1 VVG nicht dagegen, die Versicherung als Gläubigerin in die Interessenabwägung einzubeziehen.

In Übrigen wird im Rahmen des § 67 Abs. 1 VVG selbst für die Haftung erwachsener Schädiger im Schrifttum mehrfach die Auffassung vertreten, dass bei Eintreten eines Schadensvorsorgeträgers die Belastung grundsätzlich auch endgültig bei diesem verbleiben sollte[691] bzw. der Rückgriff des Versicherers gegen den Schädiger entsprechend dessen Leistungsfähigkeit auf einen tragfähigen Kern zurückgeführt werden müsse.[692] Durch den umfassenden Ausbau des Netzes sozialer Sicherheit auf privater und kollektiver Grundlage werde die Gerechtigkeitsproblematik verändert, da hier ein Dritter vorhanden sei, der Prämien und Beiträge dafür erhalte, dass er in allen Schadensfällen die Belastung übernehme.[693] Die Aufgabe des Schadensersatzes, einen Ausgleichs herbeizuführen, sei damit erfüllt; für eine Einstandspflicht des Schädigers darüber hinaus spreche nur der ohnehin umstrittene Sanktionszweck des Schadensersatzes, der dem Strafrecht überlassen bleiben sollte.[694] Auch ob der zugunsten der Regresse ins Feld geführte Präventionszweck durch diese überhaupt erfüllt werden könne, sei

[689] Baumann in Berliner Komm. zum VVG, § 67 RN 1; Fuchs, AcP 191 (1991), 318, 320.
[690] Vgl. Weyers, VersicherungsvertragsR, RN 600.
[691] Weyers, VersicherungsvertragsR, RN 601 ff; Rother, Haftungsbeschränkung, S. 244 ff.
[692] Gärtner, JZ 1988, 579, 582 f; Deutsch, HaftungsR, RN 935; grds. dagegen Looschelders, VersR 1999, 141, 147; Baumann in Berliner Komm. zum VVG, § 67 RN 10, bei minderjährigen Schädigern vgl. aber RN 172.
[693] Weyers, VersicherungsvertragsR, RN 602.
[694] Rother, Haftungsbeschränkung, S. 245; Gärtner, JZ 1988, 579, 582.

zweifelhaft.[695] Die strengen Grundsätze des privaten Haftungsrechts seien daher auf die Rückgriffssituation nur nach billigkeitsrechtlichen Korrekturen anwendbar.[696] Diese Argumente gelten für die Fälle, in denen gegen besonders schutzwürdige, weil minderjährige Schädiger Regress genommen wird, natürlich erst recht.

(2) Vergleich mit den Grundsätzen zu § 829 BGB

Mögliche Bedenken wegen eines Verstoßes gegen das grundsätzliche Prinzip der Trennung von Versicherung und Haftung durch die Einbeziehung einer Gläubigerversicherung in die Interessenabwägung ergeben sich auch nicht im Vergleich mit den Grundsätzen zur Billigkeitsabwägung bei § 829 BGB. Dort ist umstritten, ob bei der Billigkeitsabwägung zwischen grundsätzlich nicht haftendem Schädiger und Geschädigtem eine Haftpflichtversicherung als Vermögen des Schädigers berücksichtigt werden muss mit der Folge, dass ein haftpflichtversicherter Schädiger grundsätzlich nach § 829 BGB haftet. Dies wird vom überwiegenden Teil der Literatur mit dem Argument bejaht, dass es sich bei der Haftpflichtversicherung um eine durch Prämienzahlung erworbene Sicherung des bestehenden Vermögens handele, die durchweg als Vermögenswert zu veranschlagen sei.[697] Die Rechtsprechung bejaht die Frage, ob eine Haftpflichtversicherung ein haftungsbegründender Umstand sein kann, für die gesetzliche Pflichtversicherung, da diese auch den Opferschutz bezwecke, verneint sie aber für freiwillige Haftpflichtversicherungen.[698]

Bei einer „umgekehrt analogen" Anwendung des § 829 BGB[699] auf die Frage nach der Berücksichtigung einer Schadensversicherung käme man zu dem Ergebnis, dass im Rahmen einer Billigkeitsabwägung zwischen grundsätzlich haftendem Schädiger und unter Umständen ausnahmsweise benachteiligtem Gläubiger dessen Versicherungsschutz nach dem Argument der Literatur mit einbezogen werden kann. Denn auch eine Schadensversicherung lässt sich als Vermögenswert des Geschädigten anrechnen. Zwar ließe sich der Ansatz der Rechtsprechung, nur solche Pflichtversicherungen einzubeziehen, die auch den Geschädigtenschutz bezwecken, nicht nutzbar machen, da Schadensversicherungen grundsätzlich nicht den Schutz des Schädigers bezwecken. Wirtschaftlich betrachtet lässt sich die Berücksichtigung einer Schadensversicherung aber in jedem Fall erst recht vertreten, denn während der wirtschaftliche Nachteil für die Haftpflichtversicherung bei ihrer Anrechnung im Rahmen des § 829 BGB in der

---

[695] Weyers, VersicherungsvertragsR, RN 602.
[696] Deutsch, HaftungsR, RN 935.
[697] MüKo - Mertens § 829 RN 21; Kötz, Deliktsrecht, RN 327; Fuchs, AcP 191 (1991), 318, 338; Wussow - Treitz, UnfallhaftpflichtR, RN 364; Deutsch, JBl 1980, 298, 300.
[698] Vgl. BGHZ 127, 186, 190 ff und Rspr.- Nachweise bei MüKo - Mertens, § 829 RN 21.
[699] Vgl. in diesem Abschnitt C I 2 a.

Übernahme des vollen Schadens besteht, erleidet die Schadensversicherung nur den Verlust des Regressanspruches, dessen wirtschaftlicher Wert aber ohnehin äußerst zweifelhaft ist.

(3) Fehlende „Zuständigkeit" des Versicherers für den Schädiger?

Schließlich spricht auch das Argument, die Schadensversicherung des Gläubigers sei für den Schädiger nicht „zuständig", da dieser keine Prämien gezahlt habe, nicht dagegen, die Versicherung als Gläubigerin in die Interessenabwägung mit einzubeziehen.[700] Weder bei der Interessen- noch bei einer Grundrechtsabwägung kommt es darauf an, ob die Seite, deren Rechte beschränkt werden, für die Gegenseite „zuständig" ist oder gar für die Einschränkung ihrer Rechtspositionen eine Gegenleistung von dieser erlangt hat. Eine unzulässige Rechtsausübung kann nicht zwangsläufig nur zwischen Parteien stattfinden, die sich vertraglich aneinander gebunden haben, da die Grundsätze von Treu und Glauben auch über den Bereich des Vertragsrechts hinaus gelten. Der geschädigte Gläubiger, der als Partei einer Interessenabwägung gegenüber dem Minderjährigen unterliegen kann, ist für diesen ja auch nicht „zuständig". Für die Grundrechtsabwägung kommt es auf die Zuständigkeit der Versicherung ebensowenig an, denn Grundrechtsschutz wird dem Minderjährigen unabhängig davon gewährt, ob er sich an den Kosten des Schutzes beteiligt hat.[701]

Spricht somit nichts dagegen, eine Schadensversicherung des Geschädigten als Gläubigerin in die Grundrechts- und Interessenabwägung mit einzubeziehen, kann festgehalten werden, dass diese Abwägung zugunsten des minderjährigen Schädigers ausfällt.

bb.) Haftungsreduktion bei besserer finanzieller Situation des Opfers

Wird der Schaden nicht durch eine Versicherung des Gläubigers ausgeglichen, bleibt es auch im Hinblick auf die finanzielle Lage bei der Interessenabwägung zwischen Minderjährigem und dem Gläubiger als Einzelperson. Es ist daher zu prüfen, wann die finanzielle Situation des Geschädigten als gut genug eingestuft werden kann, um eine Interessenabwägung zugunsten des Minderjährigen zuzulassen und umgekehrt, wie schlecht die finanzielle Lage des Geschädigten sein muss, um die Abwägung zu seinen Gunsten ausfallen zu lassen. Grundsätzlich kann aber bereits festgehalten werden, dass es nicht schon ausreicht, wenn dem Geschädigten überhaupt mehr finanzielle Mittel zur Verfügung stehen, als dem Minderjährigen, da dies bei einem erwachsenen Geschädigten und einem meist gänzlich vermögenslosen Minderjährigen in der Regel der Fall sein wird.

---

[700] so aber Lorenz, VersR 1989, 711, 712.
[701] Vgl. Rolfs JZ 1999, 233, 241.

(1) Ausreichendes Vermögen des Opfers um den Schaden auszugleichen oder keine Angewiesenheit auf Schadensausgleich

Ein Überwiegen der Interessen des Minderjährigen wird man jedenfalls in den Fällen immer annehmen können, in denen der Geschädigte so vermögend ist, dass er den eingetretenen Schaden mit seinem vorhandenen Vermögen ausgleichen kann ohne selbst in Existenznot zu geraten. Da es sich aber hier um außerordentlich hohe Schäden handelt, wird dies nur bei einer Minderheit von geschädigten Privatpersonen der Fall sein. Eine solche Vermögenslage ist vor allem dann denkbar, wenn eine juristische Person oder eine Personengesellschaft geschädigt wurde, indem beispielsweise eine in deren Eigentum stehende Lagerhalle durch Brandstiftung zerstört wurde. Hier lässt sich bei den meisten Gesellschaften auch der für die Schadenstragung durch eine Versicherung entwickkelte Gedanke nutzbar machen, dass das Verbleiben des Schadens bei einem Kollektiv gerechter erscheint als die Haftung einer Einzelperson.[702]

Ebenso unproblematisch wird man ein Überwiegen der Interessen des Minderjährigen aber auch dann annehmen können, wenn der Geschädigte zwar nicht über ausreichend eigene finanzielle Mittel verfügt, um seinen Schaden auszugleichen, er aber auch kein schützenswertes Interesse am Ausgleich des Schadens hat. Daran wird es zunächst dann fehlen, wenn der Geschädigte auf die Behebung des Schadens wirtschaftlich nicht angewiesen ist, weil das beschädigte oder zerstörte Gut für ihn keinen wirtschaftlichen Zweck erfüllte. Als Beispiel kommt hier die Beschädigung von Kunstgegenständen und Luxusobjekten in Betracht. Eine Angewiesenheit des Opfers auf den Schadensausgleich entfällt ebenso, wenn das beschädigte Objekt keinen wirtschaftlichen Nutzen mehr erfüllte, wie beispielsweise eine nicht mehr genutzte Lagerhalle oder Scheune, die durch die Zündeleien eines minderjährigen Täters zerstört wird. In diesen Fällen steht schon das Interesse des Gläubigers an einem Schadensausgleich gegenüber einer drohenden Existenzvernichtung des Minderjährigen zurück.

(2) Bessere finanzielle Situation des Opfers

Ist der Gläubiger nicht in der Lage, den Schaden mit seinem vorhandenen Vermögen auszugleichen und ist er auf den Schadensausgleich auch angewiesen, stellt sich die Frage, ob das Interesse des Minderjährigen auch dann überwiegen kann, wenn das Opfer seinen Schaden - unter Umständen über Jahre hinweg – mit Hilfe seines Einkommens ausgleichen kann, ohne dabei jedoch selbst an die Grenzen des Existenzminimums zu geraten. Dem steht die Frage gleich, ob eine Haftungsreduktion auch dann zulässig ist, wenn der Geschädigte zwar nicht in der Lage ist, den Schaden über kurz oder lang mit seinem Einkommen auszu-

---

[702] Vgl. FN 677.

151

gleichen, er durch den Nichtausgleich des Schadens aber auch nicht in seiner Existenz gefährdet wird.

Auch bei diesem Abwägungspunkt könnten die Grundsätze zu § 829 BGB „umgekehrt analog" herangezogen werden.[703] Da auch im Rahmen der Billigkeitsabwägung des § 829 BGB die wirtschaftlichen Verhältnisse der Beteiligten ausschlaggebende Bedeutung haben, ist zu fragen, wieviel besser dort die finanzielle Lage des grundsätzlich Nichthaftenden sein muss, um eine ausnahmsweise Haftung auszulösen. Nach der Rechtsprechung zu § 829 BGB muss der Schädiger vermögensmäßig erheblich besser gestellt sein als der Geschädigte, berücksichtigt werden sollen also nur erhebliche Vermögensumstände.[704] Dieser hohen Voraussetzung wird in der Literatur teilweise zugestimmt.[705] Sie entspreche auch dem im Gesetzestext gesetzten ausdrücklichen Schwerpunkt.[706] Auf der anderen Seite wird gemahnt, dass in § 829 BGB nicht der „Millionärsparagraph" gesehen werden dürfe, der nur bei herausragend günstiger wirtschaftlicher Stellung des Schädigers eingreife.[707] Denn das Gesetz wolle dem Schädiger gegebenenfalls nur soviel belassen, wie er zum eigenen Unterhalt brauche und um seinen gesetzlichen Unterhaltspflichten nachzukommen.[708] Das Verlangen eines Vermögensgefälles sei misslich, da insbesondere minderjährige Schädiger nur durch Zufall Vermögen hätten, weshalb es ausreiche, dass der Verletzer nicht am Existenzminimum lebe.[709]

Überträgt man dies, wäre nach der strengeren Auffassung der Rechtsprechung Voraussetzung, dass zwischen Minderjährigem und Geschädigtem ein erhebliches wirtschaftliches Gefälle besteht, letzterer also über erheblich mehr Vermögen verfügt als der minderjährige Schädiger. Nach den niedrigeren Voraussetzungen der Literatur würde es ausreichen, dass der Geschädigte vermögender ist als der Minderjährige und nicht am Existenzminimum lebt, was praktisch immer der Fall der sein dürfte. Aber auch das von der Rechtsprechung vorausgesetzte erhebliche Vermögensgefälle wird in den hier behandelten Fällen von „existenzvernichtend hohen" Schäden wohl immer dann bejaht werden können, wenn die Tragung dieses Schadens bzw. der Nichtausgleich des Schadens den Geschädigten nicht in der Existenz gefährdet.

---

[703] Vgl. in diesem Abschnitt, C I 2 a.
[704] BGH NJW 1958, 1630, 1631; NJW 1979, 2096.
[705] MüKo - Mertens, § 829 RN 20.
[706] Staudinger - Oechsler, § 829 RN 44.
[707] RGRK - Steffen, § 829 RN 13; Deutsch, HaftungsR, RN 486; Wussow - Treitz, UnfallhaftpflichtR RN 362.
[708] Wussow - Treitz, UnfallhaftpflichtR, RN 362.
[709] Deutsch, HaftungsR, RN 486.

Danach überwiegt das Interesse des Minderjährigen also auch dann, wenn sich der Geschädigte grundsätzlich in einer besseren finanziellen Lage befindet und durch den Schaden nicht in seiner Existenz gefährdet wird.

(3) Grenze: Existenzgefährdung des Gläubigers

Die Grenze für eine Haftungsreduktion aus Billigkeitsgründen muss in jedem Fall eine drohende Existenzgefährdung des Gläubigers sein, denn in diesem Fall stehen sich die Interessen des Geschädigten und die des Minderjährigen an der Erhaltung ihrer Existenz gleichwertig gegenüber. Da der Minderjährige für den Schaden deliktsrechtlich verantwortlich ist, ließe sich eine Benachteiligung des Gläubigers in dieser Situation nicht mehr vertreten. Diesem muss vielmehr der deliktische Anspruch gegen den Minderjährigen im vollem Umfang erhalten bleiben.

Fraglich ist, wo genau die Grenze einer existenzgefährdenden Belastung für den Geschädigten gezogen werden kann. Sie kann jedenfalls nicht erst bei einer tatsächlichen Existenzgefährdung in dem Sinne, dass dem Geschädigte wegen des Schadens nicht mehr genügend Mittel zur Lebensführung zur Verfügung stehen, erreicht sein. Denn davor wird er schon durch die Pfändungsfreigrenzen bzw. durch die Sozialhilfevorschriften geschützt. Eine existenzgefährdende Belastung muss mithin schon früher bejaht werden.

Zu einem sachgerechten Ergebnis kann auch hier die Heranziehung der Billigkeitsgrundsätze des § 829 BGB führen. Dort ist vorgesehen, dass dem aus Billigkeitsgründen haftenden Schädiger die Mittel nicht entzogen werden dürfen, deren er zum angemessenen Unterhalt sowie zur Erfüllung seiner gesetzlichen Unterhaltspflichten bedarf. Man spricht insoweit von einem Schonvermögen, das der Haftung nach § 829 BGB entzogen ist.[710] Was zum angemessenen Unterhalt gehört, bestimmt sich nach § 1610 BGB. Übertragen hieße dies, dass die Interessen des Gläubigers dann nicht hinter denen des Minderjährigen zurückstehen, wenn er ohne den Ausgleich des Schadens von dritter Seite seinen angemessenen Unterhalt nicht mehr bestreiten und seine gesetzlichen Unterhaltspflichten nicht mehr erfüllen kann. Übernimmt man diese Wertung, werden die Interessen des Geschädigten angemessen berücksichtigt.

Das gefundene Ergebnis lässt eine Haftungsreduktion somit auch dann zu, wenn der Geschädigte unter Umständen jahrelang einen großen Anteil seines Einkommens aufbringen muss, um den Schaden zu tragen, solange er noch in der Lage ist, seinen angemessenen Unterhalt zu finanzieren. Dies mag ebenfalls un-

---

[710] Deutsch, HaftungsR RN 485; Staudinger - Oechsler, § 829 RN 61; BGB-RGRK - Steffen, § 829 RN 18; MüKo - Mertens, § 829 RN 26.

billig anmuten. Hier hilft aber die Überlegung, dass der volle Anspruch gegen den meist vermögenslosen Minderjährigen ohnehin nur einen relativ geringen wirtschaftlichen Wert hat. Das Opfer verliert daher durch eine Haftungsreduktion keinen großen finanziellen Vorteil, sein Anspruch wird lediglich auf ein realistisches Maß reduziert.

Handelt es sich bei dem Geschädigten um eine juristische Person oder um eine Personengesellschaft, kann für die Grenze der Belastbarkeit nicht darauf abgestellt werden, ob ihr Mittel für einen angemessenen Unterhalt verbleiben. Man könnte allenfalls daran denken, die Grenze dort zu ziehen, wo der Gesellschaft die Mittel genommen werden, die sie benötigt, um weiter zu existieren. *Canaris* möchte so weit gehen, dass auch die Insolvenz einer Gesellschaft in Kauf genommen wird, solange ihre Arbeitnehmer oder Gesellschafter hiervon nicht ruinös betroffen würden.[711] Stellt man auf ruinöse Folgen für eine natürliche Person durch die Insolvenz einer Gesellschaft ab, so muss man neben den Folgen für Arbeitnehmer und Gesellschafter aber auch die Folgen für mögliche Gläubiger der Gesellschaft in Betracht ziehen, deren Forderungen wegen des Konkurses nicht mehr befriedigt werden können. Bei einem so umfangreichen Kreis Betroffener wird aber praktisch immer zumindest eine Person durch den Konkurs einer Gesellschaft ruiniert. Somit wäre ein Überwiegen der Minderjährigeninteressen und damit die Möglichkeit einer Haftungsreduktion in diesen Fällen nie gegeben. Diese Sichtweise berücksichtigt allerdings nicht den geringen wirtschaftlichen Wert der gegen den Minderjährigen gerichteten Forderung. Es sollte daher darauf abgestellt werden, ob der Konkurs der Gesellschaft durch eine unbeschränkte gegenüber einer reduzierten Haftung des Minderjährigen abgewendet werden könnte. Diese Frage wird aber wohl immer zu verneinen sein.

c.) Zwischenergebnis

Unter Berücksichtigung der wirtschaftlichen Situation des Gläubigers fällt eine Interessenabwägung somit immer dann zu dessen Gunsten und zu Ungunsten des Minderjährigen aus, wenn der Gläubiger sich entweder nicht in einer besseren finanziellen Lage befindet als der Minderjährige, oder er durch die Tragung des Schadens bzw. durch dessen Nichtausgleich in seiner Existenz gefährdet würde. Eine Existenzgefährdung in diesem Sinne setzt voraus, dass dem Gläubiger die Mittel entzogen würden, deren er zum angemessenen Unterhalt sowie zur Erfüllung seiner gesetzlichen Unterhaltpflichten bedarf. Handelt es sich bei dem Geschädigten um eine Gesellschaft, so ist auch deren Konkurs in Kauf zu nehmen, soweit dieser nicht durch eine unbeschränkte Haftung des Minderjährigen hätte vermieden werden können.

---

[711] Vgl. FN 682.

7. Alter des Geschädigten

In der Diskussion um die Verbesserung der haftungsrechtlichen Situation Minderjähriger wurde als Gegenargument eingewandt, dass Opfer des Minderjährigen ja auch andere Kinder sein könnten, weshalb eine Einschränkung der Haftung nach § 828 Abs. 3 BGB nicht angebracht sei.[712] Man könnte daher erwägen, eine Haftungsreduktion grundsätzlich dann als unbillig einzustufen und somit nicht zuzulassen, wenn der Geschädigte ebenfalls minderjährig ist. Betrachtet man die Fälle, in denen ein Minderjähriger einen außerordentlich hohen Schaden erleidet, stellt man fest, dass es sich dabei kaum um Eigentumsverletzungen handelt, da die wenigsten Minderjährigen Eigentum von bedeutendem Wert haben. Es wird sich also praktisch immer um Fälle von schweren Körperverletzungen, beispielsweise durch Spielunfälle handeln. Dieser Schaden wird praktisch immer von einer Krankenversicherung des geschädigten Kindes getragen, Anspruchsgegner des minderjährigen Schädigers ist dann die gesetzliche oder private Versicherung. In diesem Fall ist aber nicht ersichtlich, weshalb eine Haftungsreduktion ausgeschlossen sein sollte, da die Interessen des minderjährigen Opfers in jedem Fall gewahrt sind. Ist das geschädigte Kind selbst Anspruchsinhaber, so werden seine Interessen schon deshalb überwiegen, weil es sich nicht in einer besseren finanziellen Situation befindet als der Schädiger.

II. Ergebnis

Eine „grobe Unbilligkeit" als Voraussetzung für eine Haftungsreduktion nach § 242 BGB kann demnach dann bejaht werden, wenn eine umfassende Interessenabwägung ergibt, dass
- der Minderjährige wegen einer deliktischen Forderung in Anspruch genommen wird, die existenzvernichtend hoch ist und die nicht bereits durch eine Haftpflichtversicherung des Minderjährigen oder durch seine Eltern getragen wird,
- der Minderjährige den Schaden nicht vorsätzlich herbeigeführt hat,
- und der Schaden entweder von einer Versicherung des Geschädigten getragen wird oder der Geschädigte sich in einer besseren finanziellen Situation befindet als der Minderjährige und durch die Tragung des Schadens oder dessen Nichtausgleich nicht in seiner Existenz gefährdet wird.

3. Abschnitt: Umfang der Haftungsreduktion

Hinsichtlich des Umfangs der vom Richter vorzunehmenden Haftungsreduktion stellt sich zunächst die Frage, ob dem Minderjährigen die gesamte, oder nur ein

---

[712]Parl. Staatssekretär Funke, BT-Drucks. 13/11459, S. 13.

Teil der Forderung erlassen wird, und welchen Umfang dieser Teil haben muss (dazu unter I). Außerdem fragt sich, ob die Reduktion endgültig ist oder unter dem Vorbehalt einer Vermögensänderung bei einer der Parteien steht (dazu unter II).

A. Wieviel wird dem Minderjährigen erlassen?

I. Reduktion der Haftung, kein Erlass

Die Frage, ob dem Minderjährigen die gesamte Forderung erlassen werden kann, ist mit der schon oben angestellten Erwägung zu verneinen, dass Voraussetzung für eine Reduktion ja überhaupt erst die drohende Existenzvernichtung des Minderjährigen ist, denn durch sie entsteht erst ein Eingriff in das allgemeine Persönlichkeitsrecht des Minderjährigen, bzw. kann die „grobe Unbilligkeit" erst bejaht werden.[713] Diesem Aspekt ist auf der Rechtsfolgenseite Rechnung zu tragen, indem die Forderung so weit reduziert wird, dass die existenzvernichtenden Folgen für den Minderjährigen nicht mehr eintreten können. Bei der Entscheidung über die Höhe der Reduktion hat der Richter also einzuschätzen, in welchen Umfang dem Minderjährigen eine Schuldenabtragung noch zugemutet werden kann, ohne dass hierdurch eine Verletzung seines allgemeinen Persönlichkeitsrechts zu befürchten ist. Nach der oben heraus gebildeten Grenze für eine existenzvernichtende Höhe der Forderung[714] kann sich die Einschätzung des Richters daran orientieren, was der Minderjährige voraussichtlich im Zeitraum von drei Jahren an pfändbarem Einkommen verdient. Um eine wesentliche Änderung der Vermögensverhältnisse, die der Einschätzung zugrunde liegen, unter Umständen später berücksichtigen zu können, kann über einen Feststellungsantrag nachgedacht werden, der dieser Situation Rechnung trägt.[715]

II. Wahrung der Haftungsfunktionen

Dadurch, dass dem Minderjährigen nur der Teil der Forderung erlassen wird, der sie existenzvernichtend hoch macht, werden auch die maßgeblichen Funktionen des Schadensrechts weitestgehend gewahrt.

Denn ein völliger Erlass der Forderung würde zunächst gegen den Präventionszweck des Schadensersatzes verstoßen.[716] Dieser liegt darin, dass potentielle Schädiger veranlasst werden, ihre individuelle Sorgfalt zu steigern, um nicht die

---

[713] Vgl. 2. Abschnitt C I 1.
[714] Vgl. 2. Abschnitt C I 1 b. bb.
[715] Vgl. unten in diesem Abschnitt B I.
[716] Vgl. OLG Celle, VersR 1989, 709, 710.

finanziellen Folgen einer schuldhaften Schädigung tragen zu müssen.[717] Hätte eine unerlaubte Handlung für einen Minderjährigen ab Eintritt in die Volljährigkeit gar keine finanziellen Konsequenzen mehr, würde der Jugendliche also für seine Tat nicht mehr mit in irgendeiner Weise spürbaren Einbußen oder Nachteilen zur Verantwortung gezogen, bestünde für ihn keine Veranlassung mehr, in allen Lebensbereichen die erforderliche und ihm zumutbare Vorsicht und Umsicht walten zu lassen. Dies wäre auch vom erzieherischen Standpunkt aus abzulehnen, da eine objektive Sorgfalt von ihm als jungen Erwachsenen uneingeschränkt und ohne die Möglichkeit einer Haftungsmilderung bei einem Verstoß erwartet wird.

Dadurch, dass der Minderjährige zumindest teilweise für sein deliktisches Handeln zur Verantwortung gezogen wird, wird auch dem Sanktionszweck der Haftung ausreichend Rechnung getragen.

Durch eine zumindest teilweise Haftung des Minderjährigen wird auch die Schadensausgleichsfunktion des Schadensrechts so weit wie möglich gewahrt. Für diese Funktion ist entscheidend, dass die vor dem Schadensfall bestehende Vermögenslage des Geschädigten wieder hergestellt wird.[718] Es liegt zwar in der Natur einer Haftungsreduktion, dass der Schaden vom Schädiger nicht voll ausgeglichen wird. Ein voller haftungsmäßiger Schadensausgleich kann aber in besonderen Fällen auch verfassungsrechtlich unbedenklich abgeschwächt werden.[719] Dadurch, dass die Haftung des Minderjährigen reduziert und nicht vollständig aufgehoben wird, wird diesem Prinzip so weit Rechnung getragen, wie dies mit den Grundrechten des Minderjährigen vereinbar ist.

B. Zeitlicher Umfang der Haftungsreduktion

Wenn eine Haftungsreduktion vorgenommen wird, weil aufgrund der wirtschaftlichen Verhältnisse von Schädiger und Gläubiger eine unbeschränkte Haftung als unbillig erscheint, liegt die Frage nahe, wie sich eine spätere Änderung in den finanziellen Verhältnissen der Beteiligten auswirkt.[720] Es ist ja zum Beispiel denkbar, dass der Minderjährige später durch einen Erbfall vermögend wird, oder dass sich die finanzielle Situation des Gläubigers derart verändert, dass er wegen des von ihm zu tragenden Schadens seinen angemessenen Unterhalt nicht mehr bestreiten kann. In diesen Fällen entfallen die Kriterien, wegen

---

[717] Bullinger, FS für v. Caemmerer, S. 297, 303.
[718] Bullinger, FS für v. Caemmerer, S. 297, 299.
[719] Bullinger, FS für v. Caemmerer, S. 297, 300.
[720] Vgl. Medicus, AcP 192 (1992), 35, 67.

derer eine unzulässige Rechtsausübung nach § 242 BGB bejaht wurde, nachträglich. Fraglich ist, wie sich dies auf den ursprünglichen Anspruch auswirkt.

I. Feststellungsantrag

Die Rechtsfolge der unzulässigen Rechtsausübung, dass ein Anspruch nicht geltend gemacht werden kann, muss grundsätzlich nicht auf Dauer eintreten. Wenn die für die Rechtsfolge relevanten Umstände wegfallen, kann vielmehr dem „an sich" bestehenden Anspruch wieder stattgegeben werden.[721] Maßgebender Beurteilungszeitpunkt ist die Geltendmachung des Rechts bzw. im Rechtsstreit die letzte mündliche Tatsachenverhandlung.[722] Im Prozess wird ein rechtsmissbräuchliches Verhalten mit einer Einwendung, nicht mit einer Einrede geltend gemacht,[723] das heißt, es ist von Amts wegen zu berücksichtigen.[724] Liegen zum Zeitpunkt der letzten mündlichen Verhandlung die Voraussetzungen der unzulässigen Rechtsausübung vor, könnte der Geschädigte die Berücksichtigung einer späteren Änderung der Vermögensverhältnisse unter Umständen mit einem Feststellungsantrag erreichen.

Bei der ähnlichen Problematik im Rahmen des § 829 BGB wird ein Feststellungsantrag dann zugelassen, wenn zum Zeitpunkt der letzten mündlichen Verhandlung die Voraussetzungen für eine Billigkeitshaftung nicht vorliegen, in Zukunft aber Änderungen in den wirtschaftlichen Verhältnissen der Parteien eintreten können, die eine Billigkeitsentschädigung als gerechtfertigt erscheinen lassen würden.[725] Dieser Antrag soll dann auf die Feststellung gerichtet sein, dass der Schädiger den Schaden ganz oder teilweise zu ersetzen habe, wenn und soweit die Billigkeit es erfordere und ihm nicht die Mittel zum eigenen Unterhalt und zur Erfüllung gesetzlicher Unterhaltsansprüche entzogen würden.[726]

Der Gedanke, dass der beklagte Minderjährige in Zukunft ungewöhnlich hohe Einkünfte erzielen oder bei ihm ein größerer Vermögenserwerb eintreten könnte, hat auch das LG Bremen für den Fall der Haftungsreduktion bei einem Minderjährigen veranlasst, einem Antrag auf Feststellung stattzugeben, dass der Schä-

---

[721] MüKo - Roth, § 242 RN 360; Palandt - Heinrichs, § 242 RN 38; Soergel -Teichmann, § 242 RN 275.
[722] Palandt - Heinrichs, § 242 RN 38.
[723] Soergel - Teichmann, § 242 RN 279 m.w.N.
[724] Palandt - Heinrichs, § 242 RN 15.
[725] MüKo - Mertens, § 829 RN 27; BGB RGRK - Steffen, § 829 RN 19; Staudinger - Oechsler, § 829 RN 72; Deutsch, HaftungsR, RN 492.
[726] BGH NJW 1958, 1630, 1632; BGH NJW 1962, 2201, 2202; OLG Köln VersR 1981, 266, 267; Baumbach - Hartmann, ZPO, § 256 RN 17.

diger bei wesentlicher Verbesserung seiner wirtschaftlichen Verhältnisse den Schaden ganz oder teilweise zu ersetzen habe.[727]

II. Voraussetzung für eine zu berücksichtigende Vermögensänderung

Allerdings erscheint die Berücksichtigung jeder Verbesserung der Leistungsfähigkeit des Schädigers auf unbestimmte Zeit vor allem unter dem Gesichtspunkt der Entfaltungsfreiheit auch bedenklich.[728] Daher müssen hierfür klare Grenzen bestehen. Differenziert werden muss zunächst zwischen einer Änderung der Vermögenslage des Minderjährigen und der des Geschädigten, da beides für sich genommen die Voraussetzungen des Rechtsmissbrauchs entfallen lassen kann.

Für eine Veränderung der Leistungsfähigkeit des Minderjährigen gilt, dass diese nur dann berücksichtigt werden kann, wenn sie bewirkt, dass die Höhe der Forderung nicht mehr „existenzvernichtend" ist. Dies setzt voraus, dass zwischen dem durch das Gericht reduzierten Haftungsumfang und dem, was der Schädiger nach der Vermögensänderung tatsächlich imstande ist zu leisten, ohne in seinen Zukunftsperspektiven und seiner Entfaltungsfreiheit unbillig eingeschränkt zu werden, eine wesentliche Abweichung besteht. Dafür reicht es aber nicht schon aus, dass der Minderjährige später etwas mehr Geld verdient als erwartet, denn der Sinn der Haftungsreduktion besteht ja gerade darin, dass der Schädiger nicht mit der Perspektive aufwächst, auf unabsehbare Zeit Schulden abtragen zu müssen, sobald er eigenes Einkommen hat. Eine wesentliche Abweichung wird daher auf Seiten des Minderjährigen meist nur dann vorliegen, wenn bei ihm - zum Beispiel durch eine Erbschaft - ein unerwartet hoher Vermögenszuwachs eintritt, oder seine Einkünfte nach Eintritt ins Berufsleben das vom Richter für die Haftungsreduktion zugrunde gelegte, geschätzte spätere Einkommen bei weitem übersteigen, der Minderjährige also beispielsweise nicht drei Jahre sondern nur ein oder zwei Jahre von seinem pfändungsfreien Einkommen leben müsste, um die reduzierte Forderung abzutragen.

Eine Änderung der Vermögensverhältnisse des Gläubigers kann die Voraussetzungen der unzulässigen Rechtsausübung nur dann entfallen lassen, wenn sie dazu führt, dass der Gläubiger nicht mehr imstande ist, seinen angemessen Unterhalt zu finanzieren, bzw. seinen gesetzlichen Unterhaltsverpflichtungen nachzukommen.

---

[727] LG Bremen, NJW-RR 1991, 1432, 1435; auch Canaris, JZ 1987, 993, 1002 befürwortet eine Abweisung der Klage als „zur Zeit unbegründet" da sich die Vermögensverhältnisse nachträglich ändern könnten.
[728] Vgl. Medicus, AcP 192 (1992), 35, 67.

C. Zwischenergebnis

Der Umfang der Haftungsreduktion richtet sich nach dem Einzelfall. Die gegen den Minderjährigen gerichtete Forderung muss jedenfalls so weit reduziert werden, dass die existenzvernichtenden Folgen für ihn nicht mehr eintreten können. Die Einschätzung des Richters kann sich dabei daran orientieren, was der Minderjährige voraussichtlich im Zeitraum von drei Jahren an pfändbarem Einkommen verdient. Um eine wesentliche Änderung der Vermögensverhältnisse, die der Einschätzung zugrunde liegen, später noch berücksichtigen zu können, kann der Geschädigte einen Feststellungsantrag stellen, der dieser Situation Rechnung trägt.

4. Abschnitt: Allgemeine Kritik an einer Haftung nach Billigkeitsgesichtspunkten

Abschließend soll zu der Kritik Stellung genommen werden, die allgemein an einer Haftungsreduktion nach Billigkeitsgesichtspunkten geübt wird, soweit hierauf nicht schon bei der Prüfung der einzelnen Kriterien einer Haftungsreduktion eingegangen wurde.

Als wohl größte Gefahr einer Billigkeitshaftung wird die Beeinträchtigung der Rechtssicherheit angesehen.[729] Eine Haftung nur im Rahmen der Billigkeit nötige zu häufiger Prozessführung[730], könne negative Folgen auf die Vergleichsbereitschaft haben[731] und berge die Gefahr einer unkontrollierbaren Billigkeitsrechtsprechung[732].

Diesen Bedenken kann aus mehreren Gründen nicht gefolgt werden. Zunächst ist der Anwendungsbereich der Billigkeitshaftung von vornherein auf die Fälle beschränkt, in denen die unbegrenzte deliktische Haftung eines Minderjährigen angesichts der außerordentlichen Schadenshöhe verfassungsrechtlichen Bedenken begegnet. Liegt ein solcher Fall vor, und kommt das hiermit befasste Gericht entsprechend dem Hinweis des BVerfG[733] dazu, dass der Weg für eine Billigkeitsreduktion nach § 242 BGB eröffnet ist, so sind deren Voraussetzungen und Rechtsfolgen in ihren Grundzügen doch bereits jetzt schon relativ gesichert. Es ist keineswegs zu erwarten, dass jedes Gericht für eine Haftungsreduktion

---

[729] Medicus, AcP 192 (1992), 34, 67; Deutsch, HaftungsR, RN 455; Lange, 40 Jahre BRD, S. 143, 157; v. Hippel, FamRZ 2001, 748.
[730] Deutsch, HaftungsR, RN 455.
[731] Lange, 40 Jahre BRD, S. 143, 157.
[732] Lange, 40 Jahre BRD, S. 143, 157.
[733] BVerfG JZ 1999, 251, 252.

160

unterschiedliche Kriterien anlegt. Diese Annahme wird auch durch die Tatsache gestützt, dass die bisher mit dieser Frage beschäftigten Gerichte an das Erfordernis einer Haftungsreduktion dieselben Bedingungen geknüpft haben.[734]

Dass es nicht zwangsläufig zu einer ausufernden Billigkeitsrechtsprechung führt, wenn den Gerichten eine Entscheidung nach Billigkeitsgesichtspunkten übertragen wird, zeigt auch die Handhabung anderer Normen, die eine Billigkeitsentscheidung vorsehen. So hat die Rechtsprechung beispielsweise im Rahmen der §§ 829 und 847 a. F. BGB den ihr nach dem Wortlaut der Normen zustehenden Spielraum durch Herausbildung bestimmter Voraussetzungen konkretisiert. Bei dem verbleibenden Entscheidungsspielraum würde man auch hier kaum die Gefahr einer ausufernden Billigkeitsrechtsprechung sehen.

Schließlich ist auch nicht zu befürchten, dass durch eine Billigkeitshaftung die Zahl der Prozesse in der Praxis ansteigen wird. Die Durchsetzung von hohen Schadensersatzforderungen gegen Minderjährige wird auch bisher kaum außergerichtlich gelungen sein. Denn ein vermögensloser Minderjähriger ist gar nicht imstande, eine solche Forderung zu begleichen, der Geschädigte wird aber selten von sich aus davon Abstand genommen haben, seinen Anspruch zu verfolgen. Um die Verjährung des Anspruchs zu verhindern und gleichzeitig einen vollstreckbaren Titel zu erhalten, war es für den Geschädigten daher auch bisher stets notwendig, ein Gerichtsverfahren anzustrengen. Eine Zunahme der Prozesse in diesen Fällen wegen der Möglichkeit einer Haftungsreduktion ist daher kaum zu erwarten.

Auch die allgemeinen, gegen eine Billigkeitshaftung angeführten Bedenken, sprechen somit nicht gegen eine Reduktion der Minderjährigenhaftung nach Billigkeitsgesichtspunkten gem. § 242 BGB.

---

[734] OLG Celle, VersR 1989, 709; LG Bremen, NJW-RR 1991, 1432, 1433 f; LG Dessau VersR 1997, 242, 243 ff.

Zusammenfassung der Ergebnisse

Der Schutz, den § 828 Abs. 3 BGB einem Minderjährigen vor einer unbeschränkten deliktischen Haftung gewährt, ist unzureichend. Die deliktische Haftung Minderjähriger verstößt gegen den Minderjährigenschutzgedanken und begegnet in den Fällen, in denen der Minderjährige besonders hohen Schadensersatzforderungen ausgesetzt ist, im Hinblick auf sein allgemeines Persönlichkeitsrecht auch verfassungsrechtlichen Bedenken. Es ist daher erforderlich, Möglichkeiten zur Erweiterung des Schutzes vor deliktischen Forderungen zu finden.

Die verfassungsrechtlichen Bedenken gegen die unbeschränkte deliktische Haftung Minderjähriger können nicht mit Hinweis auf den Schutz des Vollstreckungsrechts ausgeräumt werden. Der Minimalschutz der ZPO ist unzulänglich, und auch die durch das Verbraucherinsolvenzverfahren gegebene Möglichkeit der Restschuldbefreiung innerhalb von sechs Jahren nach Eintritt in das Berufsleben gewährt keinen ausreichenden Schutz.

Eine veränderte Auslegung des § 828 Abs. 3 BGB führt ebenfalls nicht zu verfassungsmäßigen Ergebnissen. Durch die Haftung seiner Eltern gegenüber dem Geschädigten, bzw. durch einen eigenen Freihaltungsanspruch gegen die Eltern erfährt der Minderjährige nur in Ausnahmefällen Schutz vor der Haftung. In den Fällen, in denen ein Sozialversicherungsträger, d. h. in erster Linie die Krankenkasse des Opfers, durch Anspruchsübergang nach § 116 SGB X Inhaber des Schadensersatzanspruchs geworden ist, kann der Minderjährige durch einen pflichtgemäßen Forderungserlass gem. § 76 Abs. 2 Nr. 3 SGB IV zumindest teilweise von der Haftung befreit werden. Bei Schmerzensgeldansprüchen können die Interessen des Minderjährigen im Rahmen der Billigkeitsentscheidung nach § 253 BGB berücksichtigt werden.

In allen anderen Fällen ist eine Haftungsreduktion nach Billigkeitsgesichtspunkten gem. § 242 BGB möglich. Diese setzt voraus, dass
- der Minderjährige wegen einer deliktischen Forderung in Anspruch genommen wird, die existenzvernichtend hoch ist und die nicht bereits durch eine Haftpflichtversicherung des Minderjährigen oder durch seine Eltern getragen wird,
- der Minderjährige den Schaden nicht vorsätzlich herbeigeführt hat,
- und der Schaden entweder von einer Versicherung des Geschädigten getragen wird, oder der Geschädigte sich in einer besseren finanziellen Situation befindet als der Minderjährige und durch die Tragung des Schadens oder dessen Nichtausgleich nicht in seiner Existenz gefährdet wird.
Liegen diese Voraussetzungen vor, ist die gegen den Minderjährigen gerichtete Forderung so weit zu reduzieren, dass die verfassungsrechtlich bedenklichen, existenzvernichtenden Folgen für den Minderjährigen nicht mehr eintreten können.

Lebenslauf

Astrid Zech

geboren	am 14.01.1975 in Aachen
Familienstand	verheiratet
Geburtsname	Henßen

Schulbildung
1985-1994   Gymnasium St. Ursula Geilenkirchen.
Schulabschluss: Abitur

Studium
10.1994-10.1998   Rechtswissenschaften an der Universität Köln
Wahlfach: Arbeitsrecht

04.1999   Erstes Staatsexamen vor dem Oberlandesgericht Köln
Note: vollbefriedigend (10,04 Punkte)

Promotionsvorhaben
05.1999-04.2004   bei Frau Prof. Dr. Grunewald, Universität Köln

Nebentätigkeit
02.1996-11.2000   Werkstudentin bei der Gerling Versicherungs-Beteiligungs-AG, Köln

Referendariat
12.2000-01.2003   im Landgerichtsbezirk Köln
Schwerpunktgebiet: Wirtschaftsrecht

    12.2000-05.2001   Zivilrechtsstation beim LG Köln,
2. Zivilkammer

06.2001-08.2001 Strafrechtsstation bei der Staatsan-
waltschaft Köln

09.2001-12.2001 Verwaltungsstation beim Rechtsamt
der Stadt Köln

01.2002-03.2002 Pflichtwahlstation bei der Kanzlei
Bach, Langheid und Dallmayr, Köln

04.2002-07.2002 Anwaltsstation bei Rechtsanwalt
Boderke Köln

08.2002-09.2002 Wahlstation bei der Rechtsabteilung
der Gerling Versicherungs-Beteili-
gungs-AG, Köln

10.2002-11.2002 Wahlstation bei der Gerling Global
Reinsurance Corporation of America
in New York

01.2003 Zweites Staatsexamen vor dem Landesjustizprüfungs-
amt Düsseldorf
Note: befriedigend (8,3 Punkte)

Berufstätigkeit

Seit 10.2003 Regierungsrätin zur Anstellung beim Amt für Informa-
tionsmanagement und Informationstechnik der Bun-
deswehr, Koblenz

www.ingramcontent.com/pod-product-compliance
Lightning Source LLC
Chambersburg PA
CBHW020835210326
41598CB00019B/1911